名师名校名校长

凝聚名师共识
回应名师关怀
打造名师品牌
培育名师群体

郑明远题

本书系湖南省教育科学"十四五"规划 2021 年度立项课题"新时代小学科学教师成长共同体研究"（课题批准号XJK21BJC011）研究成果

科学的文化过程与实践

KEXUE DE WENHUA GUOCHENG YU SHIJIAN
SUN JIANGBO XIAOXUE KEXUE JIAOXUE DE SI YU XING

孙江波小学科学教学的思与行

孙江波 / 著

东北师范大学出版社

长 春

图书在版编目（CIP）数据

科学的文化过程与实践：孙江波小学科学教学的思
与行 / 孙江波著. — 长春：东北师范大学出版社，
2022.5

ISBN 978-7-5681-9037-4

Ⅰ.①科… Ⅱ.①孙… Ⅲ.①科学知识—教学研究—
小学 Ⅳ.①G623.62

中国版本图书馆CIP数据核字（2022）第080921号

□责任编辑：石　斌　　　　　□封面设计：言之凿
□责任校对：刘彦妮　张小娅　□责任印制：许　冰

东北师范大学出版社出版发行
长春净月经济开发区金宝街 118 号（邮政编码：130117）
电话：0431-84568023
网址：http://www.nenup.com
北京言之凿文化发展有限公司设计部制版
北京政采印刷服务有限公司印装
北京市中关村科技园区通州园金桥科技产业基地环科中路 17 号（邮编：101102）
2022年5月第1版　2022年7月第1次印刷
幅面尺寸：170mm×240mm　印张：17.75　字数：288千

定价：58.00元

序言

我一直欣赏孙江波老师的教学教研和撰写的文章，他不断地引领着科学教师向前走。

科学是什么？这是孙江波老师及他的名师工作室团队和我讨论得最多的一个话题。

和孙江波老师相识20余年，我见证了他从一位普通的农村数学、自然教师成长并蜕变为全国知名科学特级教师的全过程。而贯串这个过程的，便是他对科学教学数十年如一日的探索和思考。也正如他在梳理自己的教学主张时所描述的：经历了从直觉到经验的摸索、从经验到理念的思考、从理念到思想的蜕变过程。在这个过程中，他一直没有停止思考：科学是什么？

孙江波老师认为，科学是文化的过程。这并不是他个人突发奇想的观点，而是他在经历了30余年科学教育教学、阅读了大量的文献资料、走进了诸多哲理大家的思想宝殿，从中感悟并坚定下来的一种属于他自己的教学主张。他用"理论+实践"的方式，在自己的课堂中不断地检验，在同伴的课堂中不断地渗透，从而更加坚定了对"科学是文化的过程"的认识和理解。

阅读了本稿后，我从中感受到孙江波老师将"科学"上升到了文化的高度。在孙江波老师眼里，科学是文化，科学教育的过程是文化的过程。他理解的文化，既有广义的放之四海而皆准的普适性的文化，也有科学独有的哲学层面的文化，还有科学课堂教学中切切实实需要的科学探究、理性实证、批判质疑、独创求新、科学人文的落地生根的文化。他的教学主张，揭示了"实践—理论—实践"这一反映客观事物本质的规律。总结起来，他认为科学是文化的过程是基于两种观点：一是科学本身就是一种文化，也可称之为科学文化，是

1

一种始于科学哲学的文化，是随着科学哲学向科学文化哲学的转向而进步的文化；二是小学科学课程是以培养学生科学素养为宗旨的，培养的过程是一个"文化"的过程。前者既是后者的哲学论依据，也是后者的教学论基础。这正是孙江波老师教学思想之深度体现。

相信本书的出版既能够成为科学教师理解学科文化、进行科学教学、开展学科教研的重要文献，也能够成为教学研究人员研究科学课堂教学实践的重要资源。孙江波老师曾这样对我说："希望我的教学主张能够不断地引领、辐射更多的科学教育工作者。"我相信！

株洲市教育科学研究院　袁辉

2021年8月16日

第一章 科学是文化的过程

第二章 科学探究实践案例

第三章 实证理性实践案例

第四章　质疑批判实践案例

第五章　独创求新实践案例

第六章　科学人文实践案例

第一章

科学是文化的过程

教学思想形成三阶段

1990年7月，我中师毕业，被分配到家乡（湖南醴陵）的一所农村中心小学任教。全校12个班，在当地是规模最大的一所完全小学。我担任数学、科学（当时为自然）教师。在农村长大的我最大的特点是能够吃苦，喜欢动手，踏实做事。所以，在那个普遍缺乏自然教师的时代，我的教学业绩很出色，工作两年后就被提拔为学校管理干部，仍兼职自然教学。也就是从那个时候起，我开始喜欢上了这个学科，孩子们也喜欢上了我。实践、调查、考察、种植、养殖、发明、创造……我和孩子们不断地钻研与思考，乐在其中。后来，我又自学大专、本科课程，取得大学学历，被评为湖南省优秀教师、省特级教师，担任名师工作室主持人等。先被调入县级城市学校，后又被调至株洲市区学校，一直从事科学教学，已30年有余。我工作单位的领导和同事都知道，不管在哪所学校，不管在哪个岗位，上课一直是我最大的乐趣和毕生的信念，我喜欢课堂，我喜欢上科学课，我喜欢科学。

什么是科学？这个问题似乎很容易回答：科学包括物理、化学和生物等学科，而不包括艺术、音乐和神学之类的学科。但是当我们从哲学的角度询问科学是什么的时候，上述回答就不是我们想要的答案了。

随着教学年限的延长，我也经常考问自己：什么是科学？对此，我除了课堂上的实践，还不断地阅读、学习、思考，想窥见科学究竟是什么。现回顾自己的科学教学和思考历程，我走过了这样三个阶段。

阶段一：从直觉到经验的摸索

从1990年师范毕业至1998年，我在最初任教的醴陵市板杉乡中心小学里，一直兼职教自然，每周12节自然课。那个年代，别说条件简陋的农村学校，就是城里的学校，对自然课也不甚重视，但我是个例外。对于兼职教学的自然课，我付出的努力丝毫不逊色于专职教学的数学。

给农村孩子们上科学课，最愁的是实验材料。每次上课前，我都要在这方面花费大量时间。讲解弹性时，苦于没有弹簧、海绵，我盯上了父亲特意请木匠师傅制作的沙发，偷偷地"解剖"了沙发，得到20余个弹簧和若干海绵；聊起星空时，苦于没有图片、模型，我盯上了教室的天花板，趁着周末，一个人剪出了北斗七星、北极星、天后座的图片，然后又一个人晃晃悠悠地站在几张桌椅搭成的梯子上一番粘贴，一张纯手工的星空图就这么跃然"板"上。

1994年，22岁的我"摊"上了件大事。这一年，学校迎来了湖南省实验教学工作的检查验收，没接受过专业学习和培训的我，对于仪器，一不认识，二不会用，拿什么去迎接验收？所以，我急啊！这时一本《小学自然实验大全》解救了我。这本600余页的工具书，我在一个星期内读了三遍。根据这本书，我逐个认识和使用实验室里的仪器；参照书本，我自己动手，用酒精喷灯制作玻璃弯管和滴管，制作植物标本和动物标本，摆弄所有的科学实验盒……40余天的暑假，近40℃的高温，我一直泡在实验室和仪器室里。等到验收时，哪种仪器放在实验室的第几个柜子的第几层，每一个实验需要准备哪些材料、该用什么方法，我都了然于胸，对答如流。检查的结果是：学校以满分通过验收，被评为市"实验教学先进单位"，我本人则收获了"实验教学先进个人"的荣誉。

随着学科专业的成长，我积累了一些小学科学教学的经验，也养成了在教学中思考的习惯。

1998年，我和学校的几位兼职自然学科的同事做了一件有创造性且有意义的事情。当时，针对学生实验记录难度较大的现状，我组织几个骨干教师，经过多次改进完善，将小学各册教材中的实验设计成"实验卡"的形式，内容切合学生实际水平，由扶到放，教师便于指导，学生易于操作，以填空、画图、记录等各种合适的形式呈现。在教学中，我们发现"实验卡"类似于后来出现的"导学案"，与2017年下学期开始使用的科学新教材配套的"活动手册"也有相似之处，学生可以根据提示或引导自主观察、实验、记录，大大减轻了学生的压力和负担。从1998年到2001年小学科学新课程颁布，这套"实验卡"在全市得到推广使用，有力地促进了当地自然教学的发展。

在那些年的小学自然教学经历中，我的教学出发点基本上是解决问题式，遇到教学中的问题和困难，凭着直觉，想办法去优化和解决，并在这个过程中不断进行摸索，丰富和积累自己的教学经验。那个时代，在我眼中，科学就是做手工，科学就是实践，就是实验、考察。所以，我读的书大多是操作性强的书，如上面提到的《小学自然实验大全》。《自然卷》我读得也比较多，书中主要介绍的是小学自然学科中的概念和实验、制作等。在这一阶段，我对于自然（科学）教学，还谈不上有自己的思想和主张。

阶段二：从经验到理念的思考

1999年，课题研究开始在农村火热起来，随着在当地影响力的增加，我认识的学科专家也逐渐增多，如省、市科学教研员、教育科学研究院理论研究员等。从他们那里，我开始意识到仅有教学经验是远远不够的，对教学进行深入研究才可能真正获得专业上的思考和成长。于是，在专家们的引领下，我走上了课题研究之路，从校级课题层面开始，逐渐走向市级、省级、国家级课题层面。

没有思考的教学是没有深度的教学，不能从教学中发现、总结规律的教学是没有思想的教学。在多年的教学实践中，我不断地探索着科学教学的有效规律，通过课题研究，探索着科学教学的内涵发展，走研究促发展、研究促提升之路。

这一年，基础教育改革之风刚刚吹起，我所在的学校便在小学自然学科吹响了教学改革的号角。根据几年来积累的教学经验和对自然学科特点的把握，我提出了该学科应遵循的教学规律，在自然学科开始课题研究的探索工作。我提出了"激发兴趣—引导探究—验证归纳—实践应用"四段导学法，符合学生认知发展规律，具有较强的实践意义，获得了地级课题成果评选一等奖。

2000年，我开始研究在自然学科中探索"如何培养学生创新精神"这一课题。这一年，新课程改革之风也正在兴起，小学自然学科即将更名为科学学科。这不仅仅是学科名称的更替，更是学科理念、范畴的拓展与创新。通过对自然（科学）学科本质的理解，对学生后续发展的展望，我思考着，筹划着：如何培养学生的创新精神呢？答案是活动。在我的教育理念里，小学科学的每一堂课、每一个教学内容都应是由精彩纷呈的活动组成的。于是，我开始撰写《小学自然（科学）学科活动教学与学生创新精神培养》课题研究方案，并在自己任教的学校展开研究。一次偶然的机会，市教育局教研室领导到校听课，对我的这项研究大加赞赏，立即决定将课题纳入教育局教研室直接管理，由我担任课题的主要研究人员。与此同时，教育局教研室将课题先后向湖南省教育科学研究院基础教育研究所、中国教育学会小学科学教育专业委员会申报立项并获得批准。因此，从2000年到2004年，我潜心于该课题研究，凭借着新课程改革的春风，我如鱼得水，大胆开拓，在科学课程中探索着活动教学的有效途径，以"交往式""讨论式""探究式""实践式""创造式"等多种活动教学方式展现着科学教学的无穷魅力。学生在令人兴趣盎然的活动中，创新意识、创新胆量、创新思维、创新能力得到了有效的培养。最终，该课题研究分别获得湖南省创新教育成果一等奖、全国小学科学教育专业委员会成果一等奖；课题专著《科学课程活动教学》获得地级社会科学优秀成果一等奖。直到现在，该课题研究的成果在当地仍然具有深远的影响，其研究理念已经渗透到各个学科、各所学校，成为当地教学思想的一大特色。

从此，我一直未曾离开过课题研究领域，这让我在从经验型教师向思考型教师的转变之路上迈了一大步。在我的科学教学理念中，似乎已经看到小学科学教学的一些深层次的东西了，科学不再只是一门实践性的课程，而应实现从动手做到动脑思的转变，是动手动脑做科学，是学、思、做互动的过程。

阶段三：从理念到思想的蜕变

20世纪30年代，科学人文主义的倡导者、美国科学史学家乔治·萨顿在《科学史和新人文主义》（1937）一书中提出了"科学人性化的任务"："人们必须找到把科学和我们的文化的其他部分结合起来的方法，而不能让科学作为一种与我们的文化无关的工具来发展……它必然成为我们文化的一部分，并且始终是为其余部分服务的一部分。"

当读到这段文字的时候，我有一种被电到的感觉，但这种感觉并不明朗。因为在我原来的观念里，科学不是特指自然科学吗？小学科学不就是理、化、生等学科的综合吗？我查阅英文、拉丁文、德文中关于"科学"的本义，发现英文Science一般指自然科学，上溯其来源，出自拉丁文Scientia，而后者含义更加广泛，是指一般意义上的"知识"。德文wissenschaft（科学）与拉丁文Scientia类似，其范畴既包括自然科学，也包括社会科学及人文科学。很明显，从"科学"的本义出发，它绝对不是特指自然科学，科学也是一种文化。那么，科学与文化究竟有何关系？带着这些疑问，我一边实践，潜心课堂；一边更广泛地阅读、学习与思考。我读有关科学史、科学哲学和科学文化哲学方面的著作，循着从科学哲学转向科学文化哲学的进步之路，试着去领会科学与文化之间的内在关系、本质属性。慢慢地，我有一种朦胧的感觉：科学好像是一种文化。这种感受似乎呼之欲出却不得见。

在接受《湖南教育》杂志社对我的专访时，我谈到了当时的困惑与感悟："在我体验着科学教学带给我的快乐的同时，我有了新困惑：科学课难道只是一门传授科学知识、培养科学技能的课？于是，我开始将'什么是科学课更高的追求'作为我研究的重要课题。"随着阅读和教学实践经验的丰富，我似乎有了一种体悟：科学是科学，科学又不是科学；科学是一种活动，科学更是一种文化的过程……

这种朦胧的感觉随着多年深入的阅读、思考和实践慢慢明朗起来。从科学哲学走向科学文化哲学，对我认识到科学是一种文化有着很大的启发。科学文化哲学彻底打破了传统的认识论和分析哲学的狭隘框架，从根本上改变了以往的科学哲学定位，真正使人从整个社会、历史和文化的背景中来理解科学，理解科学的精神和科学的价值，真正拉近了科学与人文两种文化之间的距离，并深入考察两种文化的内在联系。更重要的是，它真正肩负起与元科学的共同使命，促进科学与人文两种文化的真正融合。

"谁选择了它们"是一堂有关生物多样性内容的科学课，是我送教下乡的一堂示范课，更是我研究"什么是科学课更高追求"的突破口。怎样才能落实课程目标？怎样才能让学生更好地体会到适者生存的含义？上课前，我一直在思考这两个问题。电光火石间，"物竞天择，适者生存"八个字跃入脑海，百余年前的严复先生大概不会想到，他的这八个字居然帮助21世纪的一位科学教师认识到：科学课也是一种文化，是一门科学与人文完美融合的文化课。

2014年，我参与了湘科版小学科学教材的编写修订工作。湘科版科学教材有一大特点，即重视科学史在教材编写体系中的线索，而科学史正是一部人类科学发展的文化史。自此，我寻找到了上科学课的更高追求：将科学教学与经典文化有机融合，让学生在探寻科学奥秘的过程中感受文化的博大和魅力，领略科学与文化精神融合的精妙境界。我阅读的书籍似乎越来越倾向那些"无用"的书，如哲学、艺术、社会学书籍等。我的研究与思考也不仅限于课题、问题研究，还包括科学教师教研能力提升的途径和策略、科学史、科学哲学等。我上不像科学课的科学课：课堂上除了动手做、动脑思、动情感，一定还重价值，重悟道，重与社会、人类、自然的和谐相处。甚或在我的理解中，科学素养绝不可能单独存在，而是综合到其他素养之中。具有较高科学素养的人，在工作、生活中，在行为、思考层面会更有特质，会是一个有文化的人。

我继续寻找伟大的科学家、思想家和学者们对科学的定义。牛顿说："科学的目的在于发现自然界的结构和作用，并尽可能把它们归纳为一些普遍的法则和一般的定律，用观察和实验来建立这些法则，从而导出事物的原因和结果。"罗素也说过，科学是依靠观测和基于观测的推理，试图首先发现关于世界上的各种特殊事实，然后发现各种事实相互联系起来的规律。如果说，我理解的牛顿、罗素所给出的关于"科学"的定义是属于科学哲学的范畴的话，"马克思主义科学观"提出的"科学是精神文化的最重要因素，是人类知识的最高形式"（苏联，凯德洛夫）就更接近科学文化哲学的要义了。中国科学院研究生院人文学院孟建伟教授更明确地指出了他的看法：科学文化哲学可以看作这样一种学科或研究方向：将科学看作一种文化或文化活动，从而对其进行哲学探究。

据统计，自从泰勒在《原始文化》一书中第一次给"文化"下了明确的定义到现在，有关文化的定义已达260余种。这说明人类文化创造的领域和层次极其丰富复杂，也说明人们在界定文化概念时是多么困难。从一般意义上说，我们常把文化分为四个层面，即器物层、制度层、观念层和价值层。这四个层面分属于自然科学、社会科学、人文科学和宗教范畴。

至此，我有了一种明确的领悟：科学文化哲学探讨的是科学与文化的重大问题。它揭示了科学文化与人文文化、科学价值与人文价值、科学精神与人文精神的联系，从而促进科学哲学与人文哲学、科学文化与人文文化、科学教育与人文教育的融合，推动整个人类文化的普遍繁荣和人的全面发展。科学是一种文化。

美国纽约州立大学教授小摩里斯·李克特在《科学是一种文化过程》一书中更是全面地分析了各种关于科学的社会学观念，提出了他自己把科学看成"一种文化过程"的概念，并且在这一概念的框架内分析了科学与社会和文化的关系，以及科学本身的社会结构。科学知识社会学的主要代表人物马尔凯、巴恩斯、布鲁尔等人把科学的社会学研究的重点放到科学知识上，并把自然科学知识等同于其他知识和信念，将科学看作一种文化现象。

于是，随着我的经历、实践、思考、领悟增多，我的教学主张从朦胧到清晰，从迷惘到坚定，最终得以形成：文化科学——科学是文化的过程。

对"文化"二字，我有两层理解：一是科学本身就是一种文化，也可称为"科学文化"，是一种始于科学哲学的文化，随着科学哲学向科学文化哲学的转变而进步的文化，所以人类的科学史就是一部文化史；二是小学科学课程以培养学生科学素养为宗旨，培养的过程是一个"文化"的过程，融探究、实证、质疑、独创、人文等于"文化"的过程之中。科学既是文化的哲学论依据，也是文化的教学论基础。因此，培养学生科学素养的过程，便成为一个"以文化人"的过程。

我的教学主张与小学科学课程性质是完全符合的。2001年颁发的《全日制义务教育科学（3～6年级）课程标准（实验稿）》将科学课程定位为启蒙课程，在2017年颁发的《义务教育小学科学课程标准》和2022年修订的《义务教育科学课程标准》中均将其定位为基础性、实践性、综合性课程。前两个标准明确提出"培养学生科学素养"是科学课程的宗旨。科学素养的形成是长期的，其内涵十分丰富，2001年版标准描述：科学素养包括科学知识、科学技能、科学方法以及情感态度与价值观，涉及科学教育和人文教育的内容。2017年版标准指出：科学素养是指了解必要的科学技术知识及其对社会与个人的影响，知道基本的科学方法，认识科学本质，树立科学思想，崇尚科学精神，并具备一定的运用它们处理实际问题、参与公共事务的能力，同样涉及科学教育和人文教育的内容。2022年版标准明确提出义务教育科学课程的核心素养包括科学观念、科学思维、探究实践、态度责任四个方面，更体现了科学与文化的融合趋势。而且，科学素养的培养与形成，不是简单地通过教师的讲授就可以实现的，科学方法与能力的掌握、科学态度与价值观的培养，科学思想的树立，科学精神的形成，往往需要通过学生在科学活动中体验与感悟，在学习、体验与感悟的过程中感受到人文精神的熏陶，获取人文知识来实现，这一过程毫无疑问是一个"文化"的过程。

可以说，科学课程实质是以科学为主要文化资源的课程，这意味着科学课程在科学文化那里已经"继承"了先天的文化基因，我所理解的和一直践行的科学理应成为"文化"的过程，即"文化科学"。

科学的文化过程剖析

结合教学实践，我对"科学是文化的过程"这一教学主张进行了深入的剖析，并提炼出五组关键词——探究、实证、质疑、独创、人文。这些关键词体现的不是教学的模式，也不是独立的教学方法，更多要体现的是我教学主张中的思想落地，是教学实践中应有的意识存在，是文化科学的过程因素。

一、科学探究：文化科学的视野

"科学探究"原指科学家们在研究自然界的科学规律时所进行的科学研究活动，是指学生在科学课程和现实生活情境中，通过发现问题、调查研究、动手操作、表达与交流等探究性活动，获得知识、技能、方法的一种学习方式。科学探究关注的目标主要是，让学生经历探究过程、获得理智和情感体验、积累科学知识和研究方法、培养科学态度和科学精神。显然，学生通过科学课程学习，经历和体验科学探究的本身，既是一种物质层面上对科学现象的认识和感受，更是一种精神层面上对情感及态度的改变与提升，这无疑符合广义文化的界定。

教学过程中的科学探究活动是学生对未知的问题，借助已有的实验工具对特定的事物情景进行观察，并在观察的基础上推理并获得相关结论的过程。其文化内涵就在于学生的活动离不开对物的探索研究及对精神的体验与丰富。设想学生通过自己的认识、设计完成了一项科学探究活动，其中的感悟与收获是不言而喻的。由此也能说明，科学探究可以改变学生的学习方式并形成新的学习文化积淀。

从科学文化哲学的角度来看，科学活动就是特写群体在科学文化共同体内从事的旨在探究和认识未知世界和问题的过程。而科学课程的主要实施途径有：在特定文化背景中发生的科学探究教学活动；在教师的指引下，学生通过自主观察、实验、调查和研究等来认识和解释自然的活动。科学探究中，突出问题的主要方面，忽略次要因素，建立理想化的探究模型，并将其作为研究对象，是经常采用的一种科学研究方法，也是一种思想方法。科学知识的本质是一种猜想的知识，它是大胆的假设。杜威说，科学不仅是需要学习的一堆知识，而且是一种学习的过程或方法。这种学习的过程或方法便是科学探究。

科学探究的主要理论基础来自建构主义的科学本质观。建构主义强调科学知识是暂时性的、主观性的、建构性的，会不断地被修正和推翻。建构主义强调科学的本质即科学探究。科学探究是自然的"思考"方式；科学是一种"探究"方式；科学是知识的集合体。建构主义对科学知识客观性的否定启示我们，每一种理论与法则的建立都隐含着科学家们的探索精神和对科学方法的运用（知识的建构过程）。无论科学知识发生怎样的变化，科学探索精神和对科学方法的运用都是始终如一的，它们才是科学的本质。

因此，科学探究反映出来的文化科学的视野，体现在学生在学习科学的过程中需要理解，科学是文化的历史的反映，科学是一个处在不断变化之中的事业……借以阐明科学探究的不同侧面、科学的人性侧面以及科学在各种文化的发展过程中的作用。

科学自约400年前推翻了神学的精神统治地位后，带给人们的不仅是物质的丰富和生活、工作的舒适，更重要的是，它使人类获得了精神上的解放。人们具有了科学精神才能认识到科学有失误。恰恰因为科学有失误，才说明科学是一种人类对客观事物的探究过程，而探究又是必然会有失误的。英国剧作家萧伯纳曾诙谐地说："科学总是从正确走向错误。"科学是在不断失误的过程中接近其结果的，难怪牛顿说他是站在巨人肩膀上取得的成功。科学探究改变人们的观点，反射出文化科学的视野，科学改变着人类的文化。

2010年11月，我代表湖南省参加全国小学科学特级教师论坛展示课活动，执教课题为"空气占据空间"。这一内容在小学科学教学中可谓经典。其代表实验为"'浸不湿'的纸"：将一团干的纸压到一个空玻璃杯的杯底，将玻璃杯竖直压入水底，杯底的纸不会湿。原自然教材及现行多个版本的科学教材均设计了这一实验。此外，广大一线教师还设计了一些具有可操作性且实验现象明显的小实验，如"不漏水的漏斗""吹不大的气球"等。对于一堂面向全国科学教师的课，我该如何设计教学内容？如何体现科学探究的文化视野呢？

结合平时上科学课时对实验材料的合理开发与运用的体会，我思考着如何通过有结构的材料激发学生的探究兴趣，引导学生自主探究和发现"空气占据空间"这一科学概念的内涵与外延。经过了深入思考和数次实践，最终我确定科学探究教学的思路主要从实验材料结构化入手，引导孩子们在充满好奇和欲望的探究活动中达成教学目标。

本课的科学探究活动设计及过程如下：

（一）设置情境，认识空气占据空间

（1）吹气球比赛：准备两个套在瓶子里的气球（已消毒），请两名同学上来比赛吹气球，看谁吹得大。

结果：一个看上去力气相对较小的女学生把气球吹大了，另一个力气相对较大的男学生反而吹不大瓶子里的气球。

（2）引出问题：为什么这位男学生力气大却吹不大瓶子里的气球呢？由学生猜想，并说出这样猜想的理由：可能是瓶子里有空气。

（3）亲身体验：为每个学生准备一个套在瓶子里的已消毒的气球，让他们吹一吹，体验一下，并说一说吹不大的感受。

（4）想一想：有什么办法可以吹大瓶子里的气球？

① 学生讨论办法并说明理由。（在瓶子边或底部钻孔、剪掉底部等）

② 学生操作，发现气球可以吹大了。

③ 想办法证明瓶子里的空气跑出来了。（手背或脸部有被风吹的感觉、瓶子放在水里有气泡冒出来）

（5）小结：瓶子里的气球吹不大的原因是瓶子里有空气占据了空间。

（二）小组合作，探究空气占据空间

（1）抛出问题：教师准备一个去底带盖的饮料瓶。如果把饮料瓶对着小球竖直压入水中，小球（水面）可能会在瓶子里的什么位置？

（2）学生推测：说出可能的结果，并说出这样推测的理由。

（3）分组实验：小组推选一个学生双手把住瓶身，把瓶子对着小球，竖直压入水底，不移动瓶子，其他同学观察小球（水面）有没有变化，它到底在水中的哪个位置。

实验结果：出现了两种实验现象，有的组小球随着瓶子内水面的上升浮在水面，有的组小球在瓶子底部。

出现不同实验现象的小组对比观察，发现了瓶盖的不同：有的瓶盖有孔，有的瓶盖无孔。

（4）交流汇报：学生充分交流自己的看法，揭示秘密到底在哪里，进一步认识到空气既占据瓶子里的空间，跑出来后也会占据其他的空间。

（三）拓展应用——理解空气占据空间

（1）出示任务：还是利用这个瓶子，把瓶子对着小球竖直压入水底，不许上下移动瓶子。在这种情况下，你能让小球听你的话，分别停在瓶子中不同的位置吗？

（2）学生讨论方法，并说明理由。

（3）学生实验，验证自己的想法。鼓励学生尝试多种方法。

（4）展示交流，理解空气占据空间这一科学概念。

交流自己成功的实验方法，重点让学生描述清楚：实验怎么成功的？为什么可以成功？

（5）归纳小结：

① 空气占据瓶子里的空间

② 空气占据教室里的空间

③ 空气占据教室外的空间

……

在教学中，我设计了两个探究活动，分别是"吹不大的气球"和"压水中小球"实验。我为学生提供了两组有结构的材料：第一组材料为一个矿泉水瓶和一个气球；第二组材料为一个瓶盖有孔、另一个瓶盖无孔的去底饮料瓶，一个小球和一个装有水的水槽。材料不多，但是足以引发学生的思维空间，让学生想出解决问题的方法，为学生创造性的探究提供可能。

利用上述实验材料，我设计了三个层次的探究活动。

层次一：猜测瓶子里气球吹不大的原因并想办法吹大瓶子里的气球。

层次二：压水中小球，探究小球在饮料瓶中的位置并寻找其原因。

层次三：利用形成的科学概念，想办法让小球停在瓶中的不同位置，并解释原因。

"吹不大的气球"实验主要参照教材中内容，将一个气球套在瓶口，往瓶子里吹气球，学生尝试，吹不大瓶子里的气球，猜想吹不大的原因，引出空气可能占据了瓶子里空间的猜想。然后让学生想办法吹大瓶子里的气球。他们发现无论采用何种办法，均是要让瓶子里的空气出去，瓶子里的气球才能吹大。这样就验证了确实是空气占据了瓶子里的空间。学生通过这个实验，初步认识到了空气占据空间这一概念。吹气球活动是孩子们非常喜欢的形式，他们对这些实验材料有一种特别熟悉和亲近的感情，所以实验氛围也很好。

为了帮助学生进一步理解空气占据空间的概念，我设计了"压水中小球"的实验，在实验材料的利用与设计上进行了一些巧妙地处理。我提供给学生两种去底带盖的饮料瓶，其中一种瓶盖是无孔的，另一种瓶盖上有一个小孔。让学生猜测，将去底带盖的饮料瓶对着水中的小球竖直压下去，小球可能会在什么位置。学生通过小球的位置观察水面的位置。而实际的实验结果与学生的猜测又有不同。面对有的在上、有的在下的小球，让学生解释原因，进一步理解了空气占据空间概念的内涵与外延。由于材料的差异，诱发了矛盾，使学生对于矛盾的实验现象更有探究其原因的欲望，同时拓宽了学生的思想视野。

在第三个层次的活动中，我进一步向学生提出任务：你能让小球停在不同的位置吗？力图让学生通过控制小球在瓶子中的不同位置，把活动引向更加深入的层面，学生的积极性一下子被调动起来。他们想出多种方法，解决问题，进一步在活动中理解了空气占据空间的概念。此时，归纳之前的几个活动，学生自然而然地概括出空气占据空间这一科学概念。

学生在利用这些有结构的材料探究时总是有一些独特的感受和发现。例如，吹不大瓶子里的气球时，感觉到瓶子里好像有什么东西堵住了；感觉空气从瓶子里跑出来时，利用手去感受是否有风吹过；将小孔对着水槽里的水时发现会有气泡冒出；将塑料袋套在小孔边，看到塑料袋鼓起来了。学生通过触觉和视觉，认识到占据瓶子里空间的空气真的出来了。又如，让小球停在瓶子中不同位置的拓展活动，有的学生想到堵住孔，从慢慢放气到完全放气；有的想到紧紧拧住瓶盖，从松一松瓶盖到完全松开；有的想到倾斜瓶子，发现冒泡了；甚至还有的想到利用往瓶中吹气和吸气等方法来控制空气的出入，也能获得成功。

面对这些有结构的材料，学生在满怀探究乐趣的同时，探究欲望也非常强烈，探究的视野非常宽阔。材料的结构化使得学生真正地"跳一跳"才能摘到

"桃子"。在一系列的科学探究活动中，学生的科学探究能力得到了较好的培养。学生由只知道原始的初始概念，逐步到认识空气占据空间这一科学概念，对这一概念的内涵和外延有一个较清晰的理解，并很好地培养了利用科学概念解决问题的能力。

学生经历和体验科学探究的本身，既是一种物质层面上对科学现象的认识和感受，更是一种精神层面上对科学情感及态度的改变与提升。科学探究可以改变学生的学习方式，使他们形成新的学习文化积淀。对学生来说，科学精神的培养和形成就是日积月累的科学文化影响和熏陶的结果。从这个过程来看，科学探究完全可以理解成一种文化。

二、实证理性：文化科学的根基

无论是观察、实验，还是推理、判断，实证理性是绝不可以脱离我们的科学课堂教学的。从入职开始教学自然课程，到后来教学科学课程，在我的教学历程中，我和学生所表现出来的对实证、理性的认知、意识和行为则经历了一个从忽视到重视的过程、从自以为是到明理通达的过程。比如，最开始我认为观察、实验了便实证了。从教之初，我对什么是可靠的观察并没有真正地理解，也不能准确地描述什么是科学的实验，更不知道在科学课堂中如何指导学生获得可靠的事实或证据。于是，我像许多科学教师一样，常常把猜想当证据，把预测的结果当证据，把道听途说的东西当证据。我记得在教学《水的三态变化》这一课时，学生认为开水壶冒出来的"白汽"就是水蒸气，并肯定地说是自己亲眼所见的，怎么也不相信水蒸气是看不见的。而当时的我也不知道如何去帮助学生辨别理解，更找不到自己的问题所在。出现这种情况主要因为以下两种原因：

第一，缺乏理性的判断。在科学课中，依据所观察、实验看到的事实和收集到的数据来建立一种结果，这便是科学、理性的判断。但作为教师，我们往往还会依据自己的观点、已知的结论或某种顾全所谓师道尊严的想法作为结论来进行判断。例如，在制作电磁铁时，电磁铁铁芯的材料一般是退火的铁钉。在某一次实验中，我带领学生制作了电磁铁，结果意想不到的现象出现了：学生将制作好的电磁铁断开电流后，电磁铁还能够吸引2~3颗大头针。相信有教师也一定遇到过类似的状况。当时，我心里知道这是准备的材料出了问题。但是，面对学生对断电后电磁铁仍有磁性这一事实的描述，在课堂总结时，我还是强调得出断开电流磁性消失的结论。明显的，在科学事实面前，我没有尊重观察到的事实，缺乏理性的判断。

第二，武断地对待实验的成功与否。在实验教学中，经常会遇到观察、实验所得的发现、证据等与预设的想法相矛盾的时候，有的教师不是根据证据得出正确的解释，而是简单地判定实验不成功，或斥责学生观察不认真。比如在做"点亮小灯泡"实验时，学生用电池、导线、开关、灯泡连接成了一个完整的电路，但有一个小组的灯泡一直没有亮。为了完成教学任务，我并未针对这个小组的实验进行耐心、具体的分析，也没有帮助他们找出灯泡不亮的原因，而是直接判定这组的实验是不成功的。下课后，这个小组的学生不服气，拿着实验器材来找我，他们再次检查，发现是电路连接出了问题，没有形成闭合回路。我私下里向他们表达了歉意，好在孩子们原谅了我。

在教学中，我们曾经浅薄地认为，科学只需要做研究证实工作，无须做证伪工作。所以，我们常常忽视或者回避证伪，导致科学探究的结论不够严谨，甚至还会产生错误的结论。古希腊伟大的哲学家亚里士多德提出的"10磅重的铁球和1磅重的铁球同时从高处落下，重的铁球一定会比轻的铁球先落地"观点影响了后人2000多年，这一错误认知也伴随了人类2000多年。直到伽利略对此提出质疑，并反复做了多次实验，其中最著名的是比萨斜塔上的公开实验，他用证伪的方式推翻了亚里士多德的观点。再如，在研究水的热胀冷缩性质的时候，当大多数孩子通过实验得出"水有热胀冷缩的性质"的结论时，有一个孩子站起来反驳，说出他在家里冰箱中冷冻的一瓶水的体积膨胀了的事实，从而揭示了水的体积与温度变化的特殊性。事实上，如果教师在科学研究过程中，能够经常像这样通过找反例对得出的结论进行检验，对培养学生形成理性的科学态度是非常重要的。

对实证教学的研究，对实证理性的深入思考，逐步坚定了我的教学主张：科学实证强调知识必须建立在观察和实验的经验事实上，通过经验观察的数据和实验研究的手段来揭示一般结论，并且要求这种结论在同一条件下具有可证性。

我认为，科学作为文化的过程，是一种尤其强调理性和实证的文化。在科学文化出现之后，同时代的其他文化虽然有长足的发展，但是与科学文化相比，其理性和实证的成分要逊色得多。胡塞尔坚信，科学是健全而纯粹的理性的自我展现；科学的世界是理性构建的观念存有世界；理性是一切科学的主题。科学强烈地受到理性和经验的制约；科学文化的最大特色就是以经验实证为根基，以纯粹理性为先导，理性和实证成为科学文化的鲜明标志。考尔迪恩指出，科学生活是一种理性生活形式，它采纳了所有理性生活的某些共同原则。

而实证理性作为文化科学的根基，其文化过程的意义则在于通过让学生学习科学对事实的尊重、科学对观察实验的依赖、科学对结论的谨慎、科学对错误的勇于修正、科学需要理性思维等这些科学教育特有的实证理性意识，培养和提高学生的科学素养。

可以这样认为，在科学中，通向真理的唯一道路是实证的和理性的道路：实证的严格检验和理性的无情审查。由追求真理的逻辑起点水到渠成地导致科学精神的两大支柱——实证精神和理性精神。这两大支柱支撑着科学精神的整个规范结构，乃至科学的摩天大厦。科学的实证精神和理性精神虽然有所不同，乃至导致人的思维的两极分化，但是在科学中，二者却是珠联璧合、相得益彰的。它们在科学中相互限定、彼此补充，而不是相互对立、彼此排斥——科学就是在二者必要的张力中不断进步的。

李醒民认为，科学的实证精神和理性精神两大支柱并非孤立地耸立在那里，其上还支撑着其他次生精神或衍生精神，如怀疑批判精神、平权多元精神、创新进取精神、纠错臻美精神、谦逊宽容精神等。怀疑批判精神使科学和人保持青春活力，平权多元精神使科学和人祛除唯我独尊，创新冒险精神使科学和人永远求索前进，纠错臻美精神使科学和人不断精益求精，谦逊宽容精神使科学和人永生虚怀若谷。这一切精神要素最终把科学和人导向最终归宿——自由。

在《声音的产生》一课的教学中，我比较注重实证理性的文化科学过程，学生通过观察、比较、描述，从固体、液体、气体多种物体发声的事实中归纳出物体振动发声的科学概念，证实和证伪在本课都能够较好地得以体现。此课主要教学过程如下：

（一）使物体发出声音

（1）使老师提供的器材（鼓、吉他）发出声音。

学生轻轻敲打了一下鼓面，轻轻拨动了一下琴弦，都让物品发出了声音。

（2）给出实验材料和要求：

实验材料：橡皮筋、钢尺、装有水的锥形瓶、试管

实验要求：

① 用什么办法能使这些物体发出声音？

② 观察物体发出声音的过程中有什么现象。

③ 完成记录表（表1-1）。

表1-1　实验观察记录表

	让橡皮筋发声	让钢尺发声	让锥形瓶里的水发声	让试管里的空气发声（底部有泡沫球）
发声方法				
发声过程中看到的现象				
我们的发现				

实验后，小组成员交流反馈，发现：当弹动皮筋使其发声时，皮筋会快速地弹动；拨动钢尺使其发声时，钢尺快速地来回运动；摇晃锥形瓶里的水使其发声时，水在瓶子里晃动；吹试管使其发出声音的时候，试管里的泡沫小球也在跳动……

教师引导，物体发声时，人们看到的皮筋弹动、钢尺来回运动、水晃动、泡沫小球跳动的现象都可以称为振动。

（二）观察、比较、描述

发声的物体都在振动吗？例如：敲击音叉并观察。

证明：

（1）观看音叉放入水中的现象。

（2）敲响之后马上用手触摸、用脸贴近锥形瓶。

（3）描述锥形瓶中水发声的振动现象。

（4）描述吹试管发声时试管内空气的振动现象。

归纳振动现象，像音叉、小鼓、橡皮筋、吉他、水、空气等，在力的作用下，不断重复地做往返运动，这种运动叫振动。

（三）证伪：如何使正在发声的物体停止发声？

以敲锣为例，敲锣发出声音后，马上用手盖住锣面，这时振动停止，声

音也停止了。

前两个活动均为证实，通过物体振动发声的事实建构起声音是由物体振动产生的概念。第三个活动为证伪，以反例对得出的科学结论进行检验，完全符合理性的科学文化。

我对科学文化中实证理性的根基作用感受颇深，它揭示出以下几点：科学的本质是实证，提高实证意识是最具有普遍意义的教育价值；科学活动是一种求真活动，必须用事实说话，科学结论必须是经得起实践检验的；科学的实证包括证实和证伪；科学过程和理论必须是可重复的；等等。

三、质疑批判：文化科学的动力

宗教叫人信仰，法律使人服从，科学则公开让人怀疑和批判。在我的教学主张中，我认为质疑与批判是科学文化的生命，是科学文化发展的动力。科学文化内部的质疑和批判对于科学的进步来说是至关重要的。从科学发展史中可以毫无疑问地看到，质疑和批判是摧毁旧科学观念的破坏性力量。比如马赫对经典力学的批判与质疑，沉重打击了牛顿提出的"绝对时空观"和"机械自然观"。爱因斯坦在他的宇宙学中引入了一个"宇宙常量 Λ"，以保证宇宙在大尺度上是静态的。后来，他因引入这个宇宙学项后悔不已，并说这是他"一生中所干的一件最大的蠢事"。在此，我所理解的作为质疑和批判主体的教师和学生，不仅要敢于质疑和批判他人，也要进行自我质疑和自我批判，这对科学的发展是至关重要的，对科学教学也是至关重要的。

质疑批判是科学的生命，也是科学的精神气质和文化品格。但我们要清醒地认识到，质疑不是怀疑一切，批判也不是否定一切，它们必须建立在对科学规律系统、完整把握的基础之上。波兰天文学家哥白尼通过数十年的观测、思考和论证，在质疑和批判"地心说"的同时提出了"日心说"，他在临终前夕发表了《天体运行论》，这一著作从根本上粉碎了神学的宗教教条，确立了新的宇宙观，揭示了科学真理。另一方面，我们应崇尚科学，却不迷信科学。我们应当有这种认识：科学不是万能的，科学也不代表一直都是正确的，科学是在质疑批判、自我否定中前行和发展的。科学发现往往都是在挑战已知概念，不可能符合传统逻辑，所以引起争议和非议是必然的。科学仅仅是人类文明发展中的行为过程，是人类对真理和真相永无止境的追求过程。

如果我们审视小学科学课程标准中的科学方法，不难发现其还停留在一元论的阶段，其中并没有关于科学方法本身的内容，似乎科学探究的要素和固化了的过程就是科学方法的全部，也没有引导学生深入体验甚至批判不同的科学方法。因此，作为小学科学课程的开发者和实施者的教师，必须正视科学方法多元化的现实，但是又不能陷入彻底的相对主义和彻底的一元论，必须在坚持一元论的基础上寻求多元发展。具有质疑批判思想的科学教学认为，要在坚持科学共同体相对认可的科学方法之余，保持科学方法体系的开放性，不将科学方法固化为某一种方法的几个阶段，同时引入新的非科学主义的科学方法，引导学生正确认识和选择科学方法。对处在教学一线的科学教师来说，要做到这点并不容易，但也并不是没有可能，最好的办法便是实践加阅读。我常与身边的科学教师说，我们除磨砺课堂外，一定要多阅读，不仅要读学科专业的书籍，还要多读哲学书籍。

在我的科学课堂上，我经常提醒学生，不要轻易相信老师说的每一句话，也不要完全相信课本里的科学结论，要敢于质疑，勇于批判。于是，在我的课堂上经常会有不一样的声音，有不一样的观点，学生获得的一种非常难得的科学质疑的动力，这是我更看重的文化科学的精神。而要做到这一点是很难的。

在《昼夜是怎样形成的》一课教学中，我在教学目标中明确地提出要培养和鼓励学生质疑批判，不迷信权威的精神。教学过程如下：

（一）情境导入

观察比较在同一城市同一地点拍摄的白天和夜晚的图片的异同，引发学生思考：昼夜交替现象是怎样形成的呢？

学生都知道白天过去是夜晚，夜晚过去又是白天；白天和夜晚总是周而复始地交替着。但他们对昼夜是怎样形成的并不理解，由此引出接下来的探究活动。

（二）探究实践

1. 学生猜测

学生的三种观点：昼夜交替的形成与地球的公转、地球的自转或两者均有关。同时，学生们对其他小组的猜测都提出了质疑。

师：现在同学们有三种观点，一种是昼夜的形成与地球的自转有关，一种是昼夜交替的形成与地球的公转有关，还有一种是昼夜交替的形成与地球自转、公转都有关系。

师：大家也在质疑其他小组的观点，维护本组的猜想，怎么证明自己的观点呢？比较好的方法是什么？（设计实验）

2. 模拟实验

师：你们觉得实验需要哪些材料？怎样做实验？

课件展示，并提示：用地球仪代表地球，手电筒代表太阳。

小组讨论，汇报交流方案。

用手电筒的光照到地球仪上，在地球上形成白天和黑夜两个半球。被太阳照亮的部分我们可以称它为"昼半球"，黑夜部分可以称它为"夜半球"。

师：老师还给大家提供一个小纸人，想想看，怎么利用它来观察。（可以固定在地球仪的某一点上……）

学生分组实验，填写记录单（表1-2）。

表1-2　实验记录单

第＿＿＿组

我们的猜想：昼夜的形成与＿＿＿＿＿有关
实验方法：
实验发现：

实验后，学生汇报、交流、分析、完善。

师：从刚才的研究中你们有什么发现？刚才质疑其他两种观点的小组找到证据了吗？

得出结论：昼夜交替现象是由地球自转形成的。

3. 地球自转方向

师：我们也可以模拟地球自转的情形。

模拟自转：请两个同学上台分别扮演太阳和地球（配头饰），模拟地球自转的情形。请其他同学注意观察"地球"自转的方向。

学生描述方向。

师：地球究竟是按什么方向转动的呢？

我们在地球上看到太阳从东边升起西边落下，从而可以判断地球上哪个方向的人先看到日出。（东边的人先看到日出）

提供给学生一个红纸人。

师：你们能根据东边的人先看到日出这一事实，借助它和刚才的材料来研究地球是按什么方向转动的吗？小组成员一起想想办法，看看能不能证明自己的观点。

小组活动，发现：东边的纸人比西边的纸人先见到太阳，所以地球从西向东转动；也有的小组从相反的方向转动，发现不会出现东边的纸人先看到日出的现象。

播放地球自西向东自转的视频供学生观看。

4. 实践

（1）谁先看到日出

师：我们明白了昼夜形成的原因，知道了地球自转的方向，那么，请大家来分析……

（出示课件）同一天里，在北京的小朋友和在乌鲁木齐的小朋友谁先看到日出？

学生讨论、交流、汇报（哪个地方的人先见到日出？为什么？）。

（2）在地球仪上找到长沙和纽约两座城市并讨论：当长沙是白天时，纽约是白天还是夜晚？为什么？

（三）拓展延伸

1. 傅科摆

关于地球的自转，法国著名的物理学家傅科做了一个有名的实验，我们一起来了解一下。（播放视频，学生分析、解释）

2. 地心说、日心说

同学们，人类对昼夜交替形成的认识并不是一帆风顺的，而是曲折的，经历了一个漫长的过程。历史上曾有两种对立的学说，其中一种就是古希腊学者托勒密提出的地心说。（出示课件，请学生解说）他认为地球处在宇宙的中心静止不动，太阳、月亮等天体围绕地球运动，所以地球上就有了白天和黑夜的交替。

师：这一学说统治了天文学界1000多年。后来，波兰的天文学家哥白尼，对托勒密的地心说提出了质疑，并提出了日心说。（出示课件）他认为太阳是宇宙的中心，太阳是不动的，地球和其他行星绕太阳转——公转和自转。

师：同学们对哥白尼提出的日心说有疑问吗？

生：太阳也不是宇宙的中心。

生：我认为宇宙根本就没有中心。

师：敢于质疑，真好！确实，随着科技的发展，人们发现太阳并不是宇宙的中心，只是宇宙中一千多亿亿颗恒星中普通的一颗，太阳率领太阳系围绕银河系中心旋转。也许正是宇宙的浩瀚和神奇奥秘吸引人们不断努力探索着、追求着！

教学之后，我进行了如下反思：

我们不可以低估小学生，他们中有相当一部分人从其他途径已经知晓昼夜现象是由于地球自转形成的，他们对与自己不同的观点敢于质疑和争论。但是，他们是否理解其中的奥秘呢？如何将教学建立在学生已有的概念基础上是本课的关键，培养学生质疑批判的精神是本课的目标之一。再加上小学生对宇宙现象既有兴趣又感到神秘莫测，教学中也应注意合理把握这一点，充分让学生在模拟实验中加以想象，从自然现象中加以推理。因此，我对教材进行了适当处理，根据学生已知的不同，调整了教学的顺序和内容的侧重点。

我努力从学生的视角思考。首先，让学生认识事实——昼夜交替循环不止，这一现象学生当然再熟悉不过。其次，抛出问题："昼夜是怎样形成的？"引发学生思考并猜测其中原因。"昼夜的形成可能和谁有关？"让学生大胆猜测、质疑并说出理由。鼓励学生针对自己的猜想设计实验并进行验证，学生通过模拟实验，发现地球自转形成昼夜这一原因。此时模拟实验在学生脑子里形成的还只是一种具体的直观思维，所以有必要在此引导学生想象宇宙中地球自转的情形，并配以课件帮助学生理解。

接下来研究地球自转的方向。这是教学的一个难点。如何突破？还是从事实出发。太阳每天从东边升起，西边落下，说明住在东边的人先看到日出。那么，如何从这一事实中发现地球自转的方向呢？我通过再次提供给学生小纸人的方式，让学生自行发现了地球自转的方向。

如果教学仅停留在上述层面，我认为还是太浅了。应该在此基础上，引导学生了解人类跨越了一千多年的认识、探索历程。我引导他们阅读并质疑、批判地心说和日心说观点，介绍傅科摆的研究，让学生认识到质疑、批判在科学中的重要地位和作用，从而获得科学的自信心和继续探索宇宙的欲望。

再进一步，"日心说"是不是就是对的呢？有的学生在课堂上便已提出，太阳并不是宇宙的中心，太阳也率领着它的行星们在不停地围绕银河系中心运动，这在学生头脑中初步建立宇宙在时刻运动的概念。哥白尼学说带给学生的不只是一场天文数理技术的革命，更是一种蕴含质疑与批判的思想观念的巨大改变。正如库恩所言，哥白尼学说是历史上第一次由于发现技术性的错误而修正一个重大的思想结论。这便是它突显出来的文化价值。有了这样一种认识，教学又有了升华，有了内涵。

四、独创求新：文化科学的标志

有一次，我读到后学院科学的阐释者、英国著名物理学家、科学社会学家约翰·齐曼说的一段话："科学是对未知的发现。这就是说，科学研究成果总应该是新颖的。一项研究没有给充分了解和理解的东西增添新内容，则无所贡献于科学。"从中可以明确，科学的核心是发现，独创性使科学文化区别于重复的物质生产文化，也区别于有价值和可复制的精神生产文化，它是科学文化的重要标志。

还有一位人物不得不说。爱因斯坦也非常重视独创性的培养。他从社会发展的角度深刻地阐述了培养学生独创性的重要性。爱因斯坦指出："一个由没有个人独创性和个人志愿的规格统一的个人所组成的社会，将是一个没有发展可能的社会。"对一个国家来说，"要是没有能独立思考和独立判断的有创造能力的个人，社会的向上发展就不可想象。"因此，爱因斯坦认为，"国家的最高使命是保护个人，并且使他们有可能发展成为有创造能力的人。"在爱因斯坦看来，"有创造才能的人对人的教育作用，归根结底总是远远超过政治领袖。"多么深刻的洞见！

研究表明，幼儿和小学阶段既是培养创新意识的基础阶段，又是创造力开发的关键时期，在这个阶段，要重点激发儿童对自然世界的好奇心，呵护儿童的求知欲，培养儿童发现问题、提出问题的方法和能力。因此，教师要多与学生共同进行科学探究，共同思考，共同辩论，帮助学生养成勤学、多问、善思的习惯，鼓励学生敢于表达不同的见解。

我的思想认识是，独创求新在科学教学中主要表现为突出培养学生的创造性个性，让学生不断地超越原来的认识，不断地发现未知，获得新知，得到情感、意志、动机等多方面的培养，呈现自主的色彩，凸显独特的个性，丰富内在的精神世界，增强学生浓厚的探究意识和创新能力。

2017年10月，我在全国小学科学名师工作室教研共同体成立大会上执教的二年级《技术与工程》单元《尺子的科学》第一课时《做一把尺子》，我有意识地引导二年级的学生学会多方法设计、制作一把尺子，培养他们的独创求新意识。教学过程如下：

（一）情境需求

（1）随机选两名同学上讲台，比高矮，怎么比？

学生：可以背靠背比，可以站在同一面墙边画线比……

（2）高多少？怎么测量？

学生：用尺子量。

师：没有尺子，还可以怎样量？（用本子量，用线量，找其他工具量、用拃量……）

师：以前，人们没有尺子的时候，想到了一种很好的工具（出示手）——手，（展开拃）用"拃"测量。课件认识"拃"。张开手指，拇指与中指之间的距离就是"一拃"。

（二）口述设计

（1）设计活动一：用"拃"量课桌的长。

师：请每个同学用"拃"测量一下课桌的长度，将测量结果记下来（表1-3）。

说一说，你测量的课桌的长是几"拃"？

表1-3　课桌长度表

课桌长	1	2	3	4

观察数据、讨论：

师：为什么同样的课桌长，同学们测量的"拃数"不一样？（每个同学的"拃长"不一样）

师：要怎样测量才好？（用同样长度的物体）

（2）设计活动二：用小方块、小木棍设计。

教师分别出示小方块和小木棍，拿小方块的同学继续测量课桌的长度，拿小木棍的同学测量其中一个人的身高。

两分钟后，学生反馈测量不方便的地方。（小方块不够，摆不直，小木棍往上搭不稳、不方便等）

师：直接用小方块或者小木棍测量，还是不方便，怎么办？老师再给你们两样东西（出示硬纸条、小方块图）。想一想，有办法了吗？

学生讨论，交流，不断完善。

① 把小方块粘在硬纸条上，再去量，小方块就不会乱动了。

② 把小方块一个一个地粘起来。

③ 用小方块在纸条上画上记号，就不用粘了。

④ 将十个小方块并排排列在纸条的一侧，在每个连接的地方画一根短竖线。在第一个小方块处用记号笔标记刻度"0"。

师：在第一个小方块的地方用笔标记"0"，想一想，接下来该怎么标呢？（学生说一说）

课件呈现一张标好1~10数字刻度的硬纸条。

师：制作的时候有没有别的方法？或者是要提醒大家的地方？

师：（演示）如果没有硬纸条，怎么办？能不能用其他材料？（软纸条、长木条、塑料条、绳子等）

（三）模仿制作

（1）活动：分别用小方块和小木棍制作，在黑板上展示6~8种制作方式。

（2）揭示：这种工具就是一把尺子。

师：我们来看一看，同学们制作出来的这些标有数字和竖线的东西像什么呀？它们就是尺子，一种很常见的测量长度的工具。同学们，我们刚才就像人们发明尺子一样，也发明、制作了一把尺子。大家真厉害！

用小组的尺子继续测量，用小方块尺子和小木棍尺子分别测量课桌的长度，填写在表格中（表1-4）。

表1-4

课桌的长度	
（　　）个小方块	（　　）根小木棍

（四）评估改进

（1）再比较，发现不同的尺子测量出的数据也不同。

学生发现：用尺子量长度很方便，但是我们用的是两种不同的尺子，所以量出的数据不同。

（2）延伸下一节课。

师：如果要做一把全班统一的尺子，怎么办？我们下节课还会继续做尺子。

在这一课的教学中，我特别注重对学生科学独创性的培育，通过提供材料，适当启发引导，鼓励学生敢想敢说，独创性的火花随处可见。比如，在讲到比高矮的方法时，我说没有尺子怎么量，他们马上想到了用书、用线、用手等不同的方法；提供小方块和硬纸条给他们时，他们又想到了许多种组合的方法；当我问到没有硬纸条怎么办时，他们也创造出了软尺、塑料尺、木尺等不一样的尺子。对于班上的孩子来说，这些想法都是他们对未知的发现，是属于他们的独创求新。

在小学阶段，学生在科学学习中表现出来的独创求新主要是基于自己的认识而产生的，与学生对周围自然世界的认识、科学阅读量、实践经验相关，而并非指向当前人类的科学认识层次。正是这些不断高于自身、新于原来认知的想法和见解，帮助学生逐渐形成求新求异的思维方式，形成独创性的思维品质，这是文化科学的一种重要标志。

五、科学人文：文化科学的走向

杨叔子曾说，科学和人文是一对孪生兄妹，两者可以说相融是利，相离则是"半个人"。现今的社会是文化多元化的社会，科学与人文是其有机组成部分，而且成为一种相对独立的文化过程。洪晓楠在科学与人文研究丛书总序中说："科学精神也是人文精神。精神就是人文的东西，所以科学精神就是求真的人文精神；而人文精神，就是应以实事求是作为其基础的求善精神，这从一角度讲，就是求善的科学精神。科学与人文都有共同的追求。"于是，对于科学与人文，我尝试从狭义和广义两个角度去理解。狭义地看，科学与人文有不同的内涵，但也有必然的内在联系。科学是探索事物的规律，是求真；人文是把握科学的方向，是"求善"，是如何做人。科学不能解决方向问题、价值观问题；人文不能直接解决科技问题，只有科学与人文的结合才能产生最佳效应，推动社会和事物前进。广义地说，科学作为一种文化，必然与人文相融合。我国学者李醒民教授认为："科学文化是人类文化的一种形态和重要构成要素，是人类的诸多亚文化之一。科学文化是科学人在科学活动中的生活方式和生活态度。科学文化以科学为载体，蕴含着科学的禀赋和禀性，体现了科学以及科学共同体的精神气质，是科学的文化标志。"

其实，科学与人文的关系，在中国古代《四书·大学》里早有精辟论述。该书提出了教育的八大要素：格物、致知、诚意、正心、修身、齐家、治国、平天下。前面两要素是讲科学，"格物"指研究客观世界，"致知"指认识客观世界；中间三要素"诚意、正心、修身"，讲的是做人，即人文精神；后面三要素"齐家、治国、平天下"，讲的是通过科学与人文的结合，达到的目的。

韦钰院士提出，科学教育的目的不是简单地传授知识，而是建立一种新的文化，包括对我们生活的世界的态度、思维方式、价值取向。科学文化中核心的精神是实事求是，追求真理。这种新的文化便是科学与人文融合的文化，是文化科学的走向。

费耶阿本德是一位后现代科学哲学家，他通过对理性主义、科学沙文主义、一致性等的批判，强调了文化的多样性，强调了方法的多样性，开创了一种科学与人文并重的后现代科学哲学的"新统"。

科学与人文分别源于人对自然和对人自身的认识，是两种认识成果的精神升华，是社会系统的组成部分。它们之间存在统一的客观基础，其融合必将成为不可抗御的社会主流，能够更好地洞悉世界，改造世界，推动人类的文明与进步。

在科学教学中，我亦是如此理解的：小学科学课程今后的走向必然是科学与人文融合的科学课程，不仅应注重学生对科学知识的学习，而且要更加重视学生科学学习的过程；不仅要懂得科学，而且要通过内化科学精神，懂得欣赏科学的本质，使科学教学对自身文化品质和个人生活产生有益的影响，最终促使学生形成科学的态度、情感与价值观，提高科学素养，改善生活质量，增强参与社会和经济发展的能力。

我在执教《谁选择了它们》一课时，科学与人文的融合很好地走向了文化科学的方向。

《谁选择了它们》是教科版六年级上册《生物的多样性》单元教学内容，教材的编写意图是让学生了解同一种生物生活在不同的地方，身体的形态结构也会有所不同，即环境发生变化，生物的形态结构也会发生变化，以此了解环境的选择（自然选择和人工选择）改变着生物，造就了生物的多样性。从而使学生意识到环境与生物的密切关系，理解"物竞天择、适者生存"的自然规则，增强环境保护的意识。

在本课的教学设计中，我紧扣"物竞天择，适者生存"这句话。它本出自严复翻译赫胥黎的《天演论》，以"物竞天择，适者生存"的进化论观点唤起国人救亡图存、自保自强的意识。它是社会演进的规则，也是生物界演进的规则，且具有一定的文化深度。因此，我将教学的重点放在让学生逐层理解"物竞天择，适者生存"的意义和内涵，感受科学与人文的融合上，从而在科学教学中渗透人文教育，传承文化思想，让学生在进行科学探究的过程中感受到文化的博大和魅力。为了激发学生的探究兴趣和参与热情，我将本课教学形式设计为一档电视节目——《探索发现》。

（一）引入

同学们喜欢看有关科学方面的电视节目吧？你们看过的有哪些？今天这节课咱们也来制作一期节目，节目的名字叫《探索发现》。

（二）节目之一：从恐龙灭绝说起

各位嘉宾、各位观众，大家好！今天的《探索发现》节目又和大家见面了。首先我们聊一个大家很感兴趣的话题：关于恐龙灭绝的说法。恐龙灭绝的时间大约发生为距今6500万年前，我想大家平时通过书籍、电视或网络已经有一些了解，请说说看，关于恐龙的灭绝你知道什么样的说法。归结起来，是什么原因导致恐龙灭绝的？（归结到环境的变化导致恐龙的灭绝）

师：了解了恐龙灭绝的众多说法后，下面进入我们今天节目的主题："谁选择了它们"（板书）看着这个题目，我想请几位嘉宾说说，题目中的"它们"是指谁？（生物）"谁"又是指什么呢？在你的想法里，环境包括哪些因素？（环境、人）。

（三）节目之二：是谁选择了青蛙

（1）给两只不同颜色的青蛙选择生活环境

师：下面，我们来做一个小小的测试，（出示两只颜色不同的青蛙的图片）老师带来了两只青蛙，它们有什么不同？这里有一些自然界的环境图片。请两位嘉宾上来选一选，它们分别生活在哪一种环境之中。你为什么这样选择？

（两名学生上台选择并说明选择的理由，提出青蛙体表颜色对青蛙的保护）

（2）分析、讨论资料（青蛙的去和留）

师：（出示教材青蛙变化图）生物学家发现，在绿地里青蛙的颜色主要是绿色的，如果当绿地逐步变成沙漠，经过一定的时间，青蛙的颜色也慢慢地变成与沙漠颜色接近的黄色。为什么会出现这种现象？

（学生讨论、汇报：环境的变化使得适应环境的青蛙生存下来了，身体的颜色也与它生活的环境相同，而和周围环境颜色相差很大的青蛙就慢慢被淘汰了。看样子是谁选择了青蛙？）

首次引出："物竞天择，适者生存。"

师：其实生物学家对这种现象做了很多的研究，并提出了一些很有价值的生物发展变化的规律。（出示"物竞天择，适者生存"）这句话就很好地说明了自然界中生物发展变化的规律。我们一起来说一说，你是怎么理解这八个字的。（学生从字表了解意思）

（四）节目之三：是谁选择了北极熊

（1）比较北极熊、棕熊、黑熊的特征。

师：接下来，我们来看一组图片。（出示北极熊、棕熊、黑熊图片）大家认识吗？它们生活在什么地方？请大家仔细地看看，虽然它们都是熊，但是它们有很多的不同，我们一起来找一找，北极熊和棕熊、黑熊有哪些区别？

（2）交流发现：北极熊毛色雪白，身体肥大，眼、鼻、耳、尾等裸露在外的器官很小，四肢短小，熊掌肥大，更有力。

（3）讨论：为什么？

师：虽然它们都是熊，特别是棕熊和北极熊都是同一个祖先，但为什么北极熊会有这样的一些特征呢？

（4）再次引出："物竞天择，适者生存。"

师：在自然界中像这样同一种生物，生活的环境不同，最终导致其特征也不相同的事例你们还知道哪些？（北极狐、红狐、灰狐，北极狼，北极兔，蛇，鸟人等）是谁选择了这些生物呢？还是这句话——物竞天择，适者生存。现在，我们再来看这条规律，你有什么新的理解吗？（学生从更多事例中谈一谈对这句话的感受）

（五）节目之四：选择改变生物

（1）介绍人类对生物的改变。

师：我们刚才说得更多的是自然环境对生物的选择。其实，我们人类的选择也改变着很多生物。比如，家猪就是人类从野猪驯养而来的。你们还知道哪些生物也是因人类的选择而改变的？（介绍野猪、家猪，稗子、水稻，鲫鱼、金鱼，西瓜等）

（2）引申：人类的发展也因环境的选择而改变。

师：为什么人类要对自然界的那些生物进行有选择的改变？（为了人类自己的生存。对那些生物来说，人类也是它们生存环境的一部分，这种环境选择改变着这些生物。）其实，人类自身的发展同样是因环境的选择而改变着、进化着。（展示人类进化发展图片）

（3）第三次提升："物竞天择，适者生存。"

师：我们再一次品味这句话，你是不是又有了更新的感受？（物竞天择，适者生存不仅是自然界中生物发展的自然法则，对人类的发展变化同样也是如此。）我们人类同样要遵守这一公平的自然法则。

结束语：自由发言，请嘉宾自由地谈一谈，通过今天的节目，你还想说点什么？

师：我们知道，生物和环境的关系是非常密切的，环境决定着生物的生存、发展和未来！"物竞天择，适者生存"很好地解说了生物、人类、社会和环境变化的规律。我想参与今天节目的嘉宾们一定会有很多收获。希望在以后科学探索的路程中，我们可以更多地交流。好了，今天的节目到此结束，谢谢大家！

在设计这节课的时候，我想，通过提供给学生大量的信息资料，加上学生对这方面已有的知识和见闻，让学生了解环境对生物的选择十分简单，学生很容易就能够理解并列举出很多实例。我再想，通过这一内容的教学，应该带给学生一些什么呢？知识的获得，情感的共鸣，思维的探究，这些似乎都可以达到。但我觉得还不够。我思考着，不断地问自己，不断地从学生的角度去揣摩。教材中的一句话让我突然来了灵感——"物竞天择，适者生存"。好精辟！而且回味无穷！意义深远！于是，我对这一内容的教学突然有了一个崭新的切入点和方向。环境的选择，大自然的法则，社会的进步，不都要遵循这一公平而永恒的规律吗？而且，这句话的出处是我国著名学者严复先生对《天演论》的精彩翻译，其在当时为一篇政论文章，曾引起国内外的震动。同时，这句话极好地诠释了达尔文的进化论。自然、人类、社会的发展和进步都可以用这八个字完美地去概括和描述。它既是科学，更是一种文化。在我们的科学课程中重视科学知识教学的同时不正需要文化的传承和提升吗？基于这种思想，我有了以上的教学设计。

在实践的教学中，我紧紧地扣住"物竞天择，适者生存"这句话，从三个层面向学生展现，让学生从字表字义的了解，到意义的深入理解，再到内涵的深化和拓展；从自然的法则到人类的法则，再到社会的法则，层层推进，使学生经历了一个由生到熟，由浅到深，由偏到全的思维的递进、拓展和创造过程。第一次出示"物竞天择，适者生存"时，学生只能凭已有的经验简单地表说字义，第二次出示"物竞天择，适者生存"时，学生对自然界的这一法已颇有见解，到第三次出示"物竞天择，适者生存"时，学生豁然开朗，深入了解了自然、人类、社会无一不在遵循着这一公平的法则。至此，学生对这八个字不仅烂熟于胸，更是感受到其博大、深远的境界。一节课下来，意犹未尽，师生均沉浸在一种走进科学但又超越科学的意境之中。我想，那便是人文的作用，是文化科学所致，是透过科学知识、技能之外的经典而深厚的文化。在科学中传承和提升文化，将科学与人文完美地融合，竟然也有如此的魅力！

我感叹不已，也受到震撼。

回首三十余年的小学科学教育教学探索之路，我其实一直在"文化"中探究科学，探究科学教学的思想、主张和行动，并形成文化科学的教学主张，视科学为文化的过程。这是一种积淀，也是一种悟道。我们在深刻理解科学探究、实证理性、质疑批判、独创求新、科学人文等具体的文化科学的内涵、要素、过程等的基础上，还应继续思考与求证：科学文化过程的哲学归宿在哪里？文化科学的途径还有哪些？求索，不断求索……

第二章

科学探究实践案例

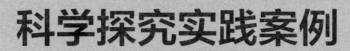

《空气占据空间》教学案例

【教学目标】

（1）知道空气要占据一定的空间。

（2）会做空气占据空间的实验。

（3）归纳、概括空气占据空间实验的过程，初步培养归纳、概括实验现象的能力。

（4）在探究空气占据一定空间的实验过程中，亲身体验积极动脑、合作研究的快乐。

【教学准备】

矿泉水瓶、气球、锥子、剪刀、去底带盖饮料瓶子、水、水槽、课件等。

【教学过程与评析】

（一）设置情境，认识空气占据空间

师：老师这里有两个套在瓶子里的气球，气球已经消毒了，请两位同学上来，比一比，看谁吹得大。

生纷纷举手。

师：请这位男孩子，再请一位女孩儿吧。大家等会儿为他们加油哦。

两名学生吹瓶子里的气球。

师：谁吹大了瓶子里的气球？

生：××（女生）

师：为什么这位男同学吹不大瓶子里的气球呢？（学生猜想，并说出猜想的理由。）

生：可能是气球堵住瓶口了。

生：我认为瓶子里面有空气，空气出不去，所以气球吹不大。

师：也就是说，这个瓶子里的气球吹不大，可能是空气占据了瓶子里的空间。

板书：空气占据空间？

评析：课的开端很重要。如何创设一种既有趣味性又与本课探究主题联系紧密的情境？教师设计利用"吹得大"和"吹不大"这样对比明显的吹气球游戏进入本课的学习，很贴近学生的心理特点。学生能直观地发现游戏中两种不同的现象，从而引发思考，结合生活经验，推想到瓶子里的气球吹不大的直接原因可能是瓶子里有空气，与本节课要研究的问题吻合。

师：大家想不想试一试？老师为每个同学都准备了一个已经消毒的套在瓶子里的气球，请材料员拿出来，发给大家，大家来吹一吹。

学生自由地吹套在瓶子里的气球。

师：能吹大吗？吹瓶子里的气球的时候有什么感觉？

生：感觉瓶子里有东西堵住了。

生：只能吹大一点点，然后就吹不大了。

师：想一想，有什么办法可以吹大瓶子里的气球？

生：在瓶子上钻一个孔就可以吹大里面的气球。

师：为什么在瓶子上钻一个孔就可以吹大瓶子里的气球呢？

生：因为瓶子里的空气会从小孔里跑出去，所以气球就能吹大了。

师：还有不同的办法吗？

生：剪掉瓶子的底也可以吹大气球。剪掉瓶子底，瓶子里的空气也就出来了。

师：老师为大家准备了锥子和剪刀，（展示锥子）使用锥子钻孔的时候要抓紧瓶子的一端，锥子与手要保持一定的距离，要小心，不要伤到手。

使用剪刀的时候也要注意安全！

师：你们用自己的办法试一试，看能不能吹大瓶子里的气球。同时要留心其他的发现哦。

学生实验，发现气球可以吹大了。

师：谁来说一说你有什么发现？

生：气球慢慢地在瓶子里被吹大了。

生：瓶子里面的空气跑出来了。

师：你怎么知道里面的空气跑出来了？

生：我的手感觉到小孔里有空气出来了，有风呢！

师：我没看到呢。还有别的办法能让大家看到瓶子里面的空气从小孔里跑出来了吗？

生：将一根小纸条贴在小孔的边上，空气出来时，纸条会飘起来。

生：将瓶子上的小孔放在水里，吹瓶子里的气球，里面的空气跑出来，会在水里产生气泡。

师：真聪明！

师：老师这儿有塑料袋，可以怎样做，让大家看到空气从瓶子里跑出来了？

请一位学生上来和老师配合，将塑料袋套在小孔处，吹瓶子里的气球，空气跑出来，塑料袋鼓起来了。

师：瓶子里的空气确实跑出来了。

材料员将实验的材料收起来，放在实验桌的抽屉里。

师：大家通过自己吹气球，现在可以肯定刚才瓶子里的气球吹不大的原因是……因为空气占据了瓶子内的空间。

接下来我们继续通过其他科学实验来研究空气占据空间这一科学概念。

评析：让每一个学生都参与吹气球活动，经历吹不大和想办法吹大瓶子里的气球的过程，在这个过程中体验和发现空气确实占据瓶子里的空间这一事实，从而达到初步认识空气占据空间的科学概念的目标。事实表明，全员参与这种方式非常可取，效果很好。教师在这个活动中也很好地体现了面向全体学生的教学理念。孩子们不仅能想到吹大瓶子里的气球的方法，而且有更多的办法证明瓶子里面原来确实是有空气占据了空间。通过这个活动，学生对空气占据空间的感性认识可以到位。

（二）小组合作，探究空气占据空间

师：（出示水槽、小球、去底带盖饮料瓶，将小球放在水槽中），这是一个剪掉了底的饮料瓶，如果把饮料瓶对着小球竖直压入水底，猜一猜，小球可能会在什么位置？

（学生推测，并说出推测的理由。）

生：小球会浮在水面上，因为小球比水轻。

生：小球可能会在瓶子的底下面，我想瓶子里有空气，会把小球压下去的。

师板书学生推测小球在瓶子里不同位置的图片。

师：小球到底会在什么位置呢？得试一试。

师：实验之前，请一个同学读一读实验的要求。

（1）小组内选一名同学双手抓住瓶身，对着小球，竖直压入水底，不移动瓶子。

（2）大家观察浮着小球的水面在瓶里的什么位置，想一想，为什么会这样。

（3）小组之间还可以相互看一看，比一比，浮着小球的水面在瓶里的位置都一样吗？

（4）实验时轻声说话，不要影响其他同学。

师：能做到吗？（能！）相信大家！

学生分组实验，发现有的组的小球到瓶子底部了，有的组的小球开始的时候在瓶子底部，慢慢地又浮上来了。浮着小球的水面位置有变化。

师：来，说一说，你们组的浮着小球的水面停在瓶子里的什么位置？

生：我们组的小球到瓶子的下面了，水面在瓶子的下面。（板图：水面在瓶子底部）

师：其他小组还有和他们一样结果的吗？（有6个小组一样）

师：水面为什么会在瓶子底部呢？

生：是因为瓶子里有空气。

生：是空气占据了瓶子里的空间，所以，水进不去，小球就在瓶底了。

师：有的小组的实验结果和他们不一样，说说看。

（有6个小组的情况不一样，小球在水面了，瓶子里的水面与瓶子外的水面齐平了。）

师：（指一指开始的板图：小球在水面）哪些小组是这样子的？

师：为什么你们组小球的位置和他们的不一样呢？

生：我们组瓶子的瓶盖上有个小孔，瓶子里的空气跑出来了。

生：瓶子里的空气出来了，水就进去了，小球就在水面了。

师：瓶子里的空气真的从小孔里跑出去了吗？你是怎么知道的？

生：我将手放在小孔上边，发现小孔里有风吹在我的手上。

生：我将脸靠近小孔，也感觉到瓶子里的空气跑出来了。

师：现在，瓶子里还有空气占据着空间吗？

生：没有了。

师：真的没有了？

生：有。空气还占据了瓶子里水面上到瓶子口那部分的空间。

师：刚才有的同学说瓶子里有一部分空气从小孔里跑出去了，它们跑到哪儿去了？

生：跑到外面去了。（用手指着周围的空间）

师：跑出去的空气占据了哪里的空间呀？

生：占据了外面的空间。

师：哦，空气不仅要占据瓶子里的空间，跑出来的空气又要占据外面的空间。想一想，现在，我们的周围有空气占据着吗？这个会场的外面呢？

生：有。

师：我们刚刚没有进入这个会场的时候，会场里的空间被空气占据，现在我们进来了，我们占据了里面的一部分空间，原来那些空气到哪儿去了呀？

生：跑到会场外面去了。

师：等会儿下课后，我们出去了，那么这里的空间呢？

生：我们出去了，外面的空气又会跑进来，占据我们让出的空间。

师：真棒！老师好佩服你们啊！

评析：在这个探究活动中，教师有意识地提供给学生两种不同的材料（去底带盖饮料瓶），一种盖上无孔，一种盖上有孔。小组在实验和交流过程中，发现实验结果和他们猜测的结果不一样，借此引发学生思维上的碰撞，很好地激发了他们进一步去寻找其原因的欲望。学生不仅认识到瓶子里水面位置的不同与瓶子里的空气占据了空间有关系，还认识到空气不仅要占据瓶子里的空间，跑出去的空气也要占据外面的空间，空气占据着我们周围的空间。这样，学生通过这些实践和交流活动能真正理解空气占据空间这一概念的内涵和外延，深化了本课教学目标。

（三）拓展应用——理解空气占据空间

师：同学们，我们已经发现空气确实占据着空间了，不过科学是经得起检验的，我们继续利用这些材料做实验，大家愿意吗？（高兴地齐答：愿意。）

师：（出示课件）请大家安静地看一看实验的要求：把饮料瓶对着小球竖直压入水底，不移动瓶子，你能让小球听你的话，分别停在瓶子里不同的位置吗？

师：你能想到不同的办法吗？

师：小组内先讨论，然后再做。

学生分组实验，兴趣高涨，气氛活跃而有序。

师：大家的表现真让我佩服！谁来说一说，你们组是怎么做成功的？说一说成功的原因。

生：我们堵住瓶盖的小孔，将小球压下去，它就在瓶底了，然后松一点点，让里面的空气出来一点，小球就在中间了，将手全部松开，小球就在水面上了。

生：我们组的瓶盖上没有小孔，我们像他们一样，用拧瓶盖的方法让里面的空气一点点跑出来，也成功了。

生：我们将瓶盖取下来，用嘴对着瓶子里面吹空气，也能让小球停在不同的位置。

师：这个组的同学用向瓶子里吹气的办法，也成功了，真好！向瓶子里吹气时，是谁赶走了瓶子里面的水？

生：吹进去的空气赶走了瓶子里的水，所以水就出去了。

生：我们用嘴对着瓶口，吸里面的空气，还可以让小球停在比水槽的水面还高的位置。

师：真厉害！这时，瓶子里的空气到哪儿去了？它们占据哪儿的空间了？

生：瓶子里的空气跑到我们嘴里去了。

师：太棒了！

师：（指板书）同学们，这节课我们玩了吹瓶子中气球的游戏，做了压水中的小球的实验，大家从这些实验中有什么共同的发现吗？

生：空气要占据空间。

师：是的，空气也和其他物体一样，要占据空间。

师：这节课咱们就上到这儿，下课！

评析：在上一个探究活动的基础上，教师利用同样的材料设计了"用不同的办法让小球停在瓶子里不同位置"的活动。学生在尝试多种不同方法的同时，发现控制瓶子中空气占据空间的多少能够决定小球在瓶子中的位置。孩子们在解决问题的过程中，操作能力、创新能力、合作精神均得到了较好的培养。最后，学生通过回顾本节课几个活动中的实验现象，很自然地归纳出空气占据空间的概念，进一步强化了本课的教学目标。

【教学评析】

"空气占据空间"现象到处可见，对成人来说，理解这一概念并不难。但是由于空气是看不见、摸不着的，小学生往往对空气的认识停留在找空气的层次上。因此，我们要借助空气与其他物体之间的关系，使学生在动手实践中了解空气和其他物体一样要占据空间，并且能利用这个概念来解决生活中的一些问题。

1. 始终让学生保持强烈的探究欲望

兴趣是最好的老师，热衷于探究是科学家基本性格的组成，也是孩子的天性。所以，激发孩子的兴趣，保持强烈的探究欲望很重要，不仅是为了增加他们学习过程中的动力，也是在成就他们终身学习的兴趣和创新能力。科学探究反映出来的文化科学的视野，体现在本课中为学生在探究空气占据空间的过程中需要的认知、理解和解释。在整节课中，师生紧紧围绕"吹气球"和"压水中小球"的活动，展开一系列的探究活动，学生始终保持着积极的探究热情，而且能够主动地投入其中。

2. 提供有结构的探究材料

老师为学生提供了两组有结构的材料，第一组材料为一个矿泉水瓶和一个气球，第二组材料为一个瓶盖有孔、另一个瓶盖无孔的去底饮料瓶，一个小球和一个装有水的水槽，材料不多，但是足以拓宽学生的思维空间，让学生找到更多解决问题的方法，为学生创造性的探究提供可能。

针对上述实验材料，我设计了三个层次的探究活动。

层次一：猜测瓶子里气球吹不大的原因并想办法吹大瓶子里的气球。

层次二：压水中的小球，探究浮着小球的水面在饮料瓶中的位置并寻找其原因。

层次三：利用形成的科学概念，想办法让小球停在瓶子中的不同位置，并解释原因。

面对这些有结构的材料，学生在满怀探究乐趣的同时，其探究欲望也非常强烈，材料的巧妙设计使学生"跳一跳才能摘到桃子"。在一系列的探究活动中，学生的科学探究能力得到了较好的培养，学生的思维水平由原始的初始概念，逐步上升到"空气占据空间"的科学概念上来，并对这一概念的内涵和外延有了一个较清晰的理解，很好地培养了学生利用科学概念解决问题的能力。

3. 深化科学概念的理解

在"吹瓶子中气球"的活动中，学生只能认识到空气占据了瓶子里的空间这一基本事实，对概念有一个初步的了解。在"压水中小球"实验中，他们不仅要认识到空气要占据瓶子里的空间，还要认识到跑出去的空气也要占据周围的空间这一科学概念，从而引发学生联想：空气就在我们的周围，空气时刻都占据着我们周围的空间。这样，学生对空气占据空间概念的内涵和外延都达到了理解的层面。"让瓶子中小球停在不同的位置"活动，则让学生在理解了科学概念的基础上进一步解决问题，发现规律，归纳概括，深化对空气占据空间的概念的理解。科学概念的教学也是本课高度重视的方面。

《昆虫》教学案例

【教学目标】

（1）知道昆虫的共同特征：身体分为头、胸、腹三部分，头部长有一对触角，胸部长有三对足；会用昆虫的共同特征判断某种动物是否属于昆虫。

（2）逐步形成归纳概括的推理能力，初步体验研究某类动物共同特征的方法。

（3）对研究昆虫表现出兴趣；认真观察、如实记录和描述；在归纳与演绎活动中，形成严谨、批判的科学态度。

【教学准备】

课件、蚂蚁、昆虫盒、昆虫图片等。

【教学过程】

（一）引出"昆虫"的概念

（1）谈话：（课件：《昆虫记》封面）老师有这样的一本书，书中可能是讲什么？（预设：是讲虫子的；是介绍昆虫的……）

对于"昆虫"这个名词，我们不陌生。你知道生活中的哪些昆虫呢？

（2）谈话：它们真的都是昆虫吗？什么样的动物才属于昆虫？

（3）谈话：这是《昆虫记》这本书的一部分目录（课件：《昆虫记》目录）我们熟悉的蚂蚁就是昆虫。

（二）建构"昆虫"的概念

1. 回顾已知，交流蚂蚁身体印象

（1）谈话：有同学可以说说蚂蚁的身体长什么样吗？

（2）谈话：（课件：学生画的4张蚂蚁图片。如图2-1所示。）我这儿有一些同学画的蚂蚁，你觉得他们画得对吗？

图2-1

2. 仔细观察，记录蚂蚁身体特征

（1）谈话：蚂蚁的身体到底长什么样？怎样才能知道？（预设：看书；上网查看；捉一只蚂蚁……）

（2）谈话：现在我给大家提供活的蚂蚁，还有蚂蚁的真实照片，请认真观察，并把蚂蚁身体的特征用图画的形式如实记录下来。

（3）学生观察、记录（表2-1）。

表2-1 "蚂蚁"观察记录

班级： 姓名：

认真观察蚂蚁的身体，把蚂蚁身体的样子用图画的形式如实记录下来。

已经观察、记录好了的同学，跟同桌说说：蚂蚁的身体是什么样的？

（4）交流：蚂蚁的身体是什么样的？哪个组的同学先来说说？

（一组2人上台展示记录单并汇报。）

其他组还有没有补充？对他们的汇报和记录有没有不同意见？

（5）讲述：现在，我们知道蚂蚁的身体可分为三部分，（边画图边讲述）这是头、这是腹。头和腹之间的这部分，被称为胸。头部长有一对触角，胸部长有三对足。

3. 类比观察，归纳昆虫的共同特征

（1）谈话：（课件）我们回到《昆虫记》的目录，螳螂、蝴蝶也和蚂蚁一样是昆虫。请找找，螳螂、蝴蝶和蚂蚁身体结构有什么相同的地方？

（2）学生分组观察螳螂、蝴蝶图片。

（3）交流汇报。

思考：在这些相同点中，哪些是这些叫昆虫的动物所特有而其他类动物没有的？

（4）课件呈现。

我们已经知道。

蚂蚁这种昆虫，身体分为头、胸、腹三部分，头部长有一对触角，胸部长有三对足；

螳螂这种昆虫，身体分为头、胸、腹三部分，头部长有一对触角，胸部长有三对足；

蝴蝶这种昆虫，身体分为头、胸、腹三部分，头部长有一对触角，胸部长有三对足；

……

现在，你能说出昆虫的共同特征是什么吗？

（5）小结：像蚂蚁、螳螂、蝴蝶这样，身体分为头、胸、腹三部分，头部有一对触角，胸部长有三对足的动物都属于昆虫。目前，没有发现身体不是分为头、胸、腹三部分，头上没有一对触角，胸部没有三对足的昆虫。

（三）运用"昆虫"概念

（1）谈话：（课件：《昆虫记》目录）椿象，也是昆虫，想想它的身体应该有什么特征？（学生描述）

师讲述：是的，（课件出图片）椿象的身体分为头、胸、腹三部分，头部有一对触角，胸部长有三对足。

（2）判断：老师这儿还有一些动物的图片，你们能不能根据今天所学的昆虫的共同特征判断哪些动物是昆虫，哪些动物不是昆虫？为什么？

（3）谈话：课前大家说到的这些动物，都是昆虫吗？

（四）延伸"昆虫"概念

（1）视频：昆虫的身体都是分为头、胸、腹三部分，头部有一对触角，胸部长有三对足，但不同种类的昆虫也会有一些特殊情况：有些有翅膀，有些没有翅膀；有些有一对翅膀，有些有两对翅膀；有些个头很大，有些个头很小。

（2）谈话：研究昆虫是一件很有意义又很有趣的事情，世界上有许多人都研究昆虫。著名昆虫学家法布尔写的《昆虫记》，既是一部科学百科，又是一部文学巨著，它写于100多年前，现在有各种版本，书中详细介绍了许多昆虫的生活习性，也幽默地叙述了昆虫的许多有趣的故事。但是各种版本的书中介绍的全是昆虫吗？课后大家可以仔细阅读，根据今天我们学的昆虫的共同特征进行判断。

【教学评析】

"昆虫"的教学，从以前的自然学科到现在的科学学科一直都有，现在各个版本的科学教材中也都有这一经典内容。学生对"昆虫"这个名词并不陌生，在书本或电视节目中看到过，甚至在日常生活中还运用过，而且他们知道"昆虫"指的是某一些动物，而且是相对来说比较小的一些动物，也能够说出一些自己界定下的"昆虫"的动物名称，如螳螂、蚂蚁、蝗虫、蝉、蜘蛛、蚊子、苍蝇等。但从学生的回答也可以看出（蜘蛛不是昆虫），到底什么样的动物才属于昆虫，学生是说不清楚的。他们关于"昆虫"的认知是模糊的、不完整的、不准确的，可视之为相异的"前概念"。本课教学应当建立在此基础之上。同时，本课是一节思维含量非常高的探究式教学范例，探究活动也应当遵循由浅入深的过程。

1. 有效观察，学生思维发展的有形载体

探究的本质是思维。小学生的思维发展是一个由具体形象思维到抽象逻辑思维的发展过程，他们的思维离不开具体形象的事实。有效的观察活动便是学生思维发展的有形载体。在《昆虫》一课的教学中，如何选择观察对象才能帮助学生更好地建构昆虫的概念？这是一个思维的方向的问题，从本课看到，师生从一种典型的公认的昆虫（蚂蚁）开始观察，找出它的身体结构的特征，再陆续补充第二种、第三种典型公认的昆虫（螳螂、蝴蝶），通过类比观察找到它们的相同特征；然后从众多相同特征中筛选出它们独有的、别的动物没有的特征，也就是几种典型公认昆虫的共同特征，由这几种昆虫进一步推理大自然中一般的昆虫应该都具备的共同特征，并观察更多昆虫的图片或标本加以验证。这种"从少到多"的观察，使学生的观察降低了难度，他们有时间仔细观察一种昆虫（蚂蚁），细致了解它的身体结构，也为后面观察第二种、第三种典型公认的昆虫（螳螂、蝴蝶）奠定了基础。通过这样的以观察为主的探究活动，学生的思维深度增加了。他们需要把观察到的现象进行类比分析、归纳总结，从而建构、完善"昆虫"的概念，从中也学得了研究某类动物共同特征的方法。

2. 原有认知，学生思维发展的重要基础

小学生在走进科学课堂之前并不是一张白纸，他们对生活中发生的各种现象、遇到的各种问题形成了自己独特的理解和看法。这些理解和看法是学生思维发展和概念建构的重要基础。在教学中，老师要充分认识学生原有认知的重要性，采取一定的教学策略来丰富学生的感性认识，以此建立、健全科学概念，促进思维发展。本节课，学生对昆虫的原有认知体现在两个方面，一是似是而非的"昆虫"，二是不清不楚的"蚂蚁"。

上课一开始，教师出示《昆虫记》这本书，引导学生思考"书中可能是讲什么的？"学生马上想到书中是讲昆虫的，更有学生提到书中可能是讲蚂蚁、螳螂、蟑螂、蜘蛛、蚯蚓……这些"昆虫"的。当教师追问学生"你知道生活中哪些常见的昆虫呢"时，学生说出了更多是昆虫和不是昆虫的动物名称；教师继续追问"它们真的都是昆虫吗？"学生们马上不确定了，他们头脑中没有一个准确的"昆虫"概念来支撑他们的思维活动。这时，学生自己也会意识到他们对"昆虫"的认知是模糊的、是需要学习的。这样，既调动了学生的原有认知，也让其明确了这节课的探究任务。

建构、完善"昆虫"概念，离不开对昆虫身体结构的观察，为此教师着重针对蚂蚁展开观察活动。之所以选取蚂蚁，是因为蚂蚁具有典型特征、常见，学生都见过，其头、胸、腹的分段明显，三对足的生长位置明显。但在观察蚂蚁之前，学生对"蚂蚁"身体特征的前认知是怎样的呢？从学生画的蚂蚁可以看出，学生平时对蚂蚁的观察，只注意到身体的颜色和大小，知道蚂蚁有触角、有足，但对足的数量、足的生长位置以及身体分几部分等就不太清楚了，而且学生画蚂蚁时喜欢把它拟人化。这些原有认知的呈现，很好地引出了有针对性地观察蚂蚁的活动，教师引导学生观察并画下来。

3. 交流研讨，学生思维发展的关键时机

学生对于概念的建构就隐藏在探究式学习的过程中。这节课前面的观察活动很重要，但活动后的交流与研讨更重要，它可以体现学生的观察是否有效，思维参与是否积极。交流研讨还可以对孩子的发现进行梳理、归纳和提升。因此，交流研讨是学生思维发展的关键时机。在本课教学中，两次交流研讨的问题从"昆虫的共同特征是什么"到"它们是不是昆虫"，是一个从归纳到演绎的较高思维水平的活动。当后来出示更多动物的图片时，学生能根据所总结的昆虫的共同特征判断哪些动物是昆虫、哪些动物不是昆虫，并能说出理由，在新的情境下解决实际问题。在研讨过程中，学生相互补充、相互启发，在概念的运用中发展思维。

4. 自主提问：学生思维发展的有效表征

对学生有意义的课堂应该是让学生带着问题进来，带着新的问题离开的。经历了前面的学习活动后，教师询问学生关于昆虫是否有新的问题时，学生的提问令人欣喜：

毛毛虫是不是昆虫？它不是三对足，但它会变成蝴蝶，蝴蝶的身体分为头、胸、腹三部分，头部长有一对触角，胸部长有三对足。

蜘蛛到底是不是昆虫？它不是三对足，但是我家的那本《昆虫记》有介绍蜘蛛，是法布尔搞错了吗？

以后会不会有不是三对足的昆虫？

……

学生自主提出的这些问题，不仅说明他们建构了昆虫概念，更说明他们的思维得到了进一步提升，也许课后他们还会有更多的问题，他们可能也会自己探索一些问题……这便是课堂教学的意义、科学教育的价值。

当然，在本课教学中，仍然有一些地方考虑欠妥，如过度地局限于观察昆虫的主要特征，忽略了一些细节特征，而这些细节特征同样重要，也是学生非常感兴趣的观察内容，教师对学生好奇心和求知欲的呵护不够；再如，突显"生物的多样性"也有局限，提供给学生观察和研究的动物太少。这些，在后续教学中还需斟酌。通过科学探究拓宽学生视野，立足科学概念建构，促进学生思维发展，不是一节课或几节课可以达成的，但需要教师有这种意识和行动，从而让学生在科学学习中得到更好的发展。

《认识水》教学案例

【教学目标】

（1）认识水的基本性质：没有颜色、没有气味、没有味道、透明等；认识水能够流动，没有固定的形状，像水这样的物质叫作液体；认识水占据空间。

（2）探究水的基本性质，用不同的观察方法观察水，获得水的基本性质的证据；能借助材料改变水的形状，能用语言、文字、绘图等方式描述对一定量的水的形状变化的观察结果。

（3）在探究过程中，能够细心观察；在小组活动中，能够合作互助；尊重证据，用证据来说明问题。

【教学准备】

分组材料：一次性塑料杯（每组4个），内分别装白醋、牛奶（或果汁）、纯净水、盐水（或糖水），共8组。

气球30个、记录单（水的形状记录单）（装在1号信封）。

演示材料：不同形状的容器6~8种。

教师桌上一次性塑料杯10个（内装纯净水）、吸管20根、塑料盒、石头、小石头、细沙、水。

【教学过程】

（一）辨水识水——初识水的性质

师：每个小组桌上有4杯不一样的物质，分别标明了1、2、3、4号，其中只有一个杯中装的是我们平时在教室里喝的那种纯净水，小组内先找一找，看能不能找到那一杯纯净水。

（学生用自己的方法寻找，或看、或闻、或摸）

师：找到了吗？

生：找到了！找到了！

师：我先听听同学们的意见，你是怎么找到的？

生：我知道哪一杯是我们平常喝的水了，是3号杯中的水。

师：为什么呢？

生：3号杯的水好像没味道。

师：注意，他用了一个什么词？

生：好像。

生：我反对他的说法，我认为3号杯中的水有味道，因为我闻到了3号杯有一种特别的味道。

师：准确地说是闻到了"气味"，你观察得很仔细。

生：我认为2号杯中的物质是纯净水，2号杯中的物质没气味，3号杯中的物质有气味。

生：我们小组的1号杯中的物质也没有气味，我想应该是纯净水。

师：这位同学说得很完整，并且说出了理由。

师：还有没有不同的意见？

生：我们组也认为3号杯中的物质不是纯净水，因为闻的时候有一种气味。

师：有没有人认为4号杯中的物质是纯净水的？

生：没有。（摇头）

师：那么4号杯中是什么物质呀？

生：饮料！（牛奶！果汁！）

师：这样吧，请材料员先把4号杯送上来，我们可以先把它排除出来。

（各组材料员将4号杯送到材料区）

师：刚刚同学们说到装纯净水的是2号杯、1号杯，我还听到有个别小组说3号杯。

生：我刚刚闻3号杯中物质气体的时候，发现有一种非常浓的气味，3号杯应该被排除掉，1号杯和2号杯有点像，都有可能是纯净水。

师：大家对3号杯提出不同的疑问了，如果哪个小组认为3号杯中的物质不是我们要找的纯净水，你就把它送到材料区去，如果你觉得没把握，可以留在桌上，再继续观察。

（有6个小组将3号杯送到了材料区，还有2个小组将3号杯留在了桌上。）

师：现在只有第1小组和第8小组还保留着3个杯子，他们还不确定3号杯中的物质是不是纯净水。其他小组都只剩下两个杯子，是不是都剩下了1号杯和2号杯？

生：是的。

师：好，我们来梳理一下。刚刚将3号杯和4号杯排除出来，用的是什么方法？

生：我们组用的是"闻"的方法，我们刚刚闻到3号杯有醋的气味，所以把它排除了。

师：闻气味的方法，对不对？（生点头）这是一种观察方法。

生：我也闻了3号杯，有刺鼻的气味。

师：也是用了"闻"的方法。

生：还有"看"的方法，第4杯不是纯净水，就是用的"看"的方法。

师：这两种方法都行！现在我们桌上还剩下几个杯子？

生：两个。

师：有的组剩下两个，有的组剩下三个，要准确地判断出哪一杯是纯净水，除了我们刚才用到的"看"和"闻"的方法，还有别的方法吗？

（生举手）

生：猜测。

师：猜测能不能准确分辨出哪杯水是纯净水？

生：不能。

生：可以试一下。

师：怎么试啊？

生：可以尝一下。

师：嗯，如果是不明确的物质，能不能尝？

生：不能，不安全。

师：对。不过，孙老师现在要告诉大家，实验桌上3号杯和2号杯里的物质都是无毒的、干净的、安全的。所以，今天我们在实验室，可以用尝的方法来

试一试。在尝的时候，我们要借助一种工具。（师出示吸管）

生：吸管。

师：对，我们可以用吸管醮一点杯里的物质，尝一尝，看能不能找到其中的那杯纯净水。

（生小组内分工尝试，师巡视，了解学情，特别关注第1、第8小组，帮助他们发现3号杯中不是纯净水）

师：好的，都找到纯净水了吗？

生：找到了。

师：是哪号杯？

生：2号杯。

[各小组将1号杯（盐水或糖水），第1、第8组将3号杯送到材料区]

师：我们刚刚在寻找这杯纯净水的过程中，用到了哪些观察方法？

生：我们用到了看、闻、尝等观察的方法，发现了2号杯中的物质是纯净水。

师：这节课，我们一起来认识水。（板书课题：认识水）

师：根据我们刚才的观察方法以及发现，请同学们说一说，水有什么样的特点？

生：什么气味都没有。

生：什么味道也没有。

师：那我们说它是……

生：无味。

（板书：无味）

生：无色。

师：好聪明哦，那位同学说出了无味，你马上说出了无色，无色是什么意思啊？

生：无色就是没有颜色。

师：很好。（板书：无色）

生：没有形状。

生：水是透明的。

师：你怎么知道水是透明的，你来告诉大家好不好？

生：我们看到它在杯子里，就好像没有东西一样，还可以看到后面的东西。

师：其他同学听懂了没有？

生：听懂了。

师：表扬一下他吧。

（生鼓掌）

师：大家太了不起了，我们发现，水是（生齐说）无色、无味、透明的物质。

（二）玩水变形——再识水的性质

师：老师这儿有8种容器，标上了1～8号，我想请八个小组的实验员将你们组的那杯纯净水送上来，倒入对应自己小组编号的容器。请其他同学仔细观察。

（实验员将本组的2号杯送上来，分别往1～8号容器中倒水）

师：（从学生手里拿过来一个空的杯子）请大家观察，刚才2号杯中的水是什么形状？倒到这些容器里以后还是原来的形状吗？

生：不是。

师：我们来描述一下，1号容器中的水变成什么形状了？

生：方形，因为这个容器是方形的，里面的水也是方形的。

师：5号容器中的水变成什么形状了？

生：看不到。（容器不透明）

师：哈哈，就是要你看不到，想一想，变成什么形状了？

生：冰糖葫芦形，因为容器是冰糖葫芦形的，所以里面的水也应该是冰糖葫芦形的。

师：2号容器中水的形状呢？

生：酒瓶形。

师：刚才那位同学说水没有形状，我倒不觉得水没有形状，你们看，水有形状呀！

生：水会变形的。

师：原来水会变形状，你们想不想让水变形状？

（出示课件）

生：（朗读）你想制造什么形状的水？需要用什么材料？用什么方法制造？

师：小组内先商量一下。

（小组讨论，教师巡视、指导、交流）

生：我想制造梯形的水。

师：怎么做呢？

生：拿一个梯形的盘子和一杯纯净水，把水倒入盘子里，它就变成了梯形。

师：嗯，我不仅要表扬这位同学说得非常完整，还要表扬其他同学听得非常认真，请继续。

生：我想让水变成葫芦形，拿一个葫芦形的容器，把水倒进去，水就成葫芦形了。

生：我想制造手掌形的水，用一个塑料保鲜袋装水，然后把手掌嵌在保鲜袋的外部，可以压出一个手掌形状。

生：只要把水倒入你想要的形状的容器中，它就变成了那个形状。

师：大家都想到了各种各样的办法让水改变形状。老师今天提供一种材料给大家，这种材料一定能让同学们把想要的形状都变出来。

（生从抽屉中拿出信封，打开，拿出了气球）

生：气球。

师：材料有了，用什么办法？

生：把水装进气球里，就可以让气球里的水变形了。

师：怎么把水装进气球啊？

（生示范）

师：信封里面有两个气球，你们想办法用它们把水变成不同的形状吧。

（每个小组拿出气球，小组长上来拿一杯装有50mL水的烧杯，自主实践，将气球中的水变成不同的形状，并画在记录表中。老师巡视、指导。课堂氛围热烈，学生表现非常专注、投入）

（活动完毕后，各组收拾好材料放置于桌子中间）

师：有没有把水变成你们想要的形状啊？

生：我把水变成了长方形。

生：我把水变成了爱心形。

生：我让水变成了椭圆形。

生：我把水变成了葫芦形。

生：我想要什么形状就有什么形状。

师：所以说水不是没有形状，而是没有固定的形状。（完善板书）谁来解释一下，什么是没有固定的形状？

生：就是可以变成任何的形状，没有一定的形状。

生：水就像一个魔法师，它要变成什么形状就可以变成什么形状，它可以变成任何形状，它可以变成我们想象到的形状和没见到过的形状。

师：太神奇了，那么我们的讲台有没有固定形状啊？

生：有。

师：课桌呢？

生：有。

师：像讲台、课桌是有固定形状的，而水呢，是没有固定形状的。同学们真了不起呀，这可是一个重大的发现。

师：像水这种能够流动又没有固定形状的物质，我们科学上把它叫作液体。（板书：液体）

（老师拿起材料区中的3号杯，摇一摇）

师：能流动吗？

生：能。

师：有固定形状吗？

生：没有。

师：那3号杯中的物质也是……

生：液体。

师：其他几号杯中的物质是不是液体？

生：是的。

师：你们在生活中还见过哪些液体？

生：江河中的水是液体。

生：椰子汁也是液体。

生：啤酒是液体……

（三）水占空间，深化水的性质

师：生活中液体的例子真是太多了。这节课，老师还准备了一个小魔术，想表演给大家看。

（生一片欣喜之色，眼睛盯着讲台的方向）

师：请看清楚，（拿出一个蓝色的桶，内装一个透明塑料容器）这是一个塑料桶，里面是空的。（拿出大石头，把几个大石头放进去）装满了没有？

生：满了。

师：（拿出一大袋小石头）这是什么？

生：小石头。

师：（倒入桶中，摇动数次）满了没？

生：满了。

师：（拿出沙子）沙子（倒入桶子）满了没有？

生：没有！

师：再装！（继续倒沙子，然后将桶内的透明容器拿出来）满了没有？

生：满了！彻底满了！

师：真的？

生：没满。

师：还能装什么？

生：还能装水。

师：同学们太了不起了！（拿出一大杯水，倒入）

生：哇，水流下去了。

师：想一想为什么还能装水？（继续倒，直至水到容器口）

生：水是没有固定形状的，它可以从很小的孔隙中流下去。

生：水是可以流动的，可以从小缝里流到每一个角落。

师：我没倒水之前，你们是不是觉得真的完完全全满了？

生：没有。

师：还有空的地方吧？

生：是的。

师：我们说，其实里面还有空间，（板书：空间）那么，当我们倒入水，水可以流动，它把里面的空间怎么样啊？

生：占据了。

师：因此我们发现，水还有一个很重要的特点，是什么？

生：水占据空间。（板书）

师：神奇吧，同学们。我们再想一想，假如孙老师首先就倒满一桶水，这桶里的空间被谁占据了？

生：水。

师：那还能不能把大石头放进去了？

生：不能，因为里面的空间被水占据了。

师：到现在，我们对水的认识也挺多了。谁来说说，这节课你有什么新的发现？

生：我知道水的很多特点了，比如无色、无味、透明、可以流动。

生：我可以让水变成各种形状。

生：我发现了水能占据空间，我回去后也要玩这个魔术。

师：看来大家的收获挺多的。好了，同学们，我们再看这8个容器里的水，它们的形状都不一样，但是，怎么才能知道哪一个容器里的水多，哪一个容器里的水少？这个问题我们下节课再来研究。

师：下节课再见！

【教学评析】

《义务教育科学课程标准》中"物质的结构与性质"部分有明确"空气与水是重要的物质"这一学习内容。《认识水》一课在于观察并描述水的颜色、状态、气味等特征，是一节科学探究型的课。在老师幽默、智慧的引领下，学生探索"水"的性质的过程就如水般涓涓不壅，课堂不时地绽放出波光潋滟，"水"趣盎然。这节课给人的感受恰如行云流水般灵动、温婉。

（一）水之纯——让课堂水到渠成

水教人真诚，正如叶尖那滴雨露，透明纯洁，折射出太阳的光芒。本节《认识水》正是体现了这一特点。科学课堂不是教知识，而是培养学生用科学的态度、科学的方法、质疑的精神对自然界的物质和现象去探究与解释，从而提高学生的观察、实验、推理能力等科学素养。

孙老师的课堂真正做到了让学生在"做中学，玩中学"。三个活动设计，层层深入，甚为巧妙。

1. 辨水识水，感受水的基本特性

从4杯不一样的物质里找到其中的一杯纯净水，看似简单，实则要运用多种感官进行观察、判断。通过活动，学生认识到科学的观察是有计划、有方法、有步骤的，正确的步骤是一看、二闻、三尝。学生在不自觉的动手活动中既了

解了水的特性——没有颜色、没有气味、透明，又明确了科学的观察方法看、闻、尝、摸等。

2. 玩水变形，进一步研究水的特性

没有固定的形状是水的一大特性，但三年级学生不一定能够理解。孙老师很巧妙地突破了这一教学难点。学生通过观察将水倒入不同形状的容器后，水的形状发生改变，建立初步的水没有固定形状的概念。孙老师再利用在气球这种形变性很好的材料里装水改变水的形状的实践，引导学生在实践中观察、绘画、描述，从而归纳并得出水没有固定形状这一科学概念的内涵，并拓展到液体概念的层面。课堂上，学生动起来了，在小组讨论、合作探究中思维碰撞出智慧的火花。

3. 水占空间，深化认识水的特性

水占据空间常规的实验很好设计，在一个空容器中装入水，观察水位上升即可。而孙老师特意在此处做了一个创新设计，以魔术的方式呈现出来：一个被石头、细沙装满的塑料盒里看似不能再装下任何东西，但由于水是一种能够流动的特殊物质，它能够继续占据塑料盒里剩余的空间，既给学生渗透整体和局部、主要和次要、先入和后入的哲学观的教育，也为后面学习空气占据空间打下基础。真可谓一箭双雕。

朱熹有诗云：问渠那得清如许？为有源头活水来。水在流动中显得越发澄澈，清可见底。面对教育，我们需要拥有澄澈的内心，像水一样洗尽铅华，洗尽自身的功利、浮躁之气，沉潜事业，静心育人，静待花开。

（二）水之静——让课堂守住童真

水教人宽容，正如那一望无际的海洋，静谧、宽广、博大。课堂上有几个温馨的画面让我难忘与感动：课堂上老师脸上洋溢的微笑、认真细致的观察、全神贯注的倾听、满怀期待的引导，以及课堂上学生表现出的无拘无束、自由的思维火花的碰撞。

我注意到坐在我边上的一个学生的学习状态，我认为他是个学困生，因为他填写实验单，写几个简单的字都只能用圈圈表示。可是这节课他站起来主动回答了三个问题。整堂课学生在玩中学，没有差生，只有小伙伴。

我想：只有一个精神丰富、道德高尚、智力突出的教师才能尊重和陶冶学生的个性；一个有特色、有个性的教师才能葆有一颗灵动敏感的心，这是一颗能在春花秋叶的飞舞中感悟时光曼妙的心，一颗能在高山大川的流连中感受自然呼吸的心，一颗能在秦皇汉武的轮换中感慨历史深邃的心。教师只有有了这颗灵动的心，才能让教育返璞归真，才能实现教育"用一个灵魂唤醒另一个灵魂"的理想。

（三）水之勇——让教诲涓涓不壅

"天下之柔莫过于水。"昼夜不舍的滴坠赋予水无穷的力量。在科学课堂，要想让学生对科学产生兴趣，就要让学生深深感受到科学就在我们身边，就要根据孩子的天性，让他们用自己喜欢的方式去学习科学。而孙老师的科学课堂，让学生在玩中学科学，无疑是最受学生喜欢、最高效的学习方式。学生在玩中学科学，寓学于玩，在玩中体验，在玩中思索，在玩中辨析、感悟，甚至创新。何止科学这一门课程，所有的课程教学都理应如此。我们应该创设情境吸引学生玩，"玩"出兴趣；提供材料引导学生玩，"玩"出水平；设置悬念激励学生玩，"玩"出新意。在玩中，学生的文化、科学、文明、艺术、健康、综合等素养自然而然提升了。这就是教育的目的。

教育是慢的艺术，是一种过程漫长的熏陶，就如这水一般，涓涓不壅，终成江河。教育者若不能有所坚守，不能矢志不渝地朝着教育理想的目标持之以恒地前进，便感受不到这个过程的愉悦，自然就会失去同学生一起体验生命成长的快乐。教育者的坚守还在于对教育情怀的虔诚，能承受此起彼伏的变迁，能忍耐数载钻研的寂寞，唯有这样，我们才能赢得新生般的涅槃与洗礼。

上善若水，水的精神是博大精深的，它能给人以启迪和力量。古语曰："水不在五色之列，无水则五色不调。师不在五伦之中，无师则五伦不彰。"倘若我们能做一名"如水"的教育者，涤荡纷杂的欲念，摒弃虚浮的浅薄，取之以澄澈与灵动，代之以包容与坚守，我们就能成为教育这片沃土上最美丽的风景。用我们的方式滋润每一个朝气蓬勃的孩子的生命，这何尝不是作为教育者最大的光荣？

《浮与沉》教学案例

第一课时

【教学目标】

（1）通过预测、观察、实验等，感知在水中上浮和下沉的物体都会受到水的浮力。

（2）认识水有浮力，浮力是水施加在物体上的力。

（3）知道科学、技术、社会与环境的关系；能举出生活中浮力现象的实例，具有节水意识。

【教学重难点】

教学重点：通过感受在水中上浮和下沉的物体都受到水的浮力，认识水有浮力。

教学难点：感知在水中下沉的物体受到水的浮力。

【教学准备】

教师准备：水槽、水、木块、塑料瓶、泡沫块、金属管、吹气气球。

分组准备：

材料一：水槽、水、抹布、木块、塑料瓶、泡沫块。

材料二：U形金属片或杯盖、简易皮筋测力计、石头、装水气球。

【教学过程】

（一）谈话导入

同学们，我们实验桌上的这个盒子叫作水槽，里面装了大家很熟悉的物质——水，今天这节课学习与水有关的科学知识。

（二）活动一：预测物体在水中的浮与沉

（1）出示一个木块。

师：我把木块放在水中，木块会浮起来还是沉下去？板书课题：浮

师：石头放在水中呢？板书：沉

（2）分别出示石头、塑料瓶、泡沫块、金属管，学生预测，师生演示。

师：生活中还见过像木块这样能够浮在水面的其他物体吗？

（三）活动二：感受在水中上浮的物体受到的水的浮力

（1）学生把材料放在水中，观察。（木块、塑料瓶、泡沫块，每组不一样）

观察浮在水面的物体（木块、塑料瓶、泡沫块），描述。（变湿了，有一部分在水里）

（2）师：把它们放入水中，手放在材料上，慢慢地用力，将它们压入水底，再慢慢地松手，它们会浮起来，注意你的手的感觉。每一个同学都试一试。

（3）学生分组实验，感受、记录、描述水的浮力。（要点：水有一种力，向上顶或推物体，松手后，物体就浮起来了。）

（4）像木块、泡沫块、塑料瓶这些物体在水里能够浮起来，是因为受到了水的浮力。也就是说，水有浮力。（板书：水有浮力）

小结：因为水有浮力，把木块它们往上顶，所以它们就浮在水面了。

（四）活动三：在水中下沉的物体也受到水的浮力

（1）提出问题：在水中下沉的物体会受到水的浮力吗？（学生讨论交流）

师：有办法知道吗？（小组讨论）

（2）学生实验：（送上次实验的材料，领新的材料）利用老师提供给你们的材料，小组内自主实验，分别把每一种物体放在水里，观察是浮还是沉，并记录下来（表2-2）。讨论：这些物体受到了水的浮力吗？（提供带小橡皮筋的挂钩、石头、装水气球、U形金属片或杯盖）

表2-2 浮力实验表

物体	在水里的现象	是否受到了水的浮力
U形金属片（或杯盖）		
装水的气球		
用皮筋竖直地拉起石头，观察皮筋的长度，将石头慢慢地放在水中，观察皮筋的长度有什么变化		

（3）学生讨论、交流，形成共识。

（4）小结：在水中下沉的物体也受到了水的浮力。

在水中的所有物体都受到了水的浮力。

（五）拓展活动：水的浮力在生活中的应用列举

（1）这节课我们发现水有浮力，生活中哪些现象与浮力有关呢？

（2）学生举例，图片呈现：船舶、游泳、救生圈、救生衣、浮桥、浮标、潜水艇等。

（3）说一说：这节课学到了什么？

（4）出示气球：把气球吹起来，抛到空中，气球受到浮力了吗？

结束语：水是地球上特别珍贵的资源，做完实验后的水还能做什么？

第二课时

【教学目标】

（1）找出改变物体沉浮的多种方法。

（2）通过改变物体的沉浮，认识水的浮力是直接施加在物体上的力。

（3）举出人们利用浮力解决日常生产生活中问题的实例。

【教学重难点】

教学重点：找出改变物体沉浮的多种方法。

教学难点：给改变物体沉浮的方法科学分类。

【教学准备】

教师准备：水槽、水、玻璃瓶、橡皮泥、小石头或沙子、其他重物如铁块或瓷片、记录表、记号笔、磁贴。

分组准备：

材料一：水槽、水、玻璃瓶、小石头或沙子、其他重物如铁块或瓷片等。

材料二：橡皮泥、泡沫塑料、木板、塑料瓶等。

【教学过程】

（一）谈话导入

同学们，上节课我们认识了水的浮力，这节课我们继续学习与水的浮力有关的科学知识。（板题）

（二）活动一：让浮在水面的物体沉下去

（1）师演示：在水槽中分别放入一个空玻璃瓶，学生观察。

（2）小组讨论，想想办法，怎样让瓶子在水中沉下去。

鼓励学生想出不同的方法，小组将讨论的方法用记号笔写或画在白纸上，张贴在黑板上。实验记录表如表2-3所示。

表2-3　记录表（一）

让浮在水上的玻璃瓶沉下去，你有什么好办法？画下来吧。看谁的方法不一样！

（3）交流汇报，说明理由，完善方案。

学生方法预设：装水、装石子、捆上重物、不盖盖子、重物压、在瓶子上钻孔等。

（4）实验后再次交流，师引导小结方法，给学生列举的方法分类。

板书：改变重量，改变形状，借助别的物体

（三）活动二：让沉在水里的物体浮起来

（1）出示橡皮泥球，放入水槽中，橡皮泥沉下去了。提出问题：有什么办法让沉在水中的橡皮泥浮起来？

（2）小组比赛，看哪一个小组的橡皮泥最先浮起来。

比赛规则：①每组一块橡皮泥，其他材料自主选择。②写出或画出让橡皮泥浮起来的方法。实验记录表如表2-4所示。

表2-4　记录表（二）

让沉在水底的橡皮泥浮起来，我们的方法是：

（3）交流汇报。

学生方法预设：捏成船形、粘在泡沫塑料板上、粘在木板上、装在空瓶子里等。技术预设：捏的力度、橡皮泥的厚度、粘的位置等。

（4）小结方法，说说理由。

对应前面板书：改变形状，借助别的物体

（四）拓展应用：用水的浮力解决生产生活中的问题

（1）问题一：解释轮船形状的原理。

（2）问题二：将活动一的玻璃瓶设计成一个潜水艇，让它可以上浮、下沉和停在水的中间。

（3）小结：这节课学到了什么？

【教学评析】

《浮与沉》是小学科学中的一个重点内容，本课以学生熟悉的水为探究对象，培养学生用感官认识事物的能力、设计实验的能力，让学生在感受水的浮力的基础上，了解水的浮力在生活中的应用。教学中安排了判断"物体的浮沉""改变物体在水中的沉浮""感受浮力"这三项活动，目的在于指导学生认识浮沉现象，对浮力有一种切身的感受，知道浮力是直接施加在物体上的力。根据教材内容和学情，本课分为两课时完成，第一课时探究能力训练重点在于让学生通过观察、实验的方法认识物体在水中的浮沉现象，从中感知水有浮力。第二课时探究能力训练重点在于引导学生设计实验，用多种方法改变物体在水中的沉浮状态。从科学探究的角度分析，本课有以下几点值得肯定。

1. 明确科学探究重点

2017年版《义务教育小学科学课程标准》中描述"水"的主要概念为"水是一种常见而重要的单一物质"，对"力"的主要概念描述是"力作用于物体，可以改变物体的形状和运动状态"，对"浮力"的学习目标的描述是"知道日常生活中常见的摩擦力、弹力、浮力等都是直接施加在物体上的力"。活动建议中提出"通过观察和实验，感知常见的力"。基于这三个方面的思考，本课的教学将探究重点确定为让学生感知在水中上浮和下沉的物体都受到水的浮力，并能够初步发现水的浮力是物体和水的一种关系。这既符合课程标准的要求，也建立在学生已有的探究能力基础之上。

2. 突出"用教材教"的理念

从教学设计中可以发现，本课教学过程在教材编写顺序上进行了调整。三年级的学生对沉浮现象并不陌生，甚至很多学生能够说出"浮力"一词，所以第一课时教学结构设计为"预测沉浮—感知浮力—水的浮力应用"，将主要活动放在"感知浮力"上，利用观察、实验等方法，让学生发现物体在水中会受到水的浮力这一事实，感知浮力是水施加在物体上的力。第二课时重点研究改变物体的沉浮。"用教材教"的理念落实在教学行为中，不是简单地调整、改变教材编写顺序，而是创造性地使用教材，便于教师更好地进行探究式教学活动。

3. 基于思维的科学课

一是教学建立在学生原有认知水平之上。学生能够认识沉浮现象，但对浮力缺少感知，容易认识浮在水面的物体受到水的浮力，难以认识沉入水中的物体也会受到水的浮力；二是通过观察、实验引发学生思考，激发认知冲突，如浮力是怎样的，怎样才能知道沉在水中的物体是否受到水的浮力；三是顺着学生对浮力认知的发展水平组织开展学习活动，先感知浮力，再改变物体的沉浮；四是指向大概念的教学（力作用于物体、水的浮力是物体和水的关系）；五是渗透STEM教育理念，这点主要在第二课时改变物体的沉浮中渗透。

《热是怎样传递的》教学案例

【教学目标】

（1）知道热总是从温度较高的一端传递到温度较低的一端；通过直接接触，将热从一个物体传递给另一个物体，或从物体的一部分传递到另一部分的传递方式叫热传导。

（2）设计实验观察热传导的过程和方向；用文字或图示记录交流观察到的关于热是怎样传递的现象。

（3）保持积极探究热传递的兴趣；体验通过积极思考和探究获得成功的喜悦。

【教学准备】

铁丝、热水、酒精灯、火柴、支架、凡士林、蜡烛。

【教学过程与评析】

（一）创设情境，提出问题

师：（展示一段铁丝）老师这里有一根铁丝，用手触摸，感觉它有点凉。如果老师把它的一端放入热水中，过一会儿再用手触摸它的另一端，会有什么变化？

生推测：会变热。

师：为什么这么猜测？

生：因为平时把汤勺浸在热汤里，过一会儿勺柄就会变热，用手拿会烫手。

师：现在我们就来试一试吧。请各组同学先用手触摸你们桌上铁丝，感受它们的冷热，然后把它的一端插入热水中。过一会儿，用手触摸铁丝露出水面的那一端，看看有什么感觉。

学生实验。

生：铁丝的这一端真的变热了。

师：铁丝的上端并没有浸入热水中，它怎么会变热了呢？谁能说一说热在铁丝上是怎样传递的？

生：热水的热传递到了铁丝的下端，然后又从下端沿铁丝传到了上端。

师：热真的就是这么传递的吗？这节课我们就一起来研究这个问题。（板书课题：热是怎样传递的）

评析：通过一个简单的把铁丝放入热水的实验，使学生感受到热水如何把热传到铁丝的另一端，从而引出热到底是怎样传递的问题。学生此刻提出的传递的方向是一种猜想，是探究活动的起始，能够激发学生想用实验证明自己的猜想的欲望。

（二）实验探究，发现规律

1. 探究热在铁丝中的传递

师：热在铁丝上是怎样传递的？我们能不能设计一个实验，让看不见的现象变为看得见？

（1）认识实验材料。

师：我们先来看看课本上的实验图示。

课件出示教材上的插图，学生实验桌上也准备了一套实验材料，学生认识实验材料，教师适当补充介绍。

实验材料有：一根铁丝、酒精灯、火柴、支架、凡士林、蜡烛。

师：出示凡士林并介绍：这个小盒里装的就是凡士林，在常温下有一定的黏性，可以粘住一些细小的物体，如它可以粘住火柴等。但是遇到热它就会融化，不能再粘住细小物体了。

评析：这一环节中教师提出问题："热在铁丝上是怎样传递的？我们能不能设计一个实验，让看不见的现象变为看得见？"结合教材插图和实验材料，给学生自主设计实验的平台，让他们尝试着自主设计实验，经历思维探究的过程。同时，为学生提供一组有结构的实验材料进行实验设计，不仅节约了时间，而且提高了教学效率。

（2）设计实验探究方案。

师：我们试着用这些材料来设计一个实验，能清楚地看到热在铁丝上传递的过程和方向。请每组讨论并设计出你们的实验方案。

生：分组讨论，自主设计实验方案。

交流实验方案。

师：哪个小组愿意将自己的实验方案与大家一起分享？我们先请这组来汇报一下。其他组认真听，看看他们设计得怎么样。

小组四位学生一起上讲台汇报：

① 将铁丝水平固定在支架上，高度以铁丝接触酒精灯外焰为准。

② 在铁丝上每隔一定距离用凡士林粘上一根火柴。

③ 点燃酒精灯，从最左端给铁丝加热。

④ 观察哪端的火柴先掉下来，就可以得出热传递的过程和方向。

师：对这个小组的方案有不明白的地方或改进的建议吗？

生：只能从铜丝左端加热吗？

生：在铁丝上粘几根火柴好？

学生继续讨论、交流，完善方案。

① 可从最左端加热，也可以从最右端加热，还可以从正中间加热。可以选择铁丝上不同的点给铁丝加热。

② 粘一根火柴看不出热传递方向，粘两三根还是少，粘4根以上可以看到热在铁丝上传递的过程。

用凡士林把火柴粘到铁丝上，看火柴掉落的顺序，推理热传递的方向。还可以使用蜡油来粘火柴。

③ 注意安全，不要用手触摸加热后的铁丝，避免烫伤小手。

④ 要控制好凡士林的量。要尽可能粘一样多，粘的火柴大小、重量一样，火柴粘的位置要在同一高度上。

师：除了粘火柴用的凡士林多少，还有哪些因素能影响也会影响火柴掉落的快慢？怎么控制这些变量，使实验方案更完善？

生：火柴粘的距离应差不多。

生：可以给火柴按顺序编号……

师：同学们想的办法真多，很了不起，设计的方案越来越完善。

评析：学生能在开放的环境中，展开思维，发散思维，设计出可行实验方案，学生希望自己能够用实验来验证。但是五年级的学生考虑问题肯定是不够周到的。因此设计了汇报交流实验方案的过程，让学生通过师生之间、生生之间的几个小问题，在同伴互助中完善自己的实验方案，发展学生的思维，培养学生思维的严密性。例如，在这个实验中，变量的控制对实验结果有很大的影响。通过讨论和交流，让学生思考对凡士林的用量、火柴粘的距离等的控制，学生能够形成缜密的思维方式，培养学生获得较好的探究能力。

（3）预测现象。

师：用酒精灯分别给铁丝左端、右端、中间加热时，你们猜测一下火柴掉下的顺序是怎样的？热传递的方向是怎样的？请你在实验记录单中用箭号画出来。

生：用箭号画出火柴掉落的方向和顺序。

（4）实验探究。

师：在实验中我们还要注意什么呢？

生：先组装实验装置，再用酒精灯外焰加热，选择其中一个加热点进行实验。

生：使用过的火柴放在废物桶中，实验完毕后用灯帽熄灭酒精灯。

生：当心铜丝上的凡士林融化后滴落下来烫手，不要用手直接触摸加热中、加热后的铁丝。

生：防止蜡油滴在实验桌上，可以垫上报纸，保持桌面清洁。

师：大家考虑得非常周到。

课件出示实验温馨提示：

分工合作、细心操作；

规范动作、注意安全；

仔细观察、及时记录。

师：建议各组选择一个加热点，比一比哪组合作得好，完成得快。

学生领取实验材料，分组进行实验，观察现象，填写实验记录单，教师巡视指导。

（5）交流分享。

师：实验过程中有什么发现？观察到火柴掉落的先后次序是怎样的？说明了什么？

生：从铁丝左端加热时，接近火焰的火柴先掉落，然后自左向右依次掉落。说明酒精灯火焰的热传递给铁丝的左端，然后沿着铁丝慢慢地向右端传递。

生：从铁丝右端加热时，接近火焰的火柴先掉落，然后自右向左依次类推。说明酒精灯火焰的热传递给铁丝的右端，然后沿着铁丝慢慢地向左端传递。

生：给铁丝中间加热时，酒精灯火焰的热传递到铁丝的中间，然后慢慢地向两边传递。

生：我们还发现，用凡士林粘在铁丝上的火柴虽然间隔相同距离，但掉下来的时间间隔并不相同。越接近酒精灯火焰，掉落时间间隔越短，离火焰越远的火柴，掉落时间间隔越长。

（6）小结规律。

师：听了这些小组同学的分享，我们再回顾一下观察到的现象。（播放课件）无论是在铁丝的一端加热，还是在中间加热，热在铁丝上的传递有什么规律？

生：酒精灯火焰加热的部位温度相对比较高，所以热在铁丝中是从温度高的一端向温度低的一端传递的。

（板书：高温→低温）

师：这就是我们今天的新发现，这个发现很有价值。

评析：在"加热粘有火柴的铁丝"时，设计了在铁丝的左、中、右三端分别加热的三个实验，然后让学生各小组选择其中一个进行实验，这样改变的目的是让学生更好地理解热不是从左至右或从右至左传递，通过三个实验的对比、归纳，学生自然得出"热总是从加热的地方也就是温度高的一端往温度低的一端传递"的结论。同时，让学生亲身经历设计方案→改进方案→实验验证→交流发现→获取结论等一系列探究过程，培养他们缜密的科学探究思维，并让他们切身感受探究性实验带来的乐趣以及成功的喜悦，而不是为了实验而实验，机械操作。

2. 探究热在圆片中的传递

师：通过刚才的实验，我们发现热在铁丝上的传递是沿着一条铁丝从较热的一端传递到较冷的一端。如果把这根铁丝换成一块圆铁片，热在这块圆铁片上又会怎样传递呢？我们可以怎样设计实验？

课件出示:

① 用酒精灯给圆铁片哪个部位加热?

② 怎么处理圆铁片才能使我们清楚地看到热在圆铁片中传递的方向?

学生小组讨论,设计交流实验方案。

① 将金属圆片固定在铁架台的夹子上,调整夹子高度,使酒精灯的外焰接触圆铁片。

② 可以用酒精灯给圆铁片正中心加热,也可以用酒精灯给圆铁片的边缘加热。

③ 用粘火柴的方法,观察火柴的掉落顺序,可以清楚地看到热传递的方向。

师:对他们小组的方法有问题要提出来吗? 有更好的建议吗?

生:粘火柴的办法是可以,但我们只能看到热在圆铁片上某些部位、某些点的传递情况,而看不到热在圆铁片上所有部位的传递过程。把圆铁片粘满火柴的话又比较费时。

生:可以在圆铁片表面涂一层蜡油。给涂有蜡油的圆铁片加热,观察蜡的融化情况,应该可以发现热在圆铁片中的传递方向和过程。

生:涂凡士林也可以,看凡士林熔化的方向,来确定热传递的方向。

师:很不错的办法! 怎么涂抹蜡油和凡士林?

生:要涂得均匀。

师:如果在圆铁片的中间加热,热会怎样传递? 在边缘加热呢? 请把你们的猜测画在实验记录表上。(教师同时在黑板上画出两种图示。)

生:(猜测并画在记录单上。)

师:为什么这样猜测?

生:我觉得热在圆铁片上也是从温度高的地方传递到温度低的地方,每一个地方都会传递。

评析:通过"你为什么这样猜测?"这一问题,能使学生对前面探究活动进行回顾,有针对性地厘清思路,同时能从线到面发散学生的思维,学生会自然而然地想出:热在圆铁片上也是从较热的部位传递到较冷的部位。同时猜测时以画图的形式来记录,更形象,更利于学生表达。

师:注意事项我就不重复了,每个小组准备好圆铁片,均匀地涂上蜡油或凡士林,自主选择在中间加热或在边缘加热,注意安全,开始实验吧。

课件出示实验要求：

① 认真操作，仔细观察，及时记录。

② 观察到实验现象后就熄灭酒精灯。

③ 不能用手直接接触实验中或实验后的金属圆片。

④ 防止蜡油或凡士林滴在实验桌上，要在桌面垫上报纸，保持桌面清洁。

材料员领取圆铁片和其他材料，分组实验，用文字或图画记录热在金属片中的传递方向和过程，实验完毕后展示交流。教师适当引导，以鼓励为主。

交流实验发现：

① 在涂有蜡油的圆铁片的中心加热，我们观察到蜡从中心加热点向四周逐渐融化，发现热在圆铁片中是从中心向四周传递。

② 在涂有蜡油的圆铁片的边缘的一个点加热，我们观察蜡油也是从加热点开始向其他方向传递，发现热的传递方向也是从加热点向圆铁片上各个方向传递。

③ 热传递是从一个热源中心向四周各个方向逐步扩散的过程。

④ 可以这样归纳：热是从酒精灯火焰加热的部位开始传递的，从较热的部位向较冷的部位传递。

课件展示。

（板书：较高→较低）

评析：根据日常生活经验和第一个实验，学生往往会认为热传递是一个线型的过程，而探究热在圆铁片上的传递这一活动的设计不仅拓宽了学生的探究思路，也会使学生对热传递的内涵有更全面的认识和理解。学生在此过程中不断观察、积累、比较，经历探究的多个要素，逐步形成了正确的科学概念。

师：随着材料的改进，老师还见到类似的研究热传递的实验，我们一起来看看。

播放热在热敏材料中的传递视频，学生从颜色的变化过程中明显地观察到热传递的过程和方向。

师：通过以上两组实验，你们发现热在铁丝和圆铁片上的传递有什么规律？或者说有什么共同的特点？

生：（交流、展示、描述。）

热在铁丝和铁片上的传递，都是从温度较高的部分传递到温度较低的部分。

课件出示：像这样，通过直接接触，将热从一个物体传递给另一个物体，（比如酒精灯火焰的热传给铁丝、圆铁片）或者从物体的一部分传递到另一部分的传热方式，（热在铁丝、圆铁片上的传递）我们称它为热传导。

（板书：热传导）

（三）拓展延伸

师：热传导现象在我们的生活中也经常会发生。想一想，在生活中，我们利用热传导做过哪些事情？

生：点火炒菜。火使铁锅热起来，热铁锅又把热传给菜，把菜炒熟。

生：冬天从外面回来，手和脸冻麻木了，用手焐一下热茶杯，热传到了手上，热手焐一下脸，热传到了脸上。

生：握手的时候，热会从温度较高的人的手传递给温度较低的人的手。

生：发烧时用湿毛巾敷额头，人就舒服些，是因为额头的热传递给了湿毛巾，有利于人体降温。

生：坐过的板凳要热一些，是因为人体的热传递给了凳子。

师：同学们说得都很好。科学来源于生活，科学又服务于我们的生活。

师：除了这节课学习的热传导之外，热传递还有热辐射、热对流等方式，这两种方式是怎样的呢，课本资料库中有图文介绍，在课后我们可以继续通过探究去了解。

师：今天我们研究了热在铁这种金属材料中的传递，知道热在不同的物质中都能够传递，那么热在不同物质中传递的快慢是怎样的呢？这个问题下一节课我们继续研究。

评析：本节课从生活中的事例引入所需研究的科学问题，即"科学来源于生活"，又能够通过学习，利用所学的科学知识来解释生活中的现象，又回到生活中去，即"科学服务于生活"，突出了"科学生活化，生活科学化"的教学理念。学生所学的科学知识最终要应用到生活中去，解决生活中的问题。科学让我们的生活更加美好。教师在解决问题的过程中提出新的问题，有意识地把科学课堂的科学探究延伸到课外，积极鼓励学生开展课外探究活动，拓展学生的视野，开启学生想象、创新的大门，既培养学生科学探究的兴趣和能力，又引导学生懂得如何去自行获取有用的知识，提高了学生的科学意识和思想情感，这也是文化科学的要义之一。

【教学评析】

科学学习是以探究为主的学习过程。本节课，在教师的引领和指导下，学生亲历科学探究活动的过程，分析热传递过程的共同点，形成粗浅的关于热是怎样传递的认识。

1. 把握教材，给学生自主设计实验的平台

本课内容是围绕"热传递的方向"这一问题进行的，并让学生通过实验验证自己的原有想法是否正确。对五年级的学生来说，他们对热传递的方向已经具有很多的生活经验和知识储备，用实验验证并不是一件难事。所以，在开始的情境导入中，学生能够准确地描述出热从热水传递到了铁丝的下端，然后又从下端沿铁丝传到了上端。但这只是学生建立在生活经验上的一种预测，他们并不能看到热传递的方向。在接下来的两组实验中，教师提供了一系列有结构的实验材料，学生根据教材的图示和材料开展探究活动，从点到线，从线到面，进行实验设计、完善、操作和交流分享，从而发现热传递的本质。从本节课的教学效果来看，学生们设计出了多种不同的实验方案，不仅节约了时间，而且提高了教学效率。

2. 正确处理教师指导和学生主体的关系

在科学教学中，处理好学生的自主和教师的指导的关系非常重要。教师只有在充分认识学生学情的基础上，进行适时的、必要的、谨慎的、有效的指导，才能让学生真正从探究中有所收获，能使学生的探究实践得到不断提高和完善。比如，当学生在完成第一个实验活动之后，学生描述的实验现象"离酒精灯火焰最近的火柴先掉落，离酒精灯火焰最远的火柴最后掉落"，从这一现象得出的结论只能停留在"热是从酒精灯火焰的这端向另一端传递的"这一层面上。这时，教师的指导作用便得以突显，通过图示对学生进行适当的引导：离酒精灯火焰近的这端温度怎样？离酒精灯火焰远的那一端呢？经过点拨学生很快就得出：热是从物体温度较高的一端传递到温度较低的一端的。

3. 问题的设计有利于激活学生的思维

一个好的问题能引起学生的思维火花，激发学生探究的欲望，为学生指明方向，使学生更好地进入探究学习的领域。因此，教师提出的问题，应具有鲜明的指向性、引导性、探究性，而不是简单地重复和师生之间的一问一答。

比如，在本节课的导入部分，"铁丝的这端并没有浸入热水中，它怎么也变热了？""你为什么这样猜测？"这些问题的设计，很好地暴露了学生的原有想法，自然地引出下一个教学环节。又如，在第一个探究活动结束之后，教师出示了一块金属圆片，并提出问题"热在这块铁片上又会怎样传递呢？"这些问题的设计不仅能使各环节之间衔接自然，而且通过"你为什么这样猜测？"这一问题，能使学生对前面的探究活动进行回顾，发散学生的思维，使学生自然而然地想出：热在金属圆片上也是从较热的部位传递到较冷的部位。

4. 实验材料和细节的处理还可以更加到位

本节课的教学在实验材料的准备方面显得单一，铁丝和铁质圆片均是同一种金属，可考虑使用铜、铝等其他金属，材料的多样性能够帮助学生更多、更快地建立热传递的普遍规律的概念。某些细节的处理也不够到位。比如，学生在完成第二个实验之后，教师根据学生汇报的实验情况在黑板上用箭头画出"热在金属圆片上传递的过程"，这里可以这样设计：让学生自己把观察到的金属圆片上蜡油融化的情况用图示画下来，这样更能体现出学生的思维发展情况，也更有利于呈现学生对热传递规律的认识过程。

《风光无限的地貌》教学案例

【教学目标】

（1）通过收集、整理信息和设计、制作地貌模型等探究活动，认识山地、平原、海洋、沙漠、丘陵、湿地等几种典型的地貌，了解它们的不同特点。

（2）认识各种形态的地貌，并能分析家乡的地貌类型；会设计并制作简单的地貌模型。

（3）欣赏各种地貌的美，有初步的审美能力；通过描述家乡的地貌特点、制作家乡地貌模型，激发学生热爱家乡之情。

【教学准备】

（1）师生课前收集各种地貌相关资料，收集家乡地貌资料。

（2）制作有各种典型地貌的课件等。

（3）制作家乡地貌简易模型。

【教学过程】

（一）问题激趣

师：同学们，假期里大家和爸爸妈妈一定去过一些风景名胜游玩，能说说你们去了哪些地方吗？

学生自由说一说。（山、海、岛屿等）

师：你能介绍一下××山的形态特点吗？

出示山地图片：这就是一张××山的图片，我们将像××山这样的地形称为山地，它是地球表面形态各异的地貌中的一种。（板书：地貌）

师：谁来说一说，你对地貌是怎样理解的？

生：地貌就是地球表面起伏的形态。

（展示立体的中国地貌模型，让学生能看清并有直观形象的感知。）

师：课前，大家对地球上的地貌已经有了一些了解，还收集了很多信息。我们还知道哪些地貌呢？

学生说一说所知道的地貌。（海洋、平原、沙漠等）

师：我们今天就一起来了解风光无限的地貌。（补充课题）

板：风光无限的地貌

（二）合作探究

1. 欣赏地球上常见的地貌

师：我们先来欣赏一些不同形态的地貌。我们一起来认识它们。

课件依次出示一组地貌图片。（沙漠、海洋、平原、湿地、高原、山地、盆地、丘陵等）

学生欣赏地貌图片，认识这些地貌，分别说一说这些地貌的名称，教师在学生说到某种地貌名称时用课件出示相应地貌的名称。

（课件出示）：将几种常见地貌集中在一张幻灯片中。

2. 描述常见地貌的特征

师：这些地貌的形态很不一样哦，它们各自有什么特点呢？大家在课前已经收集、整理了相关的地貌信息，小组内先交流一下，等会儿请小组长用简练的语言来介绍本组所了解的地貌特征。

课前教师布置小组内每个成员重点收集两三种地貌特征（文字或图片），其他几种常见地貌特征也要进行了解、概括。然后小组内成员将收集的资料相互交流，组内综合出一至两种本组收集较全面、能很好地用自己的语言表达出来的地貌特征进行汇报。整个过程教师都参与其中，进行跟进指导，了解学生小组的学习情况。

前置性作业（表2-5）：

表2-5　风光无限的地貌

班级：　　　　　姓名：　　　　　组

我想了解的地貌：1.	2.……
它们的特点：我能用简练的话概括	我还能用一个优美的词语描述
地貌1.	
地貌2.	
地貌3.	
地貌4.	
……	

　　学生分小组进行交流，各自拿出自己收集的资料：将多种地貌的特征讲给其他成员听，让组内每个成员都能分享到其他成员的学习成果，然后小组一致甄选出一至两种收集全面、表达清晰、都比较满意的地貌特征，小组长写在表格中（表2-6），作为全组合作交流后共同的成果。

表2-6　风光无限的地貌

班级：　　　　　合作伙伴：　　　　　组

我们了解的地貌：	
它们的特点：我们能用简练的话概括	我们还能用一个优美的词语描述
我们还想展示这种地貌的图片（如果小组收集打印了可以展示，不要求每组都做）	

　　小组汇报，鼓励他们用自己的语言描述，其他同学仔细倾听。汇报完成后，小组长提出："我们组的汇报结束，其他组对我们组的汇报有补充吗？还有什么疑问或想提出不同的看法吗？请大胆地提出来吧！"

　　其他小组的成员由于都在课前收集了地球上常见地貌的特征，对其有所了解，可以提出质疑或补充完善。

教师根据学生的汇报，相机在黑板上板书：沙漠、海洋、平原、高原、湿地、山地、盆地、丘陵等。

学生小组汇报时可直接展示本组收集、整理的图片、文字或制作的课件，在说到某种地貌时，教师也可以展示这种地貌的多幅图片，如学生说到平原的地貌特点，就链接到东北平原、华北平原、长江中下游平原等平原图片，并用简练的文字出示这种地貌特征，让学生在了解地貌特征的同时，欣赏到风光无限的地貌，既有知识的获取，又有审美情感的渗透。

（课件展示各种地貌特征的文字说明）

山地：海拔较高，地形起伏较大。

高原：面积很大，地形开阔，周围以明显的陡坡为界。

盆地：中间低，四周高，呈盆状。

丘陵：高低起伏，坡度较缓，由连绵不断的低矮山丘组成。

平原：宽广平坦，起伏很小。

湿地：地表为浅水覆盖或者其水位在地表附近变化。

海洋：地球表面被陆地分隔为彼此相通的广大水域。

沙漠：地面完全被沙子覆盖、植物非常稀少、雨水稀少、空气干燥的荒芜地区。

（三）交流反馈

描述家乡的地貌。

师：刚才我们欣赏了地球表面常见的各种地貌，正是这些形态各异的地貌，构成了这么美丽迷人的地球。

师：接下来我们欣赏一段秀美的风光。大家知道这是什么地方吗？

播放视频：石峰公园风光（石峰公园是当地一个有名的景观，大部分学生都去过）

学生说一说。

师：是的，这是前几天老师在石峰公园云峰阁的顶层拍摄的石峰公园周围的地貌。

师：孩子们，看完后你们有什么感受，或想提出什么问题吗？

师：老师有个疑问，石峰公园内有起伏的山，那公园周围的地貌是不是就是山地了？

学生为教师释疑，教师追问为什么这样判断，学生阐明理由，其他学生提出不同意见或补充完善，为后面的教学做好铺垫。

　　师：是呀，有山并不一定就是山地，所以我们在判断某个地方属于哪种地貌时要结合前面对地貌特点的认识，多动脑筋。

　　师：俗话说得好，美不美，家乡水。家乡是生我养我的地方，谁会不爱自己的家乡呢？那对家乡的地貌我们又有多少了解呢？课前大家还收集了家乡地貌的相关资料。下面，谁先向大家介绍自己美丽的家乡的地貌？说一说家乡地貌属于哪种地貌类型，并说一说你判断的理由？

　　汇报的形式可以多样，可以说整个区域的地貌特征，再具体描述自己所在的具体地方——某某村或某某乡的地貌特征，判断这个地方属于什么地貌类型。

　　如介绍荷塘区，可以用一两句优美的诗歌或句子、词汇形容一下家乡的美丽。甚至可以说一说攀登区内某座山峰的形态特征及自己的感受。注意要概括出地貌的特点，将家乡的"独特之美"描述出来。

　　如果学生谈到家乡由于城市化，原来的山被铲平修路或盖房子了，教师应明确指出，小地貌变化了，但不会改变大地貌，大地貌是不会变化的，株洲大部分区域都属于丘陵地貌。

　　学生说到株洲的五县四区中的区、县，教师即出示相应的区（县）的图片，让学生欣赏景色及了解地貌特征，如果没有炎陵或茶陵等县市的同学，教师即提出：老师也收集了我们株洲的几个地区的一些图片，我们一起来欣赏一下，根据开始所了解的知识，能判断是属于什么地貌吗？

　　出示鄜峰（现神农峰）的图片及其他有代表性的图片，学生判断地貌类型，并说一说这样判断的理由。

　　师：我听出来了，大家都爱自己的家乡，描述了家乡的地貌特点，让我有一种身临其境的感受。真美！大家能不能画一画我们的家乡，将家乡的地貌特征画出来，让更多的人了解我们的家乡？现在我们就行动起来，在纸上画出家乡的地貌特征，比比看谁准确清晰地画出了家乡的地貌特征。如果你想用文字补充说明，也可以在图画旁配上文字说明哦。

　　学生在纸上用简笔画勾勒家乡地貌，教师将较准确地画出家乡地貌特征的图画放在投影仪上展示，师生共同评价。

（四）拓展深化

展示教师制作的家乡地貌模型。引入下节课：老师听到了大家对家乡地貌的介绍，看到了大家画的家乡地貌图，感受到了大家对家乡的热爱和赞美，我做了一个咱们家乡的地貌模型，美吗？同学们，你们也试一试吧！那下节课就请大家当设计师，比一比哪个组的模型做得好！

【教学评析】

《风光无限的地貌》是"地球系统与圈层结构"的学习内容。《义务教育科学课程标准》指出："地球的圈层结构分为外部圈层和内部圈层。外部圈层包括大气圈、水圈、生物圈。内部圈层分为地壳、地幔和地核。"不同地貌是地壳运动塑造的不同地表形态。在本课教学前，教师让学生收集、整理有关地貌资料的信息，这一过程对于学生认识不同地貌特点，在交流分享中学会合作共享很有帮助。本课不是实验类的探究课，但除实验之外的探究活动仍然贯串始终，如对地貌的认识、收集资料、整理信息、交流分享、形成概念等。本课比较显著地体现了以探究性学习为主的学习方式。从教学设计中还可以看出，教师很注重学生科学学习的主体地位，小组合作、交流均以学生为主，教师在其中主要作为适当的指导者和合作者。在学习过程中，小组的讨论、交流由于学生对课前相关资料准备充足，能够深入全面地展开。本课不仅讲清了课内概念，更重要的是重视学生对概念的运用和让学生形成正确的对地球的认识，课外拓展的内容也很丰富，能够帮助学生树立正确的自然观。教师能够善于指导和鼓励学生用多种多样的形式进行学习，把学习成果加以表现，并进行广泛的交流、展示，这样既能使学生锻炼表达能力，又能使他们体验收获的成果，还可以使学生在互相切磋中不断提高，增强学习的趣味性，提高学生的积极主动性、锻炼自己的能力，使学习成果在交流的基础上得以升华，让学生的才智得到发展。同时，教师在向学生展示有关地球科学的过程中，帮助学生逐步建立珍惜生存环境、爱护地球、热爱生命、热爱家乡的意识，有效地拓展了学生的文化视野。

《水和水蒸气》教学案例

【教学目标】

（1）知道水变成水蒸气的过程叫作蒸发，水蒸气变成水的过程叫作凝结；认识生活中的蒸发和凝结现象，并能运用所学的知识解释生活中的蒸发和凝结现象。

（2）通过观察，认识到水蒸气的存在；通过实验、观察和分析，认识到水和水蒸气会相互转化。

（3）意识到细致地观察能获得更多的发现。

【教学准备】

1块湿毛巾、12根滴管、12块玻璃片、12只小烧杯、12只大烧杯、开水、烧瓶、酒精灯、课件等。

【教学过程】

情境导入：教师用湿毛巾在黑板上写上一个"水"字。

师：请同学们说一说，水有哪些特点？

生：水没有颜色（没有气味、没有味道、透明、会流动……）

（一）引导建立"水蒸气""蒸发"的概念

1. 揭示前概念

师：大家再看一看老师刚才在黑板上写的"水"字，有什么发现？

生：老师写的字都已经干了。

生：写的"水"字不见了，黑板上可以看到一点点印子。

生：因为是用"水"写的字，它变成水蒸气了。

师：那你觉得水蒸气都跑去哪里了？

生：老师刚才是用水写的"水"字，水都跑到空气中变成了水蒸气。

师：生活中这样水干了的现象，你们能举例子吗？

生：妈妈洗了的衣服，第二天早上会干。

生：地板拖完以后，过一会儿地板上的水就干了。

生：吃完饭用湿抹布擦桌子，过一段时间桌子上的水就不见了。

2. 观察活动，建立"水蒸发变为看不见的水蒸气"的概念

师：小朋友观察细心。老师今天还带来了一个玻璃缸，大家看到缸里装有水，还画了几条红线，一条横线表示水的高度。大家能看明白吗？

生：能。

师：我们一起来看几张照片吧。

师：第一张照片是十五天前拍的，当时水的位置在这里（第一条红线）。

师：第二张照片是十天前拍的，这时，水的位置在这里（第二条红线）。和十五天前相比，大家发现了什么？

生：玻璃缸中的水少一点了。

师：观察得很仔细。再看第三张照片，这是五天前拍的，想一想水的位置可能会在哪里。

生：里面的水会更少，水的位置可能会在这里。（生用记号笔示意。）

师：确实是的，玻璃缸中的水又少了一点。到了今天，大家都看到水现在的位置了。想一想：如果老师将玻璃缸放在教室里，五天后，十天后，大家估计这水会怎么变化？

生：水会越来越少。

生：水会干了。

生：水会在空气中变成水蒸气。

师：科学上把水慢慢地少了，变成了水蒸气这样的现象称为水的蒸发。（板书：蒸发）

师：水是不是只在白天蒸发？

生：不是，晚上也会蒸发的。

生：水白天晚上都会蒸发。

师：玻璃缸中的水现在在蒸发吗？

生：在蒸发。

师：桌子上有只烧杯，烧杯里有半烧杯水，请问：烧杯里的水现在在蒸发吗？

生：在。

师拿起杯子：我看水也没少啊，我说它没有蒸发。你说它蒸发，要有理由呀。

生：因为水蒸气是看不见的。

生：水在蒸发的时候我们看不到。

师：还有理由吗？为什么说水在蒸发？

生：因为水会慢慢地减少。

师：只不过减少的速度非常——（慢）。

师：你还有补充？

生：减少的速度会很慢，而且看不见。

师：老师刚才在黑板上用湿布写了一个"水"字，那"水"在蒸发吗？

生：在蒸发。

师：这些水蒸发之后都变成什么呢？

生：都变成了水蒸气。

师：现在请每个小组的组长到我这里来领一份实验材料，请你将滴管中的水滴到玻璃片上，仔细观察玻璃片上的水，看一看我们能看到水蒸发吗。

大约2分钟时间，观察完毕，小组讨论。

师：看到水蒸气了吗？水蒸气有些什么特点？

第一个问题：看到水蒸气了吗？

你们小组？（没有看到水蒸气）你们小组呢？（没有看到水蒸气）那边的小组呢？（没有看到）大家有没有看到？（没有）那么水蒸气看不看得到？（看不到）

说一说水蒸气有什么特点。

生：水蒸气是无色无味的，而且看不到，摸不到。

生：水蒸气是气体。

师：我们学校前面有一个东湖，东湖里的水有没有在蒸发？

生：在蒸发。

师：株洲有一条湘江河，河里的水有没有在蒸发？

生：在蒸发。

师：这么多的水蒸发都变成了——（水蒸气），这么多的水蒸气都到哪里去了呢？

生：水蒸气都跑到周围的空气中了。

师：大家都认为跑到空气中去了吗？

师：那么东湖边的空气中有水蒸气吗？

生：有。

师：株洲城里空气中有水蒸气吗？

生：有。

师：家里的空气里有水蒸气吗？

生：有。

师：教室里的空气中有水蒸气吗？

生：有。

师：为什么家里、教室里有水蒸气？你得说出道理。

生：因为家里有水，水也会蒸发。

生：因为教室的玻璃缸、烧杯中的水也在蒸发，水蒸气跑到空气中去了。

生：因为空气是流动的，学校前面东湖里蒸发的水蒸气也会流动到学校里来。

师：噢，因为流动的空气，它就跑过来了，回答得真好。

师：谁能够来总结一下……水蒸气教室里有、家里有、操场上的空气里也有。还有哪里也有水蒸气？

生：到处都有水蒸气。

生：水蒸气是看不见的气体。

师：在有空气的地方，都有水蒸气。到处都有（板书）。

师：我们今天学习《水和水蒸气》（揭示课题），水蒸气由于颗粒太小，所以我们看不到。

（二）引导建立"凝结"的概念

师：水会蒸发。在阳光的照射下，河流和大海中的水一直在蒸发，因而空气中有很多看不见的水蒸气，那么如果不断地蒸发，河流和海里的水岂不是越来越少了，最终会没有，是这样的吗？

生：不是。

师：那是怎么回事呢？

生：天上经常要下雨的，河流和海里的水又会多起来的。

生：到了冬天还会下雪，雪融化后也会变成水。

师：真聪明！也就是说，水蒸发到空气中之后又会通过下雨变成水，是这样吗？能用实验来证明吗？

师：老师这儿有一些材料，看看对你有帮助吗？（介绍材料，学生认识、讨论）

学生交流、分享：可以在桌面上放一只小烧杯，里面加入一些热水。然后用一只大烧杯，杯口朝下罩住盛水的小烧杯。

下面请实验小组长来领取材料，大家安静地实验吧。实验时间约2分钟。

交流：有什么发现吗？

生：上面罩住的杯子的杯壁上有很多小水滴。

师：你能解释吗？

生：可能是水蒸气遇到冷玻璃变成了水珠。

师：哪里的水蒸气？

生：杯子里的。

师：你觉得小水珠是从哪里来的？

生：杯子里的温水蒸发出来的。

生：水蒸发成水蒸气遇冷就变成小水珠。

师：这杯温水里蒸发出来的水蒸气遇到了（冷）。板书：冷。

师：小水珠是由于热水里蒸发出来的水蒸气遇到了冷的大烧杯变成的。

师：上节课，我们做过实验，杯子里装了块冰，放在教室里，不一会儿杯子的外面会有水珠，这些小水珠是从哪里来的？

生：周围的空气中的水蒸气遇到冷的烧杯会变成小水珠。

师：生活中像这样水蒸气遇到冷的物体变成小水珠的现象，你能举个例子吗？

生：棒棒冰从冰箱里拿出来，过一会儿，袋子外面就会有小水珠。

师：这个袋子外面的水珠是从哪里来的？（生回答）

生：我发现，冬天屋子里面的窗户玻璃上会有小水珠。

师：窗玻璃上的小水珠是从哪里来的？（生回答）

师：讲得真好。是的，房间里热的水蒸气温度比较高，遇到冷的窗户玻璃会变成小水珠……这样的例子生活当中还有很多。

师：现在谁能概括一下，水蒸气还有什么特点？

生：水蒸气遇冷会变成小水珠。

生：水蒸气只要遇到冷的物体就会变成小水珠。

师：这种现象叫作凝结。（板书）

（三）巩固提升，寻找水蒸气的活动

师：热的水蒸气遇到冷的空气会产生什么现象？

生：会凝结变成小水珠。

师：到底是不是这样呢？大家看老师做一个实验，好不好？

教师演示用烧水的方法寻找水蒸气实验。

加热，在后面加上黑色的背景，能看到吗？不能看到，老师拍了一张照片，看到了吗？是不是跟照片一样？

师：在弯口出来大概一厘米的一小段，看不见什么东西，包括管子里以及烧瓶的上半部分，一厘米以外看到了"白汽"，再远一点，"白汽"又没了。看不见的部分是什么？白汽是什么？能不能用今天学习的水和水蒸气知识来解释？大家讨论讨论。

交流分享。

师：我们一个一个来解决，看不见的部分是什么？

生：看不见的部分是水蒸气。

生：看不见的部分是冷的空气。

师：为什么会这么觉得呢？

生：因为水蒸气看不见。

师：想一想，水加热，烧开了，里面的水在蒸发吗？（在）

水蒸气出来的速度怎样？（很快）产生的水蒸气怎样？（多……）

师：你来说说：看不见的部分是什么？

生：是水蒸气。因为那个瓶子里的水在不断蒸发变成水蒸气，所以我认为

（管口出来的）是水蒸气。

师：的确是这样。看不见的部分是烧瓶蒸发出来的水蒸气。可是出来以后怎么又变成白汽了呢？白汽是怎样产生的？

生：水蒸气太多了。

生：水蒸气蒸发出来比较热，遇到空气中的冷变成了白汽。

师："白汽"是不是水蒸气呀？（不是）许多人都会误解，认为"白汽"是水蒸气，今天我们知道了，"白汽"是不是水蒸气？（不是）那么"白汽"是什么呢？

生：是热的水蒸气变成的。

生："白汽"是一种空气。

生：我认为"白汽"应是空气。

生：我认为"白汽"应是小水珠。

师：其他同学认为呢？

生：我们也认为"白汽"是小水珠。

师：大家真厉害，你们是研究"白汽"现象研究得最好的。"白汽"是许许多多细小的水珠，是水蒸气蒸发的过程中凝结成的小水珠。

（四）课外延伸

师：老师希望小朋友课外再做一项科学小研究，行吗？（行）

师：研究的问题是：怎样能加快水的蒸发？

生：好。

【教学评析】

生活中处处可见水的蒸发和凝结现象。如何帮助学生从生活经验中建构"蒸发"和"凝结"概念？本课意图引导学生对此进行探究活动，建立从生活到科学之间的联系，拓展学生的探究视野。

三年级的学生对水能变成水蒸气已经有了一定的认识，在第一个探究活动中，主要以分析和实验相结合的学习方式进行。围绕玻璃缸中的水变少了这一现象，列举生活中类似的现象，再观察玻璃片上水的蒸发现象，层层深入，建构蒸发概念，理解水蒸气是一种看不见的气体，教学自然流畅。

从蒸发到凝结，教师依然紧扣生活现象，结合实验、观察，引导学生在动手中动脑，抓住"白汽"这一容易混淆的难点，一步步突破，使学生真正认识了水蒸气的特点，推断出水蒸发和凝结的变化过程，这一系列探究活动灵活、有梯度、有结构，符合三年级学生的认知规律。

学生列举了很多生活中的蒸发和凝结现象（如湿头发自然变干，湿衣服自然风干，玻璃窗上的雾，早上植物上的露珠等）。教师通过列举大量的生活中的例子，学生的认知与生活现象结合，理解更加深入。同时，教师在教学中还渗透了在自然界中既有液态的水，也有气态的水蒸气的知识，为教学水的三态变化打下了基础。

结课时的拓展问题——"怎样加快蒸发？"很有意义，既是本课探究学习的一种总结，也是后续探究的一个方向，这一问题放在最后抛出，引发学生关注和思考，为后面的学习做铺垫，使学生探索科学的欲望越来越强烈。

第三章

实证理性实践案例

《声音是怎样产生的》教学案例

【教学目标】

（1）通过观察、实验、分析、归纳，知道声音是由物体振动产生的。知道摩擦、弹拨、敲击、吹气等可以使物体产生振动而发出声音。

（2）能观察、比较、描述物体发声和不发声时的不同现象，能从多个物体发声的观察事实中对原因进行假设性解释。

（3）探索使物体发声的多种方法，并试着提出有关声音的问题。学习使用间接观察法观察物体在发声时和停止发声时的变化，概括物体发声时的变化。能够想办法验证自己的猜测。

（4）在探究的过程中，积极大胆地阐述自己的发现，体会实验探究的乐趣；乐于与他人合作，养成在实验过程中既动手又动脑的好习惯。

【教学准备】

教师：多媒体课件、小鼓、塑料瓶、钢尺、音钹、音叉、乒乓球等。
学生：保鲜袋、直尺、口哨、橡皮筋、塑料瓶、纸屑、小鼓、豆子等。

【教学过程】

（一）情境导入

师：同学们，在我们周围，每天都有各种各样的声音伴随着我们。首先，让我们一起来听一听声音。请大家闭上眼睛。

教师演示几种物体发声，学生听完后说一说是什么物体发出的声音。（敲锣声、铃声、吹口哨声、流水声、玻璃杯轻轻碰撞声等）

师：同学们能够准确地判断出这些发声的物体，那么，这些声音是怎样产生的？

学生自由猜测。

师：这节课就让我们一起走进奇妙的声音王国，去探索声音产生的奥秘。（板书课题：声音是怎样产生的）

（二）实证探究

1. 制造声音，分析猜测

师：让一张纸发出声音，有多少种方法？

生：摩擦、摇动、吹、折叠、撕……

师：同学们想出了许多办法让一张纸发出了声音。究竟声音是怎么产生的？世界上许多伟大的发现都源于猜测。谁来大胆地猜测一下。

学生自由猜测。学生的猜测基本上是因为用了力，纸就产生了声音。

师：摩擦、摇动、吹、撕纸等都是对纸用了力，让纸产生了声音，那么，物体在发声时还有什么共同的现象吗？我们继续通过实验来研究。

2. 合作探究，实验求证

（1）设计方案。

师：那实验的时候要怎么做呢？要研究声音的产生，我们首先得让物体发出声音，然后再观察物体发出声音的时候有什么变化。

生：先让物体发出声音，同时观察物体发声时的状态。

师：今天我们将通过4个实验来观察物体发声时的现象。先来看看实验要求。（课件出示温馨提示）

温馨提示：

① 制造声音时不宜用力过猛，避免损坏器材，并且要控制好声音的大小。

② 注意观察每种物体发声时的现象。

③ 做完一个实验再做下一个，记录员及时填写观察记录单（表3-1）。

④ 实验结束，把实验材料整理好，放回原处。

表3-1 《声音是怎样产生的》活动记录表

第_____组

实验材料	实验方法	发声时的现象	未发声时的现象
直尺	弹		
橡皮筋	拨动		
口哨	吹		
塑料瓶	吹		

我们的发现：_____。

（2）学生分组实验，让不同的物体发出声音，重点观察声音产生时的共同现象。

（3）交流分享。

师：大家都想办法让这些物体产生声音，并做好了记录。请把实验材料整理好，准备汇报你们的实验过程和发现。

生：这些物体在发声时，它们都在振动。（颤动、抖动等）

师：科学上把物体的上下、左右来回运动，称为振动。

学生继续描述、汇报各自的发现。

（4）实验验证：敲小鼓、敲击音叉。

① 敲小鼓。

师：是不是所有的物体发出声音时都会振动？

教师拿出鼓敲击。大家看，它发出声音时振动吗？请同学们仔细看。同学们看到鼓振动了吗？（可是我们听到了很响的声音。）

同学们听到了声音，却没有看到鼓的振动。有办法证明鼓在振动吗？

根据学生的回答，教师提供小米粒或豆子。

师：假如小鼓振动了，在鼓上放些豆子，你们觉得会看到什么现象？假如小鼓没有振动，在鼓上放些豆子，你们觉得会看到什么现象？

师生共同演示。（可使用实物投影）请同学们注意看。你看到了什么，听到了什么？

② 敲击音叉。

师：我们再来做一个实验。这是音叉，老师拿着小锤，轻轻敲击音叉，听到声音了吗？你们看到音叉振动了吗？自己想办法证明吧。

各小组进行敲击音叉实验并证明音叉发声时在振动，集中交流分享。

3. 交流分享，得出结论

（1）讨论：从敲小鼓和敲击音叉的实验中，你发现了什么共同点？

（2）汇报交流结果。

（3）小结：在实验中我们观察到，物体发声时的共同特征是物体都在"振动"。

（师板书：物体振动→产生声音）

（4）研究怎样让物体停止发声。

① 物体停止振动，它们还能发出声音吗？

② 教师弹钢尺。（边弹尺子边讲解，教师用一只手压住钢尺的边缘，另一只手将钢尺用力一弹。）谈话：你们听到了什么，你们看到了什么？怎样使钢尺发出的声音迅速地停下来呢？请你们跟同桌讨论实验方案，并用手中的小尺试一试。

学生上台演示。

师：你是怎样让尺子发出的声音迅速停下来的？这说明了什么？（学生答）

同学们，这是音钹，一敲，它就会发出声音。你能让音钹发出的声音立即停下来吗？

小结：只要物体产生振动，就能发出声音。振动停止了，声音也就停止了。"停止振动→声音消失"（板书）

（三）总结提炼

师：回顾一下这节课，我们是怎样来研究声音是怎样产生的这个问题的？

小结研究方法：提出问题—作出猜想—实验验证—得到结论。

师：通过今天的学习，你最大的收获是什么？

师：我们知道了声音的产生离不开物体的振动，振动产生了声音，这个物体可以是固体，也可以是液体或气体。

（四）拓展延伸

（1）请同学们用手摸喉部，并发出"啊"的声音。

师：这些声音都是咽喉部的声带振动产生的。同学们正处在生长发育时期，更需要好好地保护好你们的声带。

（2）我们的生活中经常会听到乐器的精彩演奏，一起来欣赏。（播放小提琴演奏视频。）关于声音你还有什么感兴趣的问题？

看来我们的研究还不能结束，关于声音还有很多奥秘等待着同学们去探索，希望同学们回去后通过实验、查阅资料的方式继续去研究，相信你们会有更多的发现和收获。感兴趣的同学可以试着自己制作一个简易的乐器，相信你们一定可以做到。

【教学评析】

《声音的产生》旨在让学生通过实验和观察认识声音是由物体振动产生的，培养学生的实验观察能力和分析概括、创新能力。本课主要通过让学生运用多种方法和常见材料来"制造声音"，并对发声的物体与不发声的物体进行观察、比较，就观察到的现象进行积极思考，建立起"声音是由物体振动产生的"的初步感性认识。本课通过正反取证，验证假设，培养了学生多方面的能力，特别是让学生经历了整个探索求知、理性实证的过程，是文化科学的一种很实在的体现。

每个学生对声音都有一定的了解，有着不同的生活经验。对于每个人来说，我们时刻生活在声音的世界之中，对声音有着最直观的感受，有些学生还通过不同的信息渠道获得了一些关于声音的知识。但是熟悉的现象并不一定引起学生的关注，学生并不会花很多时间去探究声音的更多奥秘，这恰是我们的教学有价值的地方。

在情境导入时，学生判断发声物体比较简单，容易引导学生进入本课学习情境。同时，因为了解到学生对声音的认识主要停留在发声物体和发声方法的层面，教师直接提出本课研究问题"声音是怎样产生的"，目标明确，直接引导学生进入思考，给学生铺下理性、实证的思想种子，培养学生的辩证思维能力。

让一张纸发出声音是一座桥梁，让学生发现这些方法都是给了物体一个力，建构起物体和物体发声之间的桥梁，为下面的实证性探究活动做好思维层面的准备。

研究物体为什么会发声并不是一件简单的事情！这很难说清楚。教师在合作探究过程中，借助有结构的材料、实验导学案的设计，使活动由扶到放，让学生学会观察、学会记录、学会思考。通过对相同现象的观察分析，学生自然而然地得出发声物体的共同点是发生了振动的结论。同时，为了加深理解，教师围绕"发声的物体一定是振动了吗"设计反证法实验，让学生进一步体会声音是由物体振动产生的，而且通过实验的方法把这个过程观察得更仔细。

　　本课教学设计重理性、重实证，体现了理性实证在文化科学中的根基作用。

《电磁铁磁力大小》教学案例

【教学目标】

（1）知道电磁铁的磁力是可以改变的，电磁铁的磁力大小与线圈的圈数、电池节数有关：线圈圈数少磁力小，线圈圈数多磁力大；电池节数少磁力小，电池节数多磁力大。

（2）根据推测合理地进行假设，找出认为可能影响电磁铁磁力的因素并进行实证研究。

（3）在教师的指导下，会识别实验中的变量，设计对比实验，会控制变量检验线圈圈数、电池节数对磁力大小的影响。对实验数据进行记录，汇总，以统计图的形式进行数据分析。

（4）能够大胆地想象，又有根据地假设，能够以严谨、理性的科学态度做检验假设的实验。

【教学准备】

电池每组3节、每组1根长约1米的导线、相同型号的铁钉1枚、1包大头针、学生事先制作好的电磁铁。

【教学过程】

（一）情境导入，提出问题

（1）视频播放电磁起重机的用途（搬运杂乱的废钢铁，一下能吸起数吨重的钢铁。）

（2）提出问题。

师：电磁起重机为什么会有这么大的磁力，而我们上节课自制的电磁铁却只吸起了几枚大头针呢？电磁铁的磁力大小究竟跟什么有关呢？今天我们来研究电磁铁的磁力。

（二）大胆猜想，合理假设

（1）电磁铁的磁力大小与哪些因素有关呢？

师：科学家的研究始于猜想和假设。（板书：作出假设）我们也像科学家一样来猜一猜影响电磁铁磁力大小的因素有哪些。

师：在猜想时，不仅要说出我们的假设，还要说出这样假设的简单理由。

（2）学生分组讨论活动。

（3）小组汇报，交流猜想和假设的理由。

板书：电池数量、线圈圈数、铁芯粗细……

（三）设计实验，验证假设

（1）大家的猜想有一定的道理，但还要靠实验来检验我们的假设。这么多的因素，我们一节课的时间肯定检验不够。这节课我们先来检验其中1～2个因素。

师生共同确定，检验电磁铁的磁力大小和线圈数量、电池节数有没有关系。

（2）为了使研究更科学，在研究之前，我们先来制订研究计划。（板书：制订计划）

师：确定了研究的问题，那我们怎样来设计实验呢？

小组讨论并制订研究计划，交流并完善。教师指导实验条件的控制。

线圈研究组：约定线圈分别为10圈、20圈、30圈。

电池研究组：约定电池数量分别为1节、2节、3节。

温馨提示：① 不要长时间接通电源。② 为了数据更加科学准确，每个因素都要进行多次实验。（出示实验记录表：比如，第一次绕10圈，可以进行三次实验，记录好三次的数据，然后取平均数；第二次20圈，同样如此；第三次也是，并且根据磁力大小进行排序。电池数量研究也是如此。）

（四）分组实验，实证研究

（1）学生组内实验完成后，可随意到其他小组观察，了解其他小组的实验情况。

数据记录表格如下：

线圈研究组（表3-2、表3-3）：

表3-2 "探究电磁铁的磁力大小与线圈圈数是否有关"实验记录表

线圈圈数	电磁铁通电时吸引大头针的数量（个）			
	第一次实验	第二次实验	第三次实验	平均值
10圈				
20圈				
30圈				

表3-3 小组汇总表

磁力大小／线圈圈数 组别	电磁铁通电时吸住的大头针数量（个）		
	10圈	20圈	30圈
1			
2			
3			
4			
5			
6			

电池研究组（表3-4、表3-5）：

表3-4 "探究电磁铁的磁力大小与电池节数是否有关"实验记录表

电池节数	电磁铁通电时吸引大头针的数量（个）			
	第一次实验	第二次实验	第三次实验	平均值
1节				
2节				
3节				

表3-5　小组汇总表

磁力大小 电池节数	电磁铁通电时吸住的大头针数量（个）		
组别	1节	2节	3节
1			
2			
3			
4			
5			
6			

（2）各小组汇报实验结果。（用电子白板分别自动生成柱状图）

（五）交流分享，得出结论

师：你们从小组的数据中发现了什么？（教师将学生研究中形成的共识板书）

线圈组：线圈的圈数越多，磁力越大；线圈的圈数越少，磁力越小。

电池组：电池的节数越多，磁力越大，电池的节数越少，磁力越小。

师：从全班小组收集到的数据你又发现了什么？（如有特殊数据，在此提出来分析）

（六）拓展延伸

师：同学们，今天这节课，我们像科学家一样经历了"提出问题—作出假设—制订计划—实验验证—实验结论"的科学探究过程，大家通过研究，发现了电磁铁的磁力大小与线圈数量、电池节数之间的关系。刚才我们各小组还提出了其他的假说，这些因素是否也会影响电磁铁的磁力大小呢？课后我们还可以继续研究。

最后，老师布置一个挑战任务：回家后，自己准备材料，制作一个强大的电磁铁。下次科学课我们来进行比赛，看谁做的电磁铁磁力最大，你又会产生什么新问题？

【教学评析】

本课是在学生对电磁铁的性质有所了解的基础上继续研究电磁铁的磁力大

小影响因素的，可见本课的研究是建立在理性、实证基础之上的。教师通过一个吊车搬运废旧钢铁的视频导入新课，提高学生认知的欲望。整节课贯穿学生自己设计研究计划，通过"提出问题—作出假设—制订计划—实验验证—得出结论"这条主线来进行研究。

学生在上一节课和生活中感知过电磁铁的磁力，但是他们并未探究过哪些因素会影响电磁铁的磁力大小。所以在本节课的教学设计中，教师引导学生自己设计实验来探究影响电磁铁磁力大小的因素。整个过程是理性的，是讲求证据的，是经得起检验的，不仅是追求一个简单的结论，更重视学生认识事物的过程。它是一种经历，包括经历挫折与失败。让学生亲身体验，感知学习与认知的过程才是小学科学课堂所追求的文化境界。

学生通过自己制订的研究计划，自己动手实验，分析实验数据，得出结论，最后每个组借助电子白板人机互动的功能，把数据以统计图的形式进行汇报和对比，增强了数据的实证性、直观性，体现了数据明显的差异性。对出现差异性较大的数据进行全班讨论，猜测可能出现的原因。将科学学习与其他学科有效联系起来，实现学科之间的融合，这也是科学课的严谨性、综合性的体现。

《有趣的磁铁》教学案例

【教学目标】

（1）能相互配合，协作完成探究磁铁性质的工作；学会做探究磁铁性质的实验，培养学生收集处理信息的能力；能选择自己擅长的方式表述探究过程和结果。

（2）了解磁铁的形状及磁铁有两极，能指示南北方向，两极磁性强，中间磁性弱以及磁铁同极相斥、异极相吸的性质。

（3）乐于探究和发现；乐于用学到的科学知识体验和改善生活；在学习过程中激发探究科学的兴趣以及爱科学的情感。

【教学准备】

教具：演示课件、大磁铁一块、不同形状的磁铁各一。

学具：磁铁学具盒（6套），水杯4个（装水），订书针、铁钉若干。

【教学过程】

（一）情境导入

师：今天，老师给大家带来了小动画，动画的名字是《小猫钓鱼》。可是，我的这只小猫可不是你们原来听过的开始三心二意，后来又专心钓鱼的那只小猫。这个动画里的小猫是一只有着神奇钓鱼钩的小猫，它的鱼钩钓上来的不是小鱼，而是别的东西。你们想不想知道它钓上来的是什么呢？它的鱼钩又有什么特别的呢？

（播放课件，学生兴趣高涨）

师：大家说，它的鱼钩钓上来的是什么呀？

生：各种塑料小鱼。

生：小鱼的嘴巴这里有铁片。

师：那谁能猜一猜小猫的鱼钩是用什么做成的？

生：磁铁。

师：看到大家的神情，老师猜想有许多同学都玩过这种"小猫钓鱼"的游戏，那我们今天就一起来研究一下有趣的磁铁。（教师板书：磁铁）

（二）合作探究

1. 认识磁铁的形状及特征

（1）认识形状。

师：好，哪位同学能说一说，你平时见过哪些形状的磁铁？（学生回答，教师出示不同形状的磁铁实物或图片，引导学生认识并板书）

生：我见过一条一条的，平的……

生：我见过圆的磁铁。

生：我见过椭圆形的磁铁。

（条形、环形……）

师：老师今天也带来了各种各样的磁铁，请大家仔细观察，这里面还有哪些磁铁的形状是你没有见过的？（学生观察，教师指导。）

生：U形的没有见过。

师：根据磁铁的形状，我们分别给它们起一个名字。

完善板书：条形磁铁、环形磁铁、蹄形磁铁、柱形磁铁……

（2）认识磁极：南北极。

师：刚才咱们在观察磁铁的时候，除了发现形状不同以外，在磁铁的上面我们还观察到了什么？（将一块条形磁铁放到实物展台上）

生：磁铁上有红、蓝两种颜色。

生：磁铁上有两个字母：S、N。

师：同学们观察得真仔细。"N""S"是磁铁的两个磁极，"N"又称北极，"S"又称南极，是英文字母的缩写，各种各样的磁铁都有南北极。

（教师板书：磁极S—南　N—北）

（二）探究磁铁的性质

师：刚才咱们大家一起了解了磁铁的形状和南北极，其实磁铁除了这些外部特征以外，还有很多神奇的秘密。下面咱们就一起再来看一看、玩一玩，看看哪一个小组发现的秘密最多，将其记录下来。待会儿一起来把你的玩法和发现说给大家听。

（学生自由合作探究约20分钟，教师巡视指导，组织学生交流分享。）

（学生关注自己小组的记录表，详细记录自己的实验发现。）（表3-6）

表3-6　《磁铁的性质》记录表

我们的方法	我们的发现
磁铁能吸引哪些物体	
把磁铁放在旋转架上，旋转一下，静止后，观察磁铁的"S"极和"N"极的方向	
把两块磁铁靠近	
同一块磁铁，不同部位磁力大小一样吗	
其他	

师：哪位同学能把你们小组的玩法和发现与大家分享？

师：在分享的时候，希望发言的同学要清楚地说明，其他同学能够认真听取别人的发言，在别人发言结束后进行补充或提出疑问。

（1）有磁力，能吸铁的特性。

生：磁铁能吸订书针、铁钉，把订书针放到盛水的玻璃杯里，隔着玻璃杯也能把订书针吸上来。

生：磁铁能吸铁的东西，不吸铜、铝制成的东西。

（师板书：磁力，吸铁）

师：（补充）磁铁除了能吸铁制成的东西，还能吸镍、铬等制品。（板书：补充镍、铬）

（2）有磁极，指南北。

生：把磁铁放在旋转架上，旋转一下，静止后，磁铁的"S"极和"N"极总是会指向南北极。

生上讲台演示教具。

生：旋转的小磁针静止后，也会指南北。

师：南极用字母"S"表示，北极用字母"N"表示。这说明磁铁有磁极，能够指南北。

（师板书：指南北。）

（3）同极相斥，异极相吸的特性。

生：我们把磁铁相同颜色的一端对到一块，磁铁迅速推开。不同颜色的磁铁对到一块，磁铁吸在一起，这是我们的重大发现。

师："不同颜色的磁铁"是什么意思？

生：是指两块磁铁不同颜色的两端。

师：颜色不同，说明什么不同？

生：说明磁极不同。

师：颜色相同呢？

生：说明磁极相同。

师：磁极相同，我们可以说"同极"（板书），磁极不同我们可以说"异极"（板书）。能把你们小组的发现再说一遍吗？

生：把磁铁相同的磁极碰到一块，磁铁迅速推开。不同的磁极碰到一块，磁铁吸在一起。（师随即板书"推""吸"）

师："推"也就是"排斥"，我们可以简写成"斥"

（师完善板书：同极相斥，异极相吸）教师演示课件。

（4）磁铁部位不同，磁力的大小不同。

生：用磁铁吸铁屑的时候，两端吸得多，中间吸得少，这说明两端的磁力大，中间的磁力小。

（师板书：两端磁力大，中间磁力小）

（5）磁铁能将铁磁化产生磁力。

师：今天老师除了给大家带来了这么多的磁铁，还带来了一件礼物，你们看这是什么？（出示铁棒）对，这是一根很普通的铁棒，但它也能把小铁钉吸起来，你们信不信？（教师演示吸铁钉）这是怎么回事？这也是磁铁的功劳，你只要（把）一件铁的东西长时间和磁铁放在一起，磁铁就能把它磁化，使它产生磁力。

小结：刚才，同学们在玩的过程中，发现了磁铁的很多秘密，实际上这些都是磁铁的一些性质，从古至今，人们经过了很长时间才研究出来，可我们一节课就发现了磁铁的这么多性质，而且都是"重大发现"，太了不起了。

（三）总结收获

师：通过这节课的学习，你都知道了什么？

生：通过本节课的学习我知道了磁铁有磁力，能吸铁的特性。

生：我知道了磁铁部位不同，磁力的大小不同。

生：我知道了磁铁同极相斥、异极相吸的特性。

生：通过本节课的学习，我知道了磁铁有磁极，能指示南北方向。

……

（四）拓展应用

举例说明磁铁在日常生活中的应用。

师：正因为磁铁有着很多的本领，所以人们在生活中的很多地方都会用到它。请大家说一说，你都见到过人们在生活中的哪些地方用到过磁铁？

生：文具盒里有磁铁，书包盖上有磁铁。

生：冰箱门上有磁铁，手机套上有磁铁。

生：指南针也是磁铁做的。

师：对！你们懂得真多，指南针是我国四大发明之一，是根据磁铁的性质制成的，能帮助我们辨别方向。

生：上课时那个"小猫钓鱼"的游戏也用到了磁铁。

生：磁画板里有磁铁……

师：老师也收集了一些资料，我们共同分享一下。（教师课件出示磁性围棋、磁性黑板、磁悬浮列车、司南等。）

师小结：通过交流，我们发现生活中很多物品都用到了磁铁，而且磁铁正越来越多地运用到生产生活的各个方面，同学们课后可以继续观察或调查，了解更多磁铁在生活、生产中的应用。

【教学评析】

《有趣的磁铁》一课要让学生认识磁铁的不同形状，磁铁有吸铁、指示南北和同极相斥、异极相吸、磁力大小不同等性质。本课教学的设计具开放性，基本思路在于指导学生通过实验，在玩磁铁的事实中发现磁铁的性质，学习的形式以指导学习、合作学习、自主学习相互交融，概念层面的认识比较浅显，能够培养学生实验、理性分析能力，且有一定的梯度，较好地体现出文化科学的内涵。

（1）教学的设计逻辑性比较强。本课教学内容比较多，综合了磁铁的各种性质在一课完成。教学从学生列举自己知道的磁铁入手，引导学生在用实验方法确认"磁铁能吸铁"的已有认识的同时，自然引出有关磁极、磁力大小等问题，形成相关假设，通过实验的设计、验证、交流等环节获得"磁铁的两端磁力强、同极相斥、异极相吸"的结论。

（2）以提高学生自主学习能力为目标，从根本上确立了学生主体地位。现代教学论认为，认识的过程是主体对客观的能动建构，即"自在客体—主体—观念客体"的三项圈式。本节课围绕"磁铁的性质"，以"学生自由选择问题、自主活动探究、自主归纳"为宗旨，不同小组研究不同的、自己感兴趣的问题，学生始终处于主体地位，充分体现出学生学习的自主性、探究性、实践性及合作学习。

（3）力求把实证的思想贯穿始终。实证是科学的基本特质，本课力求从课的开始就强调用事实说话，探究过程中均是通过观察磁铁、玩磁铁、分享发现等实证性的活动进行，努力回避向学生提到非本课直接获得的证据。尤其是本课的材料结构化、指导的理性化和观察记录的处理，有效促进了学生科学概念的形成。

（4）为学生创设了良好的课堂学习环境，让学生感到自己可以在课堂上自由地进行各种实验，可以做自己想做的各种实验，培养了学生亲自动手操作的能力，让学生感受到亲身体验实验的快乐、成功的快乐。

《光与影》教学案例

【教学目标】

（1）认识并理解光源的科学概念，知道光源是自己能够发光并正在发光的物体。

（2）通过实验验证光在空气中是沿直线传播的。通过游戏活动发现光与影的相关秘密。

（3）在探寻光和影子游戏中激发探究兴趣，形成小组合作意识，培养严谨细致、认真观察的探究能力。

（4）了解光的直线传播的应用给科学技术和人类生产、生活带来的影响。

【教学准备】

教师准备：有窗帘的教室、激光笔、水管、喷壶、透明大塑料盒、艾条、透明皂、茶水（或加墨的水）、手电筒、白板、动物模型、皮影道具、幕布、课件等。

分组材料：激光笔、小喷壶、蚊香或艾条、透明塑料盒、打火机、可弯曲的水管、手电筒、动物模型、自制白板、自制量角器、实验记录单等。

【教学过程与评析】

（一）创设情境，激发兴趣

师：播放微课《小科的故事》。

生：学生观看微课，思考。

师：谁来说说小科看到了哪些现象？

生：穿过树林的阳光；影子；城市夜景……

师：这些现象的产生都与谁有关？

生：光。

师：今天我们就来认识与光有关的现象。（板书：光）

评析： 儿童的天性是最喜欢听自己的同学、朋友等讲故事，这里设计的微课《小科的故事》，来源于学生自己的真实生活情境，学生的兴趣一下子被激发了，他们从生活中最常见的现象生发思考，体现从生活走向科学的学习理念。故事这根主线贯穿于整堂课的始终，将几个探究活动有机地串起来形成一个系列，接着提出了具有层次感、思考性的问题。

（二）科学探究，引发思维

1. 认识光源

师：谁来说说故事中产生这些现象的光来自哪里？

生：太阳和电灯。

师：太阳和电灯有什么共同特点？

生：都能自己发光。

师：在科学上，我们把像太阳和电灯这样能自己发光的物体叫作光源。

（板书：光源　自己发光的物体）

师：生活中发光的物体很多，请同学们判断，这些物体哪个不是光源？为什么？

（出示图片：太阳、萤火虫、发光水母、月亮、正在发光的电灯、手电筒、点燃的蜡烛、明亮的镜子。）

生：镜子、月亮都是反射别的光源的光，自己不发光。

师：看来同学们认为其他的都是光源。请看老师这里，打开手电筒，手电筒能自己发光，是光源没问题，可现在关闭呢？手电筒还是光源吗？

生：不是。

师：所以为了更科学、严谨地表述光源还要加上"正在发光"。

（板书：正在发光）

评析： 教师巧妙引出了光源的概念，由光的来源→太阳、灯的共同特点→初步建立光源概念→都能自己发光→判断PPT上的发光物体是光源吗→引导学生在认识发光物体的基础上，通过分析、比较等思维活动，抽象概括出光源的特征——能发光并正在发光——从而建构完整的光源概念。

2. 探寻光的传播路线

师：生活中光源很多，激光笔就是其中一种，老师现在打开激光笔开关，你会看到墙壁上有红色光斑。它发出的光在空气中是沿着什么样的路线传到墙壁上的呢，你能看得见吗？

生：看不见。

师：既然这样，现在就请你猜一猜，把你的想法在桌面上的记录单上画一画（图3-1）。说说你的理由。

生：记录单上画一画路线。

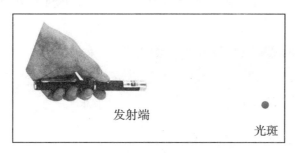

发射端　　　　　　　　　　光斑

图3-1

评析：在学生认识光源以后，再研究激光笔的光是沿直线传播的，首先让学生猜一猜、画一画，学生感兴趣地将猜想画出来，这样也将学生的思考过程展现给大家了。

师：那光的传播路线是你们猜的这样的吗？要想知道，我们要做什么？

生：实验。

师：那你有什么办法让看不见的光的传播路线变成看得见的呢？谁来说说？

（教师边提问边直接出示材料：喷壶、艾条、打火机、带孔纸板、易弯曲的管子。）

评析：教师设计这个问题，具有针对性、思考性，当学生带着问题看到这些有结构的材料后，能引发深入的思考，教师有耐心富于启发性地进行指导，学生在实验中找到了光的直线传播的证据——看得见的光柱。

生：喷水雾。（教师追问：要什么材料？怎么做？实验时有哪些需要注意的事项？）

生：用烟。（教师追问：要什么材料？怎么做？实验时有哪些需要注意的事项？）

生：易弯曲的管子。（教师追问：怎么做？实验时有哪些需要注意的事项？）

生：黑天。（教师追问：教室里如何模拟黑天？怎么做？）

生：三孔纸板。（教师追问：怎么做？实验时有哪些需要注意的事项？）

生：激光笔的光再强些。

师：真不错，想到用强光的方法。

师：实验前请同学们看看温馨提示。

（严禁激光笔射向人眼。选择材料，想办法显示光的传播路线，观察现象，及时记录。）

师：比比谁的实验现象最清晰、最明显。

实验完汇报：

① 说说我们做的实验。

② 我们看到了现象。

③ 我们发现了……

师：下面请组长到右侧器材超市中选取器材。领到器材的组就可以进行实验了。（熄灯）

教师巡视，到各组参与活动。

师：哪组同学来汇报并展示你们观察到的光的传播路线的样子。（熄灯）

（学生上讲台汇报）

师：选择其他材料进行实验的组，你们还有不同的发现吗？

师：经过实验我们观察到的光的传播路线是怎样的？

生：光在空气中沿直线传播（板书）。

师：我们知道了光在空气中沿直线传播。那么在液态的水、固态的肥皂中，光的传播路线会是什么样子呢？我们来看看。

教师演示：看，这是光在水里传播的现象，看这是光在透明肥皂里传播的现象。

师：光在空气、水里、肥皂里传播的实验现象，谁来总结？

生：光在空气、水、透明肥皂中都是沿直线传播的。

师：生活中，光沿直线传播的现象很多，课前小科看到的穿过树林的阳光和美丽的夜景就是光沿直线传播现象的体现。

评析：学生通过一系列的自主互动探究认识到激光笔的光是沿着直线传播的。交流中既有生生互动，思维互补，还有教师的展示，引发了学生深层次的思考。

3. 影子游戏探秘

师：课前小科同学还看到了哪些现象？

生：影子。

师：那么光与影之间有什么关系，下面咱们通过玩影子游戏来研究吧。你如何利用手电筒、动物模型、白板这些材料制造出影子呢？

师：相信制造影子难不倒你们，但游戏时老师是有任务交给你们的：请你说说影子产生的原因是什么？影子有哪些特点？边做边思考并完成这张记录单（表3-7）。

表3-7　影子游戏记录单

做一做影子的游戏： 问题：影子是怎样产生的？影子有哪些特点？材料：手电筒、动物模型、白板。 发现：通过制造影子，我们发现： ① 影子是怎样产生的？ 请你说一说。 ② 影子有哪些特点？ （例如:影子大小、形状和什么有关……）（至少写出两条发现） 1._____； 2._____； ……

师：下面请同学们阅读记录单，明确记录内容，组长到右侧器材超市中领取器材。（熄灯）

学生实验，教师指导。

评析：从影子游戏记录单可以看出，本环节采用了任务驱动的方式，任务明确具体，问题的设计有层次性、条理性和启发性，降低了难度，采用了由扶到放的教学方式。影子是学生再熟悉不过的，然而很少有学生关注影子、这里教师用具有启发性、开放性的问题，引导学生带着问题去研究影子。

113

师：谁来说一说：刚刚游戏时，大家制作的影子是怎样产生的？

生：用手电筒照动物模型。

师：光是怎样传播的？

生：沿直线传播。

师：很不错，那么现在在沿直线传播的光的前面放一个物体会出现什么情况？

生：光被挡住了，过不去了。

生：后面形成了影子。

师：所以说游戏中要产生影子需要：光（谁提供的）手电筒，物体（遮挡物），于是就产生了影子。

师：知道了影子的形成原因是光沿直线传播，那么，你制造影子时，发现影子有哪些特点？影子有哪些秘密？（熄灯）

生：光源直射时，影子最短；斜射程度越大，影子越长。影子的长短随光的照射角度而改变，光越偏斜，影子越长。

师：请注意前提是遮挡物和光照距离不变。

生：影子形状和物体形状有关。

师：表扬，真了不起，你发现了这个秘密，

教师用山羊模型演示：我们假设，这个面是山羊的正面，这个面是山羊的侧面。先从正面照射，再从侧面照射物体，大家观察现象。

师：所以说影子的形状和什么有关？

生：影子形状和物体被光照亮一面的形状有关。

生：影子总是在背光的一面。

生：影子的深浅（浓淡）与……有关。

师：同学们的发现都很棒，其实关于影子的秘密还有很多，以后我们再去研究。

评析：在引导学生制造影子的活动中，教师提供了非常有趣的动物模型来进行投影，不但提高了学生的探究热情，也贴近学生生活实际，使学生在探究过程中多角度地发现了影子形成的原因和影子的许多特点，从而发现光和影子的规律，这样与常规的小棒相比，学习的兴趣度、立体感强多了。学生在活动过程中经历了思维递进的发展过程，达到了理想的探究效果。

（三）联系生活，拓展应用

师：关于光沿直线传播形成影子的现象在生活中还有许多应用呢，尤其在艺术表演上。同学们请看！放音乐……（熄灯）这是皮影戏表演，利用所学，谁来解释下皮影的影子产生的原因是什么？

生：沿直线传播的光照射到皮影道具上就形成了影子。

师：生活中关于光沿直线传播的应用有很多，如在军事、工程等方面。（介绍射击、激光准直等）

师：影子不仅可以给我们带来艺术享受，有时也给人带来麻烦，比如医生手术时有它就会很不方便，所以老师今天带来一个医学中常用的神奇光源，它可以将影子变没有，你相信吗？请看（演示无影灯），这是为什么呢？

师：看来关于"光与影"还有许多奥秘等着我们去探索。

评析：在拓展环节，真人版的《东郭先生和狼》的皮影艺术展现在画面中，非常好地体现了艺术知识为科学教学所用，将艺术教育与科学学科有机融为一体。还就如何解决影子带来的弊端，巧用了无影灯展示进行教学，展现了"光的直线传播"在工程和生活中的应用以及拓展性思考。这样给学生埋下一颗创新思维的种子，培养了学生的发散思维，鼓励了学生奇思妙想，激发了学生创新的欲望。

【教学评析】

执教老师在《光与影》一课中采用学校自创的"1233导探"之"三放三收"教学模式进行教学，符合学生的认知发展规律，本课的科学教学的文化因素体现在实证与理性之中。教师先利用既知引发思维，通过讲故事的方式轻松、自然、贴近生活地导入本课教学，并将故事背景内容作为一根主线，有机地串起来。接着引导学生参与认识光源、探寻光的传播路线、影子游戏探秘三个实践性的探究活动。在活动中，教师注重利用材料促进学生思维，提供了有结构的材料供学生选择使用，由材料引发方法的思考。接着，学生在实验操作中寻找到光在空气中沿直线传播的规律，逐步建构"光沿直线传播"的概念。再利用任务驱动思维，学生带着任务制造影子、探秘影子游戏，用所学概念解释生活中的现象。在各种科学事实中，"光的直线传播"概念得到了理性的解释，也得到了很好的应用。在探究活动中，孩子们兴趣盎然，实验探究思路清晰、严谨，在玩中学、学中思。他们的动手能力、思维能力得到不断提升。最后利用拓展延续思维，将课堂知识与艺术生活、医学等联系，拓展、延伸、创新学生思维。学生科学核心素养培养贯穿本课始终。本课精选有结构的材料，巧妙创新自制学具，实验效果非常明显；多次利用交流提升思维，在每次交流过程中注重了学生的理性思维互动，整堂课探究过程层层深入，学生的思维高潮迭起；给学生创造了轻松愉快的学习环境，给孩子们的科学学习带来了快乐的享受。从学生的交流展示可以看出，本课学生实验效果佳，达到了预期的教学目标。

《无处不在的力》教学案例

【教学目标】

（1）通过实证过程，知道力的普遍存在，力可以改变物体的形状和运动状态，力有大小和方向。

（2）能将力对物体产生的影响初步分类，并能判断生活中哪些地方应用了力并由此产生了何种影响（作用效果）。

（3）在活动中勇于探索，善于总结经验，乐于合作与交流，体验到力与人们的生产、生活息息相关。

【教学准备】

弹簧、橡皮筋、海绵、橡皮泥、弹珠、游戏底板、皮球、记录单、课件等。

【教学过程】

（一）观察质疑

1. 游戏

游戏：学生相互之间掰手腕。

提问：在掰手腕的过程中，你有哪些感受？（要用力，手很酸，用力的方向不同）引出研究对象"力"。（板书：力）

2. 感受力的存在

提问：想一想，在生活中你还发现哪些地方有力的存在呢？能举例说明吗？

推小车、推土机：推力。

扬谷子：风力。

拉弓箭：拉力。

蹦床：弹力。

跷跷板：重力……

小结：力无处不在。

（完善板书：无处不在的力）

（二）探究研讨

1. 力可以改变物体的形状

（1）能利用身边的一些物体来表现力吗？

学生利用身边物体表现自己熟悉的力，例如，用手压桌面，产生压力；推动课桌移动的，是推力……

（2）提问：既然在我们的生活中力无处不在，那么力的作用是什么呢？它对物体有什么影响呢？

（3）实证探究。

出示材料：弹簧、橡皮筋、海绵、橡皮泥。

观察并猜想：对它们用力的话，它们会发生什么变化呢？（变形）

分组实验，及时记录，验证猜想。

（4）分享交流。

捏橡皮泥，可以捏成各种形状。

拉弹簧的时候，弹簧会变长；压它的时候，它会变短。

压海绵的时候，会把海绵压扁。

……

（5）小结：力可以改变物体的形状。（板书：力改变形状）

2. 力可以改变物体的运动状态

（1）提问：力除了可以改变物体的形状，还会对物体有什么样的影响呢？

（如果学生不能谈到，可以进行启发，如男孩子踢球的实例）

（播放足球比赛的视频。）

（2）交流：视频中足球运动员对足球用力，力对足球的影响。

开始没有对球施加力，球没有动，是静止的，当用脚去踢球时，球开始运动，最后又会静止下来。

运动状态静止—运动—静止。

列举生活中类似的实例：踢毽子、骑自行车……

（3）小结：力可以改变物体的运动状态。（板书：力改变运动状态）

3. 力有大小、方向

（1）体验活动：小组内两名成员拍球、传球，说一说：有什么发现？

用的力大，球拍得高，运动得快；往不同的方向用力，球的运动方向也不一样。

（2）小结：力有大小、方向。

（板书：力有大小、方向）

（3）力是物体之间的相互作用，力的单位是"牛顿"，符号是N。这是为了纪念著名的科学家牛顿而规定的。

（三）拓展延伸

（1）学生游戏：打靶。

师：现在，我们对力已经有了初步的认识和了解。接下来，我们玩一个有趣的游戏。先请"大力水手"介绍一下游戏规则吧。

录音播放，以大力水手的身份介绍游戏规则：准备好棋子和靶圈，将两颗棋子放在指定位置，用手指弹其中一颗棋子，撞另一颗棋子，让它进入靶圈中；棋子弹在不同的靶圈内得相应的分值，压线以较高分计算，每人玩2次，累计得分高者获胜。

学生活动。时间约5分钟。

提问：谁先来把自己的"战果"向大家汇报？你获胜的秘诀是什么？

学生汇报交流，分享经验：把握用力的大小和方向。

（2）我们了解了关于力的现象，回想一下，上课时掰手腕的活动蕴含了今天学习中的哪些发现？

（3）在生活中，请大家继续留心各种各样的力，观察或体验这些力的作用。

【教学评析】

力是一个很抽象的概念，而力的现象是学生在生活中司空见惯的。但力是无形的，根据力作用在物体上的效果来感受力，又是学生所陌生的。本课的教学目标是组织学生通过一系列的实验活动，感受力的存在，感受到力有大小、方向。这些感受的过程便是认识力的作用的实证过程。由于力是无形的，我们只能从力作用在物体上的效果来认识力。所以本课把感受力的存在以及力对物体运动、形状的影响作为重点，让学生在清楚感受到力的存在的基础上，认识到力有大小、方向。

整个教学过程有如下成功之处：

（1）运用科学"质疑—探究"教学模式进行教学，合理制订教学目标，让学生在观察中质疑，主动提出问题，通过实验探究，交流发现，构建概念，自主发现规律，得出结论。整堂课的设计充分体现"以学生为主体，教师是学生的组织者、引导者、合作者"的教学理念，在整个教学过程中，学生始终在动手实践、自主探究中学习，使学生从"我学会"变成"我会学"，激发了学生的学习热情，培养了学生的探究能力和自主学习的意识。

（2）提供了丰富的有结构的材料，选择弹簧、橡皮筋、海绵、橡皮泥、皮球、弹珠等，让学生充分在实验中感受力的存在。设计实验记录单，让学生画出物体原来的形状及用力后的形状。比如海绵原来是长方体，学生对其用力后它就凹下去了。学生及时画出并标出方向，手拿开后，海绵又恢复到原来的长方体形状，学生又如实画下来。这些材料有层次地呈现、提供，将探究活动不断推向深入，学生的思维不断提升。

（3）在学生对日常生活中力的经验与体验的基础上，通过一系列具有引导性、启发性的问题和游戏，使学生对已有经验和信息进行检索与筛选，对具有典型特征的"力的现象"进行研究，进一步认识、发现有关力的科学规律，激发孩子们的科学探究兴趣。

为了让学生了解力的存在，教师创造性地运用教材，充分调动学生原有生活经验，设计了同桌掰手腕活动，让学生亲身感受力的存在、大小，列举生活中力的存在的现象，尝试利用身边的一些物体来表现力。利用学生最关注的足球比赛的画面使学生进一步认识力能改变物体的运动状态。在拍皮球活动中使学生认识到力有大小、方向。以有趣的"打靶游戏"使学生充分应用力的知识，将弹珠弹到靶心，小组得分统计，评出优胜小组，优胜小姐介绍获胜经验。学生参与积极性非常高涨，体验到了成功的喜悦，他们的真实感受正是对力的存在的又一次实证，他们经历了完整的科学探究过程。探究过程中教师有扶有放，重视学生动手动脑，提高了学生思维含量，提高了探究的实效性。

（4）科学课需要学生有大胆实践、严谨认真的态度。因此，在实验中小组合理分工，学生实验时井然有序，细致观察，如实记录，通过多个小组汇报，展示实验记录，从现象中共同发现科学规律、本质。通过小组评价培养学生学习科学的良好习惯。

当然，还有一些方面需要改进：

（1）要多关注学生，倾听学生真实的想法、意图，顺学生思维而行。

（2）在活动的设计上，还可以更精简些。

（3）在科学教育中应更注重人文教育的渗透。

《小苏打和白醋的变化》教学案例

【教学目标】

（1）小苏打和白醋会发生化学反应，产生新的物质。二氧化碳是一种具有特殊性质的气体。

（2）通过观察、实验、分析和阅读资料，得出正确结论，获得实证思想。

（3）懂得只有通过足够的证据才能做出正确的判断，得出科学结论需要严密的逻辑推理。

【教学准备】

小苏打、白醋、集气瓶、玻璃片、蜡烛、木条、记录表。

【教学过程】

（一）观察导入

师：今天大家的桌上有两种物质：一小包固体，叫作小苏打；一小杯液体，叫白醋。请你用学过的观察方法，说一说，它们有哪些特点？

学生观察，教师巡视指导。

师：谁愿意来分享一下你的发现？

生1：我发现小苏打有点像食盐。

师：什么状？

生1：粉末状。

师：还有吗？

生1：白醋有点酸酸的。

师：有没有补充的？

生2：白醋是无色的液体，外形和水一样，而气味闻上去和水完全不一样。

师：什么气味？

生2：酸酸的。

师：那你能用一句话把白醋的特点概括出来吗？

生2：白醋是无色的液体，但是它有一股酸酸的气味。

师：是的。那小苏打呢？除了是粉末状，还有没有别的特点？

生1：白色的，闻起来没有气味。

师：那我们用一句话概括小苏打是白色、无气味、粉末状的固体，白醋是无色透明、有酸味的液体。

师：如果把这两种物质混合在一起会有什么变化呢？今天这堂课我们就来研究小苏打和白醋的变化。

（二）实验探究

师：在混合之前，老师有活动提示给你们，把小苏打倒入白醋中或将白醋倒入小苏打中，注意观察记录混合后的现象，可以看、闻、听、用手摸烧杯外壁……你们也可以有自己的方法，但不要品尝，请记录员拿出记录表，开始实验。

学生实验，教师指导。时间约5分钟。

师：哪组把记录单拿上来，汇报一下？

生1：我发现把小苏打倒入白醋里会有泡泡产生，和倒雪碧有点像，倒进去的时候有"沙沙"的声音，闻起来有刺鼻的气味。

师：其他人有没有不同的观点，或者对她的发现有什么意见？

生2：刺鼻的气味只是白醋的气味，没有小苏打的气味。

师：他说的，你同意吗？

生1：同意。

师：其他小组有补充的吗？

生：当小苏打倒入白醋的时候，白醋还是无色液体，液体比刚才更冰了一点，冒气泡。

师：大家都是把小苏打倒入白醋中，也就是我们看到的现象都是一样的，最明显的现象是产生了气泡，那你们有没有想过气泡是什么呢？

生1：是小苏打溶解后产生的气泡。

生2：是二氧化碳。

师：有理由吗？

生2：白醋倒入小苏打带入大量的空气，所以我认为是二氧化碳。

师：刚才这位同学说到空气，又说到二氧化碳，它们一样吗？

生：不一样，空气里含有二氧化碳。

师：那些气泡到底是什么？通过刚才的实验，你们发现这种气体有什么特征？

生1：我发现这些气体没有颜色。

生2：除了刚才闻到的醋的酸味，也没有闻到别的气体的气味。

师：它可能是一种无色无味的气体，那无色无味的气体有哪些？这种气体可能是空气，也可能是二氧化碳，那我们怎样才能知道到底是什么气体？

出示PPT。

常见气体的特征（表3-8）：

表3-8　常见气体特征表（一）

名称	主要特征		
空气	无色	无味	支持燃烧
氧气	无色	无味	支持燃烧
二氧化碳	无色	无味	能灭火

师：那我们来看看这些气体。它们分别有哪些特征？怎么知道是哪种气体？

生1：这些气体都是无色无味的。

生2：空气和氧气都能够支持燃烧，二氧化碳能够灭火。

生3：可以这样去证明：在这些气体中放入点燃的火柴，火柴能燃烧起来的是空气或者氧气，燃烧不起来的是二氧化碳。

师：我们可以烧一烧，这里有一个空杯子，里面有空气，我们把点燃的火柴放进去试试看。

教师演示把燃着的火柴放入空杯里，然后把燃着的火柴放入该气体中。

师：火柴灭了，这是什么气体？

生：二氧化碳。

师：肯定吗？

生：肯定。

师：出示PPT。我们再看气体的特征表（表3-9）。

常见气体的特征：

表3-9　常见气体特征表（二）

名称	主要特征			
空气	无色	无味	支持燃烧	
氧气	无色	无味	支持燃烧	
二氧化碳	无色	无味	能灭火	比空气重
氮气	无色	无味	能灭火	比空气轻

师：表中介绍了另一种叫"氮气"的气体，大家有什么想法？

生：能灭火的不仅有二氧化碳，还有氮气。

师：那我们有什么办法区分它们？是不是需要找氮气和二氧化碳有什么不同的地方？

生：把气体收集起来放在气球里，能飘起来的气球里面是氮气，不能飘起来的气球里面是二氧化碳。

师：做这个实验需要专门收集气体的装置，但是现在我们教室里没有，老师给你们一个提示，可不可以把气体倒出来？

生：可以，把气体倒出来，这种气体如果比空气重，就往下流；如果这种气体比空气轻，就往上跑。

师：刚才在实验中，我们发现这种气体是无色的，那倒出来怎么看得到呢？

生1：变成有颜色的。

生2：这种气体本来就没有颜色，我觉得不能变。

师：（出示一支蜡烛。）这个蜡烛能用吗？

生：点燃蜡烛，把气体从蜡烛的火焰上方倒下去，如果气体往下流，蜡烛就会灭了，如果往上跑，蜡烛就不会灭。

师：你的想法真有用。（教师演示，将蜡烛点燃，再将产生的气体作势往下倒，马上停止动作。）

师：看到老师的操作方法了吧，大家自己动手，注意观察看到了什么现象。

学生分组实验，有的小组操作出现问题，教师和学生一起解决。实验结束后，分享交流。

生：我们往蜡烛火焰上倒那种气体时，看到蜡烛灭了，它比空气重，是二氧化碳。

师：确定是二氧化碳吗？

生：真的确定。

再出示PPT。

常见气体的特征（表3–10）：

表3–10　常见气体特征表（三）

名称	主要特征			
空气	无色	无味	支持燃烧	
氧气	无色	无味	支持燃烧	
二氧化碳	无色	无味	能灭火	比空气重
氮气	无色	无味	能灭火	比空气轻
氖气	无色	无味	能灭火	比空气重
氩气	无色	无味	能灭火	比空气重

师：现在还确定吗？

生：不确定。

师：有可能是二氧化碳，也有可能是氖气，也有可能是氩。那怎么办呢？今天我们在课堂上做的两个实验还不足以证明这种气体就是二氧化碳，但是科学家们经过了大量的实验最后确定这种气体是二氧化碳。所以，现在我们可以确定小苏打和白醋混合会产生二氧化碳。

生：我明白了，科学的发现必须要经过严格的证明，仅仅靠猜测是不够的。

师：你说得真好！

（三）拓展深化

师：现在，我们再来观察，这里有两杯无色透明的液体，其中一杯是水，另一杯是小苏打溶液，你们判断哪杯是小苏打溶液呢？

生1上台观察

生1：右边这一杯是，里面有气泡。

师：我刚才放自来水的时候，里面也有小泡泡。

师：你能不能让现象明显一点，让大家都能看到？

生2：我们可以加入白醋试一试，因为小苏打和白醋混合可以产生二氧化碳。

生2上台演示。左边加白醋没反应是水，右边加白醋有气泡是溶解了小苏打的液体。

师：确实，这位同学用实验证明了他的判断。老师再来考考你们，再来两杯无色透明的液体，一杯水，一杯白醋，不能闻也不能尝，你有办法区分吗？

生：加小苏打。

学生上台操作，很快就区分出来了。

师：白醋加入小苏打会产生大量的气泡。那气泡冒完，剩下的液体是什么呢？还是白醋吗？

生：是小苏打和白醋的混合物。

师：老师想问大家，这里面还有白醋吗？有证据吗？

生1：可以往里面再放一点小苏打，如果有气泡说明里面还有白醋。

生2：如果继续放小苏打，没有气泡了，说明里面的液体就不是白醋了。

师：那么这时的液体是什么呢？

生：不知道。

师：我们再回到前面的问题，白醋加入小苏打会产生大量的气泡。那气泡冒完后，剩下的白色的固体还是小苏打吗？

生：也可以继续加白醋，如果还有气泡产生说明还有小苏打，如果没有气泡产生了，那就不再是小苏打了，它变成新的物质了。

师：建议大家通过实验继续去研究一下。

出示实验提示：

（1）将反应后的液体分成两份。各小组可选择加小苏打或者加白醋进行实验。

（2）把全部的小苏打分成4次或者5次加入其中一半液体中，观察记录每一次的现象及这种现象说明了什么。

（3）把全部的白醋分成4次或者5次加入另一半液体中，观察记录每一次的现象及这种现象说明了什么？

（4）提醒一次倒好后，等气泡少了或者不冒气泡了，再倒下一次。

学生实验，约5分钟。

师：哪一组愿意来汇报实验成果？

生1：我们是往液体中继续加小苏打，第一次做实验的时候，我们发现了冒气泡和"沙沙"的声音，我们第二次实验发现冒气泡，有酸味，第三次以后就不会冒气泡了。我们的解释是这时候的液体不是白醋了。

师：虽然我们不知道这个液体是什么，但是有一点我们可以确定，这个液体还是不是白醋？

生：不是。

师：那我们来看看第二个实验。

生：我们组加入了几次白醋，都不冒气泡，说明里面的固体不是小苏打。

师：综合刚才大家做的实验，可以这样说，现在剩下来的液体已经不是白醋了，至于是什么，我们不知道。小苏打哪里去了，也不知道。我们这节课学到了两个不知道，你们觉得有意义吗？

生1：我觉得有意义。我们知道了小苏打和白醋混合会产生二氧化碳。

生2：我们也知道了二氧化碳能灭火。

生3：我想虽然不知道剩下来的是什么，但它们肯定是变成新的物质了。我们这样判断是有证据的。

师：说的好。虽然我们不知道液体是什么，也不知道小苏打到哪里去了，但是我们通过实证，至少知道这个液体不是白醋，产生了变化，变成了一种新物质。

生4：在科学的世界里不是所有问题都能解释的。

师：其实啊，这个液体是什么，小苏打到哪里去了，我们只是现在不知道，但是以后我们继续参加科学学习，上了中学就知道了，让我们一起期待以后的科学课吧。

【教学评析】

本课的教学设计严谨有序，着重运用科学理性的思维方式设计教学，开展实验探究活动。教学思路为观察小苏打和白醋两种物质的特点、混合后产生的现象，通过实验、推理、阅读资料等方式证明两种物质混合后发生了怎样的变化，得到生成新物质的初步结论。教师本课很好地运用了科学教学中的实证思想，指导学生通过观察、实验等"动手做"的方式开展探究活动。同时，特别注重科学教学中的理性思维培养，教师在推理小苏打和白醋混合后产生的是什么气体时，一步步地提供阅读材料，将"动脑思"和"动手做"很好地结合起来；在判断混合后剩下的物质还是不是小苏打或白醋时，也是先思再做，在问题的设计、实验的提示等方面均显示出严密的逻辑性和科学的合理性。在课的最后，看似得出了"不知道"的结论，但正是这样的"不知道"能够引发学生后续更强烈的好奇心和探究欲望，为以后的科学学习做好铺垫，为学生形成正确、严谨、理性的科学思维方式打好基础。

《我们的衣服材料》教学案例

【教学目标】

（1）了解并意识到随着科技的发展，人们制作衣服的材料越来越丰富。

（2）设计实验了解衣服材料的结构特点，推测、检验衣服材料性能的假设。

（3）积极参与实验，乐于合作与分享。

（4）在教师指导下了解如何开展衣服材料调查。

【教学重难点】

学生能以实验方式对材料性能的假设予以验证。

【教学准备】

衣服材料：棉布、毛料、合成纤维、丝绸、放大镜、手电筒、砂纸、木块、石头等。

【教学过程与评析】

（一）情境导入

师：（身穿一件牛仔服）老师今天带来一件衣服，已经穿了很多年了，我每次出去参加一些户外运动都会穿着它。请哪位同学来摸一摸这件衣服，说一说你的感受。

生：有些硬。

生：感觉有些厚。

师：你知道这件衣服是什么材料做的吗？这种材料你觉得有什么好处？

生：我觉得是用布料做的吧。

生：应该穿着很舒服。

生：我觉得这种布料应该很耐穿吧。

师：看来同学们对于这件衣服各有看法。其实在我们日常生活中，我们的衣服材料有很多种。这节课，我们就来研究"我们的衣服材料"。（板书：我们的衣服材料）

评析：课始，用实物代替教材上的不同衣服图片，这样的教学设计是让学生明白，衣服是与人们的生活息息相关的，与其用衣服图片导入，不如直接用生活中的实物演示，让学生直接接触实物。教师选择的是一件耐磨的牛仔服，直接引入研究主题——我们的衣服材料，并为第一个活动"探究衣服材料耐磨性"进行铺垫。

（二）探究我们衣服的材料具有什么性能

师：今天我给大家带来了几种衣服材料，有棉布、毛料、丝绸、合成纤维，老师给这些材料贴上了标签，大家先对这些材料进行初步观察，运用你们之前所学的观察方法，如看一看、摸一摸等，进行观察。

学生分组对材料进行观察。

师：这四种材料有什么特点？

生：我感觉丝绸有些软。

生：合成纤维有些厚。

生：棉布摸起来有些舒服。

师：看来大家对这些材料有了一个初步的认识。如果让你任选一种材料来做一种衣服，比如，穿在外面的外套，需要去下农田做农活，你觉得用什么材料做衣服更合适呢？（先从外套提问，让学生选其中一种材料做外套，说理由，再说其他布料……）

生：我会用合成纤维做外套，因为感觉它比较厚。

生：我会用毛料做。

师：你为什么会选择毛料这种材料做呢？

生：因为我觉得它比较结实。

师：像刚才同学提到的衣服比较结实，指的是衣服的耐磨性。（板书：耐磨性）

师：那如果我要运动，比如跑步，你觉得用什么材料做衣服会好一些？

生：我会选择丝绸。

生：我觉得我会用棉布。

师：你们会选择这两种材料：丝绸、棉布。为什么不会去选择合成纤维和毛料呢？

生：我觉得棉布和丝绸可能穿着容易散热。

师：也就是说明这种材料比较透气。（板书：透气性）

评析：首先，针对四种衣服材料初次接触，以学情来看，学生大概只对棉布和丝绸有一定的认识，对合成纤维和毛料并不太熟悉，所以为了让学生更清楚地区分这四种材料，教师在四种材料上分别贴好名称标签。在引导学生认识不同的衣服材料可能具有不同的性能的时候，由于学生没有事先调查衣服的成分，难以意识到不同成分组成的衣服材料有什么优点，所以本课设计采用结合生活实际需求进行提问的方式，旨在引导学生做出假设时，从材料的优点、用处，联系到材料的性能。

师：是不是刚刚你说推测的布料真的就适合做这种类型的衣服呢？如果想知道它们的耐磨性，我们怎么研究？

生：把这些布料放在一个桌面上磨？

师：这是一个不错的办法，其他同学还有其他办法吗？

生：我觉得桌面太光滑，可以把这些布料放在凹凸不平的地方去磨。

师：凹凸不平？你是指放在比较粗糙的地方磨，对吗？

生：是的。

（教师出示砂纸）

师：有谁知道这是什么吗？

生：砂纸。

师：知道它是用来做什么的吗？

生：打磨。

师：那你觉得用砂纸来模拟比较粗糙的地方，可行吗？

生：可以。

师：（拿布演示）如果我们把这种材料在砂纸上磨，该怎么磨？直接拿布料在砂纸上磨？

生：可以包裹着石头去磨。

生：也可以包其他的东西。

（让学生意识到实验要安全，包裹着物品磨更合适一些）

师：不错，包裹着物品在砂纸上磨更能保护好我们的手，避免受伤。

师：我们通过什么现象才能判断哪种材料耐磨呢？

生：我觉得可以比时间，哪种材料最先出现破损，那这种材料就不耐磨。

生：我觉得还可以用不同的材料去磨，数次数，磨破时磨的次数越少，就越不耐磨。

生：我们还可以同时做，把四种材料同时去磨。

师：那如果我在磨合成纤维的时候用很大的力，而磨丝绸的时候用很小的力，行不行？

生：不可以，必须力的大小都差不多才行。

（学生认识到要控制摩擦次数、用力大小等因素）

师：如果研究它们的透气性呢？你打算怎么做实验？

生：用手电筒观察这些材料的孔隙大小。

师：孔隙大，你觉得透气性会如何？

生：孔隙大，透气性就好。

生：也可以用嘴巴去吹，感受气流的大小。

师：用嘴巴吹时我们不要靠材料太近，否则不太卫生。

生：我们也可以把材料放在风扇前吹，看看吹过来的风大还是小。

师：我们教室里就有电风扇，待会儿大家可以试试。

师：老师发现大家想的办法挺多的，接下来，咱们就按照刚才想到的方法进行实验，先来探究衣服的这两个性能。（教师提供一些材料给小组使用，小组也可以利用桌面的材料进行实验）

注意事项：①实验中，注意安全和卫生；②根据实验现象，填写好实验记录单，并把你们的发现记录下来。

学生分组实验、观察并记录。

学生汇报、交流。（教师用加湿器演示透气性实验）

小结：通过实验，我们发现不同的材料的性能不同，这样才能满足我们不同的需求。比如，我想制作一件耐磨性好的衣服，我会选什么材料去做呢？

衣料除了透气、耐磨的性能，还有其他性能，如保暖性、防水性等，大家课后可以运用今天所学的方法去设计实验探究衣服材料的其他性能。

评析：这节课重点探究了衣服材料的两种性能，通过对耐磨性和透气性的深入研究，孩子们学会了实证研究的方法，再运用其方法去研究其他性能。教师鼓励学生自主设计实验研究，落实"教—扶—放"的教学原则。先引导学生梳理可研究的问题，用一个案例引导学生设计实验。针对学生思维，注重让学生不局限于某一种研究方法，让孩子的思维变得更宽阔。

（三）了解衣服材料的发展

师：今天，我们研究的衣服材料是现在的人们穿的，那么古代的人穿的衣服是什么材料做的呢？（出示古代不同时期服装的图片）

生：古代的人们穿兽皮材料做的衣服。

生：然后慢慢地用麻料做衣服。

生：还有丝绸。

师：现在人们的衣服呢？（出示现代人们穿的衣服的图片）

生：材料越来越多。

生：性能也越来越多，有的衣服保暖，有的衣服可以防火。

师：未来的衣服又可能是怎样的呢？

（视频拓展：播放耐脏衣服的材料的视频）

师：课后，我们还可以对衣服材料的成分进行调查。

（出示衣服标签的图片，指导学生如何从衣服标签了解我们的衣服具体是用什么材料制作的）

评析：学生了解衣服制作材料的变迁——不断进步和丰富。教师引领他们经历了由认识较广较远范围的衣服材料到现代衣服材料的研究，认识衣服材料发展史。这个环节既是对本节课的一个总结，也是对衣服材料未来发展的一种延伸。

【教学评析】

衣食住行，与人们的生活息息相关。本课以我们衣服的制作材料作为学习研究的对象，旨在让学生按照技术要素（结构与功能实现需求）梳理出服装材料（技术产品）的变迁。本课教师采取的基本的教学流程是：衣服实物导入—

探究衣服材料具有什么性能—了解衣服材料的发展——课后调查我们的衣服是用什么材料做的。活动与活动之间体现了承前启后、层层递进的逻辑关系。在探究衣服材料的性能和了解衣服材料的发展史中，贯穿着科学实证思想和理性精神。

针对学生思维方法的多样化，教师能够积极捕捉学生思维动态，有针对性地进行展示、汇报，让学生说出各自的理由，在交流中产生思维的碰撞，开阔思路。但对于学生实验结果的处理，教师还可以做得更好。

例如，学生在针对透气性的探究实验过程中，针对同一种材料，却有不同的实验结果。这是来自学生实证的依据，有的人认为棉布的透气性好，而有的人却认为毛料的透气性好，其实这都是学生实验中生成的资源，针对这种不同的发现，教师如何引导、把握、运用这一点，是值得思考的。针对小组的不同发现，教师更要好好利用这种课堂的生成资源，激起学生思维碰撞的火花，长此以往，学生科学核心素养的培养才能不断提高。

在学生的实验过程中，教师做到了沉下心去洞察每个小组的实验动态和学生的思维动态，留足时间给学生去探究，清晰了解每个小组的情况，做到胸有成竹，有针对性地引导小组进行汇报与交流。教师发现有的小组对自己的实验数据不够自信，及时肯定他们思维的独特性与多样性，让学生对自己的实验证据充满自信。

第四章

质疑批判实践案例

《昼夜是怎样形成的》教学案例

【教学目标】

（1）知道昼夜现象是由于地球围绕地轴自转形成的，知道地球自转的方向是自西向东，自转一周的时间大约是24小时，了解古人对昼夜成因的猜想历程。

（2）能用已有的知识和经验对昼夜现象假性解释。会做昼夜成因的模拟实验，以及回答和解决有关昼夜交替成因的问题。

（3）认识到科学是不断发展的，不迷信权威，了解合理怀疑与批判是科学进步的动力。

【教学准备】

分组材料：地球仪（从支架上取下来，贴小人儿）、手电筒（或蜡烛）、实验记录表。

【教学过程】

（一）情境导入

出示课件："白天和黑夜"的照片。

师：同学们，这是两张同一地点的照片，你们能从时间上比较出它们的不同吗？

生：第一张照片是白天，第二张照片是夜晚，都是同一个地方的。

师：白天又可以称为"昼"；夜晚又可以称为"夜"。（板书：昼夜）

师：关于昼夜，大家已经知道些什么？

生：昼夜是我们每天都会经历的自然现象。

生：昼就是白天，白天过了就是夜晚，夜晚过了又是白天，昼夜总是这样循环出现的。

师：描述得很清楚。大家知道白天过去是夜晚，夜晚过去又是白天；白天和夜晚总是周而复始地交替着。（板书：昼夜交替）

师：那么大家想过没有，昼夜是怎样形成的？（板书：昼夜是怎样形成的）

生：本来就有的现象，还真没有想过。

生：我想过，但我想不出来。

师：这节课我们就循着几千年来科学发现的足迹，一起来探索昼夜交替的奥秘。

（二）探究实践

1. 学生猜测

师：面对昼夜交替这样司空见惯的现象，我们平时没有去思考它形成的原因。这其实是很正常的，我们对周围那些太熟悉的现象大多时候都是这种态度。不过，我们现在就可以静下心来，认真地思考一下：昼夜现象可能是怎样形成的呢？

学生小声地交流，小组内形成猜测，然后分享。

生：我们觉得昼夜形成肯定与太阳有关，我们也知道地球围绕太阳转动，可能是在地球围绕太阳转动的过程中形成了昼夜。

师：地球围绕太阳转动，我们也把它叫作公转。

生：我们也同意与太阳有关，但我们组认为昼夜交替是地球自转形成的。

生：他们说得好像都有道理，但会不会与公转和自转都有关？

师：现在同学们对于昼夜的形成有三种观点，一种认为与地球的自转有关，一种认为与地球的公转有关，还有的认为与地球自转、公转都有关系。

生：也可能是太阳围绕地球转动。

生：不对，我们已经知道太阳不是围绕地球转动，而是地球围绕太阳转动的。

师：他提出"可能是太阳围绕地球转动"这个猜想，我还是要肯定他的思考，其实这种观点曾经统治了人类一千多年。

师：大家也在质疑其他小组的观点，维护本组的猜想，怎么证明呢？比较好的方法是什么？

生：设计实验来证明。

师：我们现在无法站在太空中观察地球上的昼夜现象，但我们可以通过模拟实验的方式来证明我们的猜想是否正确。

2. 模拟实验

师：你们觉得实验需要哪些材料？怎样做实验？

生：需要模拟地球和太阳的材料，我想可以用篮球模拟地球，用手电筒模拟太阳。

课件展示：用地球仪代表地球，用手电筒代表太阳。

师：就用地球仪来模拟地球，用手电筒的光来模拟太阳光吧。怎样具体做实验呢？大家再商量商量。

小组讨论，汇报交流方案。

生：将手电筒的光照到地球仪上，在地球上形成白天和黑夜两个半球。

师：太阳照亮的部分我们可以称它为"昼半球"，没有照亮的部分可以称它为"夜半球"。

生：我们认为昼夜现象是地球围绕太阳公转产生的，所以，我们等会儿实验时就让地球围绕太阳转动，看有没有昼夜现象发生。

生：我们和他们组的观点不一样，我们只要让地球自转，观察昼夜是不是形成就可以了。

生：我们两种因素都考虑了，等会儿实验中再看看结果吧。

师：老师还给大家提供了一个小纸人，想想看，怎么利用它来观察。

生：可以把小纸人固定在地球的某一点上，等会儿观察的时候就有一个参照物了。

师：想法真好。大家就照本组的猜想去实验验证吧。

学生分组实验。时间约10分钟。

实验后，学生汇报、交流、质疑、分析、完善。

师：看来各组都有发现，我们先请认为是地球公转形成昼夜现象的小组来分享吧。

生：我们让地球围绕太阳公转一周，在地球上确实看到了昼夜现象，但是一次昼夜是地球围绕太阳公转一周才能够形成的，好像有点不对，我们还没有弄清楚。

生：我觉得你们组虽然也有昼夜现象的发生，但我知道地球公转一周是一年，不是一个昼夜，你们肯定错了。

师：你怎么知道地球公转一周是一年的？

生：我喜欢看这方面的书，从书上知道的。

师：喜欢阅读，值得学习！那你们组的实验情况呢？

生：我们组认为昼夜是地球自转形成的，我们做模拟实验时，太阳的位置不动，地球也不围绕太阳转动，只自转，把小纸人固定在一个地方，自转一周，正好是一次昼夜。

生：我补充一下，如果我们继续让地球自转下去，昼夜就交替出现了。所以，我们认为昼夜现象是地球自转形成的。

师：刚才还有一个观点，认为昼夜现象和公转、自转两种因素都有关系，你们的实验情况是怎样的？

生：我们做了几次模拟实验，最后大家还是认为地球自转这种因素是对的，昼夜现象和公转的关系不大。我们同意他们的说法。

师：对不同的观点敢于质疑，在科学上就需要这种态度。

师：结合刚才的研究，你们认为哪一种观点的证据更充分？

生：我们原来是坚持公转的观点，刚才那位同学说公转一周需要一年，这也是我们质疑自己的地方。现在，我们也同意是地球自转形成昼夜了，这种可能性更大。

师：我也欣赏你们的用词：可能性更大。

师：现在大家基本认同昼夜交替是由地球自转形成的。我们来看一段从太空拍摄的视频。

播放地球自转形成昼夜的视频。

师：现在，人类已经可以自己登上太空，真实地看到地球自转形成昼夜的过程了。人类认识到昼夜的形成，也是经过了漫长的时间。老师想说的是，你们真了不起！

3. 地球自转方向

师：我们继续来模拟地球自转的情形。请两个同学上台分别扮演太阳和地球（配头饰），模拟地球自转。请其他同学注意观察"地球"自转的方向。

两名学生模拟，其他学生描述自转方向。

师：描述时用方位词比较好。

生：扮演地球的同学第一次是自东向西自转的，第二次是从西向东自转的。两种自转的方式都可以形成昼夜交替现象。

生：只有其中一种方式是正确的，不可能两种都可以。

师：地球究竟是按什么方向转动的呢？

（生无人能下判断）

师：我们在地球上看到太阳从东边升起西边落下，从而可以判断地球上哪个方向的人先看到日出。

生：东边的人先看到日出。

教师提供给学生一个红纸人。

师：你们能根据东边的人先看到日出这一事实，借助它和刚才的材料来研究地球是按什么方向转动的吗？小组一起想想办法，看看能不能证明自己的观点。

小组活动。时间约2分钟。

生：我们发现了，东面的纸人比西面的纸人先见到太阳，所以地球是自西向东转动的。

师：其他小组同意他们的观点吗？

生：同意。

（师板书：自西向东。出示地球自西向东自转的视频）

师：随着科技的发展，人们现在可以乘坐宇宙飞船在宇宙中看到地球的确自西向东绕地轴不停地旋转。

师：大家现在可以肯定了，地球自转一周大约需要多长时间？

生：一个昼夜是一天，自转一周就是24小时。

（板书：24小时）

师：推理正确。

4. 实践

（1）谁先看到日出

师：我们明白了昼夜形成的原因，知道了地球自转的方向，那么，请大家分析，看屏幕……

（课件出示）同一天里，在北京的小朋友和在乌鲁木齐的小朋友谁先看到日出？

学生讨论、交流、汇报。

生：我们认为在北京的小朋友先看到日出，因为地球是从西向东自转，所以东边（北京在乌鲁木齐的东边）先看到日出。

（2）在地球仪上找到长沙和纽约两座城市，当长沙是白天时，纽约是白天还是夜晚？为什么？

学生活动，先找到两座城市，再分析、判断。

生：长沙和纽约差不多在地球上两个相反的方向，因此，当长沙是白天时，纽约是夜晚。因为太阳只能照亮地球的一半。

（三）拓展延伸

1. 傅科摆

师：关于地球的自转，法国著名的物理学家傅科做了一个有名的实验，我们一起来了解一下。（播放视频）

生：傅科真了不起！在地球上也可以证明地球确实在自转。

师：你们今天的表现也很了不起！

2. 地心说、日心说

师：同学们，人类对昼夜交替形成的认识并不是一帆风顺的，而是曲折的，经历了一个漫长的过程，历史上曾有两种对立的学说，古希腊学者托勒密提出了地心说，认为地球处在宇宙的中心静止不动，太阳、月亮等天体围绕地球运动，所以地球上就有了白天和黑夜的交替。

师：这一学说统治了天文学界1000多年，后来，有一位波兰的天文学家哥白尼对托勒密的地心说提出了质疑，并提出了日心说。他认为太阳是宇宙的中心，太阳是不动的，地球和其他行星绕着太阳在公转和自转。

师：同学们对哥白尼提出的日心说有疑问吗？

生：太阳也不是宇宙的中心。

生：我认为宇宙根本就没有中心。

师：敢于质疑，真好！确实，随着科技的发展，人们发现太阳并不是宇宙的中心，只是宇宙中亿万颗恒星中普通的一颗，太阳率领太阳系围绕银河系中心旋转。也许正是宇宙的浩瀚和神奇奥秘吸引着人们不断努力探索着、追求着！

【教学评析】

我们不可以低估小学生，他们中有相当一部分人从其他途径已经知晓昼夜是由于地球自转形成的，他们对与自己不同的观点敢于质疑和争论。那么，他们是否理解其中的奥秘呢？如何将教学建立在学生已有的概念基础上是本课的关键，培养学生质疑批判的精神是本课的目标之一。再加上小学生对宇宙现象既有兴趣又感到神秘莫测，在教学中，教师也应注意合理把握，充分让学生从模拟实验中加以想象，从自然现象中加以推理。本课中，教师对教材进行了适当处理，根据学生已知的不同，调整教学的顺序和内容的侧重点。

对于"昼夜是怎样形成的？"学生的猜测不会是唯一的，质疑便在此发生。孩子们既想维护自己的猜测，又想质疑他人的判断。对此，教师要做的是鼓励学生针对自己的猜想设计实验进行验证，学生通过模拟实验，发现地球自转形成昼夜这一原因。模拟实验在学生脑子里形成的还只是一个具体的直观思维，教师在此引导学生想象宇宙中的地球自转的情形，并配以视频帮助学生直观理解。

研究地球自转的方向是本课教学的一个难点。如何突破？单凭质疑精神还不够，还得从事实出发。根据太阳每天从东边升起，西边落下这一事实发现地球自转的方向。

教师的教学定位还不止于此，在拓展延伸的时候，引导学生了解他们跨越了人类一千多年的认识、探索历程，引导他们阅读并质疑、批判地心说和日心说观点，介绍傅科摆的研究，让学生认识到质疑、批判在科学中的重要地位和作用，从而获得科学的自信心和继续探索宇宙的欲望。

质疑、批判是文化科学的动力，孩子们在这种动力的驱使下，敢于怀疑，敢于探究，敢于创新，科学素养的培养便在其中。如此，科学教学也有了升华，有了内涵。

《溶解》教学案例

【教学目标】

（1）能细致观察，描述食盐、白糖、沙子、粉笔灰、高锰酸钾在水中的变化。

（2）通过观察描述一定量的不同物质在一定量水中的溶解情况，能说出"溶解"的描述性概念。

（3）知道有些物质可以溶解在水中，有些物质难以溶解在水中。

（4）课后愿意将身边的更多物质取少许放入水中，观察其在水中的状态，判断其是溶解还是难溶解。

（5）在认识"溶解""难溶解"概念的过程中，学习分析思辨、批判质疑。

【教学过程与评析】

（一）情境导入

师：大家发现每一组的桌上都有四杯水。这四杯水是老师课前直接在水龙头下接的，能喝吗？

生：不能喝。

师：老师这里有两杯看上去跟你们桌上的水差不多，但是绝对可以喝，而且非常干净的水。哪两位同学愿意上来尝尝？

师：好，第7组的那个男孩子；再请第1组的那个男孩子过来。

师：下面的同学虽然喝不到，但是没关系，你们看着他俩喝，说不定也会有重大发现。

师：你俩一人一杯，等一下把喝水的感觉记在心里，不要说出来。好，每人来一小口。如果感觉不想喝下去可以吐掉，我这里有纸；可以再喝一小口，也可以不喝。

师：谢谢两位同学。大家说说，他俩喝的水一样吗？你是怎么知道的？

生：不一样。他俩喝水时的表情不一样，××喝的那杯水应该很难喝，因为他一直皱眉。

生：我也觉得两杯水不一样。虽然这两杯水看上去是一样的，但里面的成分应该不一样。因为××喝了一小口水后，忍不住抖了一下。

生：我觉得两杯水可能一样，也可能不一样。他们的表情可能是真实反应，也可能是故意迷惑我们。

生：我认为他们喝的两杯水不一样，××喝的那杯水里面应该加了其他东西，只是我们看不出来。

评析：创设"喝水"情境，出示两杯看似一样实则不一样的"水"，让两位学生上台来尝一尝，要求尝了"水"味道的同学先不要说，有意在此设疑。其他学生从他们的表情中看出了"水"的一些端倪，教师顺势引导学生从观察到的现象分析两杯"水"是否相同，渗透了思辨意识及批判质疑能力的培养，由此展开本课教学。

（二）建构概念

师：这两杯水可不一般！它的秘密就藏在这节课我们要开展的学习活动中。要了解其中的秘密，必须借助一些实验材料，（出示课件）有白糖、粉笔灰、食盐、沙子。将这些物质分别放入一次性杯子装的水中，观察它们的变化，并记录。注意，不能随意品尝实验物品。

师：怎么完成这个变化过程的观察呢？

生：把这四种物质分别放入这四个杯子，每个杯子放一种物质。

生：看这些物质放到水里后有什么变化。

师：还有补充吗？

生：实验时，要认真观察，还要把实验观察到的现象记录下来。

师：很好。这是实验中需要完成的记录单。想想，对于这个变化过程的观察，你还准备怎么做？

生：还可以搅拌。

师：这四种物质放入水前的样子记录单上已经有图片出示了。然后放入水中的变化是怎样的？这里还有搅拌后的变化。关于搅拌，是一开始就搅拌吗？

生：不是一开始就搅拌。

生：先泡一会儿。看这种物质在水中的变化，记录下来。观察记录完成以后，我们再来搅拌，搅拌以后放一会儿，再把它的变化也记录下来。

生：我觉得，每根搅拌棒只能搅拌一种物质。

师：说得好。接下来，就请组长到我这儿来领取四种物质，然后开始实验。

评析：引导学生将食盐、白糖、沙子、粉笔灰分别放入水里，借助记录单明确观察顺序，即放入水中之前是什么样的、放入水中后有什么变化、搅拌后的变化、静置一会儿后的变化。学生的思维在交流中层层推进。

（学生分组实验并记录）

师：把白糖、粉笔灰、食盐、沙子分别放入水中，它们有什么变化呢？哪组先说？

生：白糖、粉笔灰全部下沉；食盐变小。沙子一些浮在水面上，一些下沉。

生：白糖、食盐全部下沉，慢慢变小；搅拌后，又变小了；再搅拌后又小一些；继续搅拌，最后就全溶化了。粉笔灰把水都变白了。

生：我们把放沙子的杯子摇一下，就会有一些浮在水面上的沙子慢慢落下来。这是还没搅拌的时候沙子放在水里的变化；搅拌后，沙子就全部沉在杯底了，再怎么搅拌，也没有溶化。

师：还有没有补充？刚才有同学在说他们的发现时，说到了一个词"溶化"。观察到了什么现象，就判断它溶化了？

生：全部没有了。

生：不是没有了，它们还在水里。我们平时喝糖水、盐水，都是可以感觉出它们的味道的。

生：食盐、白糖在水中慢慢变小，慢慢变成半透明、透明，最后变得特别小、完全透明，就"藏"到水中去了。

师：食盐、白糖"藏"到水的哪个位置了呢？上面、底部，还是中间？

生：到处都有。

生：是和水混合在一起了，变成了水的一部分。

师：有办法证明吗？

生：用吸管吸不同位置的水就知道了。

生：把一杯水从上往下慢慢地喝完也可以证明。

师：那像刚才我们在实验中观察到的白糖，还有食盐。它们的颗粒在水中越变越小，最后小到我们的眼睛都看不见了。虽然我们看不见它，但是它还在水中，我们就把这种现象称为"溶解"。

评析：通过生生、师生之间的交流，描述不同物质在水中发生的现象，学生在思辨及质疑中明确食盐、白糖并没有消失，还在水中，溶解概念的建构比较自然。

师：刚才尝水的味道的那两个同学请站起来，现在告诉大家，你们当时喝水的感觉怎样。

生1：很甜。

生2：我觉得非常非常咸。

师：好。请坐下。那大家知道这是为什么吗？

生：一个同学喝的水里面放了盐，另外一同学喝的水里放了糖。

师：是的。老师课前在一个杯子的水里放了白糖，在另外一杯水里放了食盐。然后白糖和食盐的变化就像我们大家刚才在实验中观察到的那样越来越细，最后变成了我们肉眼看不到的微粒分散在水中。

评析：学生在细致观察的基础上，结合导入活动中的亲身体验，很容易理解、接受"溶解"这一概念。

（三）完善概念

师：为了清晰地观察到物质的溶解过程，我们可以用一种有颜色的物质代替食盐和白糖。这节课我为大家准备的就是高锰酸钾。（出示课件）大家对它可能不熟悉。高锰酸钾是一种化学药品，常用来消毒和防腐。大家看看它是什么样的？

生：深紫色的，一粒粒的。

师：待会儿，我们就用这种小镊子夹一小颗高锰酸钾，放入水中观察。（出示课件）跟之前有着相同的观察要求。

（学生领取材料，分组实验。）

师：谁能说说高锰酸钾在水中有什么变化？

生：让整杯水都变成紫色的了。

生：首先紫色在杯中是一条条出现的，然后会慢慢扩散；搅拌后，整杯水就都变成紫色的了。

师：现在你觉得这个紫色在水中是均匀分布的，还是不均匀分布的？

生：是均匀分布的。

师：紫红色均匀分布，说明什么呢？

生：说明高锰酸钾已经很好地溶解在水中，均匀分布在水中的每个位置。

师：像白糖、食盐、高锰酸钾这样，在水中变成了肉眼看不见的微粒，均匀分散在水中，我们就说它们在水中"溶解"了。

评析：食盐、白糖在水中的变化过程不明显，而高锰酸钾在水里的溶解是可视的、动态的过程，可帮助学生将之前所观察的溶解过程化"无形"为"有形"。颗粒从看得见到看不见（肉眼），水从无色到紫色，颜色从不均匀到均匀的过程，可以推进学生对"溶解"概念的认知。

师：而我们之前看到的粉笔灰和沙子，在水中溶解了吗？

生：没有溶解。

生：粉笔灰和沙子不能溶解。

生：我不同意他俩的说法。我发现粉笔灰颗粒在水中也变小了，说不定也有一小部分溶解了。

生：现在，放在水中的粉笔灰和沙子，我们还能看见。所以粉笔灰和沙子没有溶解。

师：粉笔灰和沙子在水中是"不溶解"呢，还是"难溶解"？哪一种说法更准确？

生：难溶解。

评析：在交流中，学生对现象的认识从片面到具体，对"溶解""难溶解"的概念也把握得更准确。

（四）发展概念

师：我们日常生活中哪些物质可以溶解在水中呢？

生1：糖。

生2：洗洁精。

生3：墨水。

师：（出示一瓶饮料）知道这是什么吗？

生：饮料。

师：里面溶解了物质吗？

生：二氧化碳。

师：那你能不能让大家看到它的存在呢，或者说你用什么办法知道里面溶解了二氧化碳？

生：开封之前使劲摇，可以看到泡泡冒出来。

生：这个泡泡实际上就是刚才前面有同学说到的二氧化碳。

师：除了二氧化碳，这个饮料里面还有没有溶解其他的物质？

生：色素。从颜色就可以看出来。

生：还有白糖。我喝过，它有甜味。

生：柠檬酸。

师：你怎么知道的？

生：我看到过标签，上面有写。

师：你们真的是生活的有心人。生活中实际上有很多的溶解现象，当然也有很多的难溶解现象。我希望我们班的同学能够继续研究。今天这节课就上到这里。

评析：学生在了解了"溶解"及"难溶解"概念的基础上，联系生活中更多的"溶解""难溶解"案例，才能将所学"溶解"概念内化、巩固于自身的认知体系。因而，在这一环节，教师引导学生认识到"溶解"不光是指固体在水中的变化，还可以是液体、气体在水中的变化，从而产生更多问题，激发进一步研究溶解现象的兴趣。

【教学评析】

教师在执教《溶解》一课时，教学环节比较简洁，教学过程也相对比较顺利，学生实验探究充分而且有效，能较好地建构"溶解"这一科学概念。体现在以下几个方面。

1. 科学概念的渐进式建构

"溶解"看似是一个比较简单的生活现象，学生在生活中也有一些了解，但要真正建构起"溶解"的概念并不简单。所以教师在进行这一内容的教学时，将"溶解"概念通过三个主要活动，以渐进的方式，让学生在自己的亲身体验和感受中建构、完善和发展。

2. 观察实验前的合理指导

本节课中，学生共需完成三个实验。从最开始对"观察顺序"的指导，到后面高锰酸钾颗粒放入的要求（放入一颗），确保学生观察细致、到位，从而有效建构"溶解"这一科学概念。

3. 科学思维在思辨中发展

在小学科学教育中，思维应该贯穿课堂的全过程。批判性思维是科学教学中要重点关注和培养的一种思维方式，在本课中得以体现。正如交流和讨论是学生在观察和实验的基础上形成科学解释的主要过程，学生思维的活动往往是在交流和讨论中最为激烈。本课中，学生对两位喝"水"同学表情的质疑、分析，对食盐、白糖仍然在水中的判断，对"溶解""难溶解"概念的建构，均充分地说明学生的思维在运转、在碰撞。思维在质疑中提升，在批判中明晰。

《地表的变化》教学案例

【教学目标】

（1）能够根据提供的资料对地表以前的情况进行推测，并设计模拟实验验证自己的猜想。

（2）知道地表形态形成的原因，各种自然力量对地表改变的作用，知道岩石的风化和侵蚀过程，知道地球本身蕴藏着巨大的能量，地球表面是在不断变化的。

（3）乐于进行科学探究活动，从中体验和感受乐趣，愿意倾听和分享他人的劳动成果，敢于质疑和批判。

（4）意识到保护地球，保护我们的生存环境的重要性。

【教学重难点】

教学重点：了解地表是在不断变化的，辩证地看待人类活动对地表的影响。

教学难点：了解地球表面是不断在变化的，人类活动、自然力量对地表有影响。

【教学准备】

资料准备：收集我国地貌图片的相关资料。布置学生收集因人类活动造成地表改变、水土流失的典型事例。

实验材料：面粉、滴管、烧杯、水、米尺、沙子、托盘、碎石、草皮、水、喷壶、多媒体课件。

【教学过程】

（一）创设情境，兴趣导入

师：同学们，近几年株洲的变化很大，谁能列举几处大型的基础设施建设。

学生思考后回答。（万丰湖，神龙城，沿江风光带）

课件出示两张图片。

师：（一张垃圾遍地的臭水沟图片）图片美不美？

生齐答：不美。

师：（另一张是风景秀丽，沙、水、绿植相拥的神龙湖的图片）这张图片美不美？大家去过没有？

师：这两幅图片是神龙湖不同时期的照片，二十几年前神龙湖是一片杂草丛生的荒地，垃圾遍地，到处都是臭水沟。然而，现在的神龙湖却是株洲的一颗璀璨明珠，波光粼粼，绿色环绕，成了株洲的地标。同学们，今天我们就一起来研究地表的变化。（板书课题：地表的变化）

（二）合作交流，获得新知

1. 改变地表的方式

师：神龙湖为什么会发生这样巨大的变化？

生1：经济的改变。

生2：人为的改变。

师：你的理由是什么？

生：荒地变成湖需要用到挖掘机，是人为力量改变的。

生：还要用到装载机、汽车等工具，说明神龙湖的改变是人为力量的作用。

师：同学们真棒，很善于发现问题，神龙湖的改变确实是人为的改变，神龙湖的变化也是一种地表的变化。

（板书：地表的变化——人为的改变）

师：我国的京杭大运河就是世界上开凿最早的运河，连接我国的五大江河，改善了我国的南北交通状况。同学们，你知道京杭大运河连接了我国的哪五大江河吗？请同学们阅读课本上的插图。

学生看图后回答。

师：同学们，现在想一想除了人为的改变，地表的改变还有其他方式吗？

生：自然的改变。

课件出示（青藏高原、盆地、丘陵、平原、山地、草原、沙漠）

师：地球原来就有高山、高原、丘陵、沙漠吗？

生：有的山是火山喷发后形成的，有的山是地震后形成的。

生：四川汶川地震后，有的河流变成了湖泊。

生：我们这里的地下有许多沙子，说明很久以前是河流或者大海。

师生之间进行，火山、地震、石笋、三角洲、风蚀蘑菇、石灰岩溶洞、海蚀、水蚀等地貌景观的资料展示。

师：同学们的想象太厉害了。想一想这种变化和人为的变化相同吗？

生：不同。

师：这属于什么力量呢？

生：自然的力量。

师：对，这种地表形态的变化靠的是自然的力量。

（板书：地表形态的变化——自然的力量）

师：自然力量真的能改变地表形态形成自然景观吗？

师：通过前几课的学习和实验，我们知道地震和火山都能形成山脉和裂谷，今天我们继续看看还有哪些自然力量可以改变地表形态，我们在课堂上不可能直接研究自然力量改变地表形态的变化，但是我们可以利用相似的实验来证明地表形态变化的原因。（根据学生的猜测，自愿选择实验方法。）

2. 探究自然力量改变地表

师：请同学们利用桌上的材料开始设计实验吧！（实验材料：面粉、滴管、烧杯、水、米尺、沙子、托盘、碎石、草皮、水、喷壶等）

设计实验方案后全班交流。

分组进行实验并收集实验证据，填写实验记录单。

师：同学们，哪个小组愿意分享你们实验的过程和发现？

学生汇报实验结果。

小组1：我们组发现，用面粉堆成的小山丘被水冲得四散，水流的力量可真大。

小组2：我们小组的发现跟他们组差不多，我们把面粉堆成了一座小山，但是它经受不住流水的冲击。

小组3：我们小组发现水流把沙子冲走了一段距离，水流大时，石子也挪动了。

小组4：我们小组把草皮盖在沙子和石子上，再用流水冲刷，发现草皮有保护作用，沙子被冲走得比较少，但是用大量的水去冲时，草皮也保不住沙子了，有点像泥石流。

师：同学们实验很认真，观察很细致。我们能不能用自己的一句话说明地表的变化呢？

小结：刚才我们研究的是水流的冲击对地表的改变，自然界中的河流大多数是这样形成的。自然界中的火山、地震、风化作用、流水的冲击及搬运作用、板块移动等都能对地貌造成很大的影响。这些都是自然力量对地表的改变。

（三）联系生活，巩固应用

师：登山队员多次在青藏高原的喜马拉雅山脉的主峰——珠穆朗玛峰的岩层中找到许多海洋古生物的化石（鱼龙、鹦鹉螺等），猜想一下在喜马拉雅山一带原来可能是什么地貌？

生：我猜想喜马拉雅山一带原来是海洋。

师：你猜想的理由是什么？

生：因为海螺只能生活在海洋中。

师：你真了不起！

师：新疆沙漠中埋藏着一个古老的城池——楼兰古城，猜想一下为什么楼兰古城消失了？

生：可能是沙子把楼兰古城掩埋了。

生：可能是太干旱了，人们离开了，然后风沙把古城掩埋了。

生：也可能是人们破坏了当时的环境，造成植物大量死亡，水土流失的原因。

师：同学们分析得很有道理。楼兰古城的消失有多种说法，其中可能有人为的因素，肯定也有自然的因素。可见人为改变地表时要慎重考虑，不能只顾当前的利益，否则会危及后代的生存。

师：其实在我们的生活中还有很多地方有改变地表的例子。（出示课件：三峡工程、梯田、开山修路、开挖河道修建水库、围湖造田等。）

学生选择一个小主题，阅读收集的资料，和小组的同学讨论。

交流辩论：人类改变地表的行为有什么好处？又有什么弊端？你的观点是

什么?

补充资料:人类活动在不断地改变着地表形态,而且对其影响越来越大。（课件出示:人类填海造陆、乱砍森林、过度放牧、过度开采矿产、过度开采地下水等。）

小结:人类活动对地表形态的改变既有正面的影响,又有负面的影响,为了和大自然和谐相处,我们应该怎么做呢?

学生小组交流讨论。

（四）课后活动,拓展延伸

师:这节课很快就结束了,同学们不但在课堂上善于思考,回答问题也很积极,特别是能够大胆地质疑他人的观点,在坚持自己的观点的同时能够讲出充分的理由。我们也知道了地表改变有时造福人类,有时危害人类。课下请仔细观察思考,以小组为单位,针对人类破坏地表的行为,提出合理化建议。

【教学评析】

《地表的变化》是建立在学生对地球的形状、内部构造、火山与地震的现象、卵石与化石的形成等知识掌握的基础上进行的。通过本课的学习,要使学生对地表的变化有一个比较全面的认识,不仅要让学生了解岩石的风化和侵蚀的过程,也要让学生认识到人类的力量也是改变地表的一大因素,借此引发更多有关地表变化的思考,尤其是人类活动对地表变化的利弊分析。同时要使学生再次经历"猜测—实验—得出结论"这样完整的科学探究过程,并从中体验和感受乐趣,认识到地球表面是不断变化的。整节课上学生探究活动有效,小组合作深入、交流辩论精彩,学生的参与性及主动性彰显。

本课由学生熟悉的神龙湖图片引入,通过强烈的对比图,使学生认识到人为力量对地表形态的改变,再通过独特的地貌景观、岩石的风化、流水的搬运作用等内容,指导学生认识自然力量对地表的影响,通过这部分内容教学,激发学生的求知欲和好奇心。通过实验,提高学生动手操作的能力、分析问题的能力,学会探究的策略,同时培养学生树立正确的、辩证的科学自然观,意识到自然界是不断变化的,人为力量对地表的改变既有负面影响,也有正面影响,人类与自然界绝不是简单的征服与被征服的关系,启发学生认识到保护环境就是保护人类自己。

《苹果落地的秘密》教学案例

【教学目标】

（1）知道地球表面物体附近所受到的地球引力叫作重力，重力的方向是竖直向下的；知道万有引力的存在。

（2）经历感受重力的活动，能根据所观察到的现象对重力的方向进行猜想并用实验的方法进行验证。体验并测量不同物体受到的重力大小不同。

（3）敢于猜想，尊重证据，敢于质疑，实事求是，愿意合作与交流。

【教学准备】

（1）牛顿相关资料，关于重力现象的图片、视频等。

（2）分组实验的材料：苹果、筷子、细线、钩码、回形针、记录表、笔。

【教学过程】

（一）情境导入

师：同学们，请看老师手里拿的是什么？

生：苹果。

师：如果我松开手，苹果会掉下来。

师：这是一个多么简单又常见的现象。可是，早在300多年以前，英国有一位科学家，对这一常见的现象却提出了一个影响整个人类的问题，知道这位科学家是谁吗？

生：牛顿。

师：知道他提出了什么问题吗？我们来看一段视频。

（视频：牛顿与苹果的故事。）

生：牛顿的问题是："苹果为什么总是落向地面而不是向天空飞去呢？"

师：对啊，牛顿很善于观察和质疑，对平时我们很常见的现象提出了疑问：为什么苹果只往下掉呢？

今天我们就来探究苹果落地的秘密。（板书课题：苹果落地的秘密）

（二）探究实践

1. 感受重力

师：在我们的生活中还有哪些东西会像苹果一样落向地面呢？

生1：树上的叶片会掉向地面。

生2：把球抛出去，它会落向地面。

生3：（演示）像这样松开手，笔就会落向地面。

生4：我看过牛顿的故事的书，书上说地球有引力。

师：在地球上的所有物体都好像受到了一种力的牵引，拉着它们回到地面，这个力就是……

生：地球引力。（板书）

师：地球表面附近物体受到的地球引力又叫作重力。（板书）

师：下面我们也来感受一下重力。

（1）提水感受重力。学生分组轮流提一提水。

师：你的手臂有什么感觉？

生：很重，感觉有一股力量在往下拉。

（2）抛橡皮擦、小石子，扔泡沫、木条。

生：抛出去以后，它们都回到了地面。

师：它们都回到了地面说明它们受到了重力的作用。

（3）在原位上轻轻地跳一跳。

生：我想我跳起来再回到地面时感受到的就是重力。

师：对的，你感受到的是我们人体的重力。

师：这些现象都有一个共同的特点，就是都会从高处落到地面。请一个同学来描述一下重力吧。

生：这些物体受到了一种力量的牵引，这种力量把它们拉回了地面，这就是重力。

2. 探究重力的方向

师：通过对前面几课的学习，我们已经知道了力的种类很多，有浮力、磁力、弹力、水力、风力等，每一种力都有大小和方向。那么，请大家想一想，重力是朝向哪一个方向的呢？请你们小组讨论，把你们的猜想写在这张实验报告单上。

（1）学生小组讨论，记录自己的猜想。

（2）汇报小组的猜想。

生：因为这些物体都是向下落的，所以我们组认为重力的方向是向下的。

生：我们也认为重力的方向是向着地面的。

师：为了证明我们的猜想是不是正确的，老师今天准备了一根筷子、两条棉线，三个钩码、几枚回形针，大家能不能利用这几种材料来做实验证明我们的猜想呢？

小组讨论，制订实验计划。约3分钟后交流。

生1：我们把钩码系在棉线上，把棉线挂在筷子上，观察棉线被钩码拉直的方向。

生2：那肯定是直的呀，也是向着地面的，我们平时就可以看到的。

师：第二位同学对他们的设计提出了质疑，我也同意。

生1：我们把回形针也挂上，可以对比着观察。

师：筷子可以平着放，也可以倾斜着放，大家注意观察。

（3）分发实验器材，学生分组实验，填写记录。

（4）汇报交流实验结果。

生1：无论是挂钩码，还是挂回形针，棉线都是直着向下的，说明重力的方向是向下的。

生2：我觉得他的说法还不严谨，应该这样说，无论筷子是平着放，还是倾斜着放，棉线都是直着向着地球的，也可以说重力的方向是向下的，但说向着地球更准确。

师：你说话很有科学家的风格，非常严谨。正是因为重力的方向是向着地球的，所以我们才把向着地球的方向定为"下"，它的相反的方向定为"上"。（板图：地球图、上、下）

师：大家再想一想，如果我们刚才的实验是在地球上其他任何一个地方进行，实验现象是不是一样的？

生：是的。因为地球引力在哪里都存在。

师：那么，在地球上不同地方的"上、下"方位应该怎样确定呢？请大家完善一下这张记录单，并画出地球上不同地点重力的方向。

学生分组完成。展示交流。

师：大家刚才标明的方向其实就是重力的方向，它是竖直地向着地球的中心的。物体落向地面的原因就是这样的。

3. 感受重力大小

师：我们已经知道力都是有大小和方向的，重力也是有大有小的。我们在使用测力计时，测出的物体的力其实就是它的重力。这几种物体，大家可以直接感受它们受到的重力，也可以用测力计测一测它们受到的重力。

学生活动，自由感受与测量。

生1：我测了两个钩码，它们是100克，但是还不到1牛，还差一点点。

生2：我测的是玩具汽车，它差不多是3牛。

生3：我们组测了苹果受到的重力，大概是2牛。

生4：我们平时背书包、端水，感受到的都是重力。

生5：不同的物体，它们所受的重力也不一样。

师：重力有大小，重力是由于地球引力产生的。

（三）拓展延伸

（1）重力有时会给我们带来麻烦，但是重力对于我们又是非常重要的。地球上的物体如果没有了重力会怎么样？

生1：石头扔到天空就再也不会落到地面。

生2：雨点再也不会落到地面。

生3：河水不会从高处流到低处。

生4：地球表面的空气也将不复存在……

生5：如果没有重力，那还有什么地球呢？连这个问题都没有了。

师：说得好。

（2）了解失重。

①观看宇航员失重视频。

师：同学们的想象力都很丰富，下面我们一起来看看处于失重状态下的宇

航员是什么样子的。（课件展示失重视频）

生：宇航员可以飞起来，可以停留在太空舱里。

生：我想知道，为什么没有重力时会变成这样？

生：宇航员能不能喝水、吃东西？

师：宇航员的太空生活与在地球上有很大的不同，你们的问题也有价值，课后可以继续收集有关失重现象的资料，探索这些问题的答案。

② 说一说，乘坐电梯的感觉。

生：坐直升的电梯时，有时会有头晕、不舒服的感觉。

师：那是由于人在失重与超重的环境中转换，所以感觉不舒服。

（3）小结：今天，我们通过苹果落地的秘密了解了重力，大家还明白了什么？

生：重力是由于地球引力产生的。

生：重力有大小，也有方向。

生：大自然和我们的生活中有很多关于重力的现象。我们要留心去观察和发现。

师：留心我们身边的小事，科学就在我们身边。做一个善于观察和思考的人吧，你一定会像牛顿一样有新的发现。

【教学评析】

《苹果落地的秘密》的教学目标定位为了解地球引力（重力）的存在，并知道重力的方向是竖直向下的，重力有大小。学生在达成这些目标的过程中经历感受重力、探究重力方向、感受重力大小等活动，敢于猜想，尊重证据，敢于质疑，实事求是，愿意合作与交流，体现出积极的学习兴趣和严谨的科学态度。

从本课的几次交流中可以看出学生是具有质疑意识和能力的，如探究重力的方向时，学生有交流：

生1：无论是挂钩码，还是挂回形针，棉线都是直着向下的，说明重力的方向是向下的。

生2：我觉得他的说法还不严谨，应该这样说，无论筷子是平着放，还是倾斜着放，棉线都是直着向着地球的，也可以说重力的方向是向下的，但说向着地球的更准确。

第二位同学对第一位同学的描述存在质疑，并用自己更严谨的语言进行了再次概括，他的思维非常缜密，也具有批判性，这正是科学文化的动力所致。

像这样相互质疑的现象，课堂中还有多处呈现，如教师在提问"地球上的物体如果没有了重力会怎么样"后，几名学生提出"石头扔到天空就再也不会落到地面，雨点再也不会落到地面，河水不会从高处流到低处，空气也将不复存在……"的观点时，有一个学生从另一个角度进行质疑："如果没有重力，那还有什么地球呢？连这个问题都没有了。"他的思维层次明显高于前几位学生。

这堂课是一堂体验型、发现型的课，在这样的课堂里，如果教师注重培养学生的批判、质疑能力，从科学文化的过程来看，这对学生以后的科学学习将是一种潜在的动力。

《食物链》教学案例

【教学目标】

（1）知道不同动物以植物或其他动物为食，动物维持生命需要消耗食物来获得能量。

（2）能以食物链的方式来表达常见动物和植物之间吃与被吃的链条关系。

（3）初步建立食物链和食物网的概念，知道什么是生产者、消费者，并会辨识。

（4）了解生物与环境之间的关系，认识生物之间是相互联系、相互制约的。

【教学过程与评析】

（一）情境、引导，初识食物联系

师：通过前面的学习，我们已经了解了生物是与环境有关系的，不同的地方生长或生活着与环境相适应的植物和动物。那么一个区域里的动植物是怎样生活在一起的呢？（课件出示稻田图）让我们从这片美丽的稻田开始今天这节课的学习吧。想一想：稻田中有哪些常见的动植物呢？

生1：青蛙、田鼠、水稻

生2：还有杂草、猫头鹰……

师：让我们把它们记下来，写在我们的学习卡上。

（学生填写，教师巡视）

评析：让每个孩子参与到每个活动任务中与问题思考中，学习卡不是每个小组完成一份，而是每人完成一份，整堂课没有旁观者，大家都是学习的主人。在白纸上不打方格，以备写稻田里的不同的食物链，给予了学生较大的空间。从每张学习卡中可以看出每个孩子学习的过程、思维的方法。这样也提高了学生的参与度。

师：你写了哪些？（巡视过程中发现了先写完的同学，请他汇报）

生1：我写了杂草、青蛙、水蛇、老鹰、蝗虫、麻雀、猫头鹰。

生2：我写了麻雀、杂草、田鼠、害虫、青蛙、蛇、蚂蟥、泥鳅。

师：仔细观察，稻田里这些常见的动植物之间有什么关系吗？

生：我发现它们之间存在吃的关系。

师：哦，举个例子。

生：比如说，蛇吃青蛙，还有田鼠吃水稻。

师：它们之间存在这种吃与被吃的食物联系。（板书：食物联系）稻田里哪些生物之间有着食物联系呢？我们来找一找吧。用自己的方式记录在学习卡上。

（学生活动，小组交流。教师巡视，了解学生学习情况，并收上几份不同记录方式的学习卡）

师：记录完了吗？先让我们来看看同伴的记录吧，也许你可以从中受到启发。

（利用实物投影仪出示第一位同学的记录：蛇吃麻雀　老鹰吃青蛙　害虫吃水稻　害虫吃杂草）

师：请这位同学自己介绍一下。

生1：我写的是蛇吃麻雀，老鹰吃青蛙，害虫吃水稻，害虫吃杂草。

师：你写出了四组有食物关系的生物。

师：让我们再来看看这位同学的，也请他自己介绍一下。

（利用实物投影仪出示第二位同学的记录：蛇→青蛙　老鹰→蛇　蝗虫→水稻）

生：我写的是蛇吃青蛙，老鹰吃蛇，蝗虫吃水稻。

师：你用了一种符号，→，它表示什么意思？

生：我用箭头表示吃。

师：比较一下两位同学的记录方式有什么不同。

生：××同学是采用文字的方法记录的，××同学是采用符号的方法记录的。

师：针对这两种记录方式，发表一下你的看法吧。

生1：我觉得文字表达比较好，表达的意思清楚。

生2：我觉得用符号的记录方式比较好，同样的意思，更简单些。

评析：学生能尽情地说出自己已经知道的食物关系，教师引导学生发表了不同的看法，学生之间甚至发生了辩论，他们不断地找到问题、修正问题、解决问题。教师由此既可以了解学生对食物关系的认识程度，又可以让学生共同分享他们已有的知识经验，培养了学生的求异思维。

师：符号表达有时更简洁、明了，科学家们也常使用符号来做记录。

师：我们再来看看××同学的，他的记录又有些不一样。也请你自己介绍一下吧。

（利用实物投影仪出示第三位同学的记录：蛇→青蛙→蝗虫→水稻；老鹰→麻雀→水稻）

生：我写的是蛇吃青蛙，青蛙吃蝗虫，蝗虫吃水稻。老鹰吃麻雀，麻雀吃水稻。

评析：在这儿继续来分析比较用箭头表示吃的关系，并不是前一部分的重复，而是向前递进一步。但教师还应把不同的表达方式同时呈现，可以把下一环节与此结合起来，让学生直接比较分析，这样学生会留下深刻的印象。

师：比较一下，发表你们的看法或见解吧。

生1：他的记录也是采用了符号记录，而且他连续记录了几种生物之间的食物联系，更简洁了。

生2：第三种记录方式更好，更清楚。

师：你的记录给了我们很大的启发，谢谢你！

师：通过同伴之间的交流、比较，看来大家都比较欣赏这个同学的记录方式。我们先写在黑板上。

（师板书：蛇→青蛙→蝗虫→水稻）

（二）交流、分析——建构食物链概念

师：（指着黑板）这四种生物间的食物联系，除了这样表示，还有其他的表示方式吗？

生：可以倒过来表示。

师：倒过来表示？请你来写。

（生板书：水稻→蝗虫→青蛙→蛇）

师：请你介绍一下，你这样表示的是什么意思？

生：水稻被蝗虫吃，蝗虫被青蛙吃，青蛙被蛇吃。

师：你很有创见。

师：这条食物联系的箭头表示什么意思？

生齐答：被吃的意思。

师：这个箭头还可以表示什么意思？

评析： 教师很少对某一问题下结论，只对学生的某些问题给予点拨，让学生自己从这些问题中寻找答案，使他们在不断地修正自己发现的同时真正获得科学的探究方法与科学知识。但教师在此处还可以设置问题的梯度，让大多数学生的思维顺利跟上来。

生：还可以表示谁是谁的食物。

（师指着板书：水稻→蝗虫→青蛙→蛇）

生：水稻是蝗虫的食物，蝗虫是青蛙的食物，青蛙是蛇的食物。

师：你很会思考，真了不起！

师：这两种方式都表示出了它们之间的食物联系。我们今天研究的是食物联系。那么自然界中的动物为什么需要食物呢？（停顿，让学生思考）食物为它们提供了什么呢？小组内相互说一说。

（学生小组讨论，教师巡视倾听）

师：谁来说说你们组的观点。

生1：我们组认为生物的生存需要食物，食物可以提供营养，如蛋白质、脂肪、淀粉、维生素等。

生2：我们认为生物需要营养，并从营养中获得能量，食物为它们提供的就是营养和能量。

师：你表达得很清晰流畅。

师：黑板上哪种方式更好地表示出了一种生物是另一种生物的食物？哪种方式表示出了一种生物传递能量给另一种生物呢？

评析： 教师不失时机地引导，对学生的思维给予帮助和补充，让学生在思考的过程中不断地建构、重组自己对食物链的认识，这是十分重要的。

生：第二种表达方式。

师：（指着黑板）第一种表达方式中箭头只表示吃的意思；第二种表达方式中，这里的箭头可以表示被吃的意思——

（师指着黑板上的板书"水稻→蝗虫→青蛙→蛇"）

生齐说：水稻被蝗虫吃，蝗虫被青蛙吃，青蛙被蛇吃。

师：这个箭头也可以表示一种生物是另一种生物的食物。

评析：这里教师引导学生已经把箭头掉转过来的文章做足了，箭头的意义是学生自己探究及交流出来的，不是教师把标准答案直接告诉学生。

生齐说：水稻是蝗虫的食物，蝗虫是青蛙的食物，青蛙是蛇的食物。

师：这个箭头还表示出了一种生物向另一种生物进行能量的传递——

生齐说：水稻传递能量给蝗虫，蝗虫传递能量给青蛙，青蛙传递能量给蛇。

师：箭头指向的方向就是食物流动的方向、能量传递的方向。

师：这样表达也是科学家们选用的表达方式，它更好地表示出了一种生物把能量传递给另一种生物。

（教师擦去了黑板上的"蛇→青蛙→蝗虫→水稻"，并板书："能量的传递"）

评析：让学生自己去思考、比较科学家为什么选用这种方式表达，是因为它表达了能量传递的方向。让学生明白这个方向是不能倒过来的。

师：我们也尝试用科学家这种能量传递的表达方式写一条稻田里的食物联系吧，写在学习卡上。

（每位学生在学习卡上写，教师巡视，并请两位学生板书在黑板上，其中一条不是从植物开始的内容。水稻→田鼠→猫头鹰；蝗虫→麻雀→蛇→鹰）

师：看看黑板上的，请板书的同学自己汇报写的是什么意思。

生1：我写的是水稻被田鼠吃，田鼠被猫头鹰吃。

生2：我写的是蝗虫被麻雀吃，麻雀被蛇吃，蛇被鹰吃。

师：大家看看他们写的这两条食物关系，写得怎么样？

生：我觉得后面一条前面还可以写草被蝗虫吃。因为还必须有生物是蝗虫的食物，不然蝗虫就无法生存。

师：（问刚才板书的那位同学）你接受他给你提的建议吗？（学生点了点头。）那就请你再完善一下吧。（学生补充）请你再次介绍你写的这条食物联系。

师：（指着黑板上比画着说）这就叫作"食物链"。（板书：将"食物联系"改成"食物链"）

师：你们写的食物联系找到食物的源头了吗？自己修正，然后同桌互相检查。

评析：我认为这里是本课的重点，这小小的箭头，所表示的是简单的食物流动的方向、能量传递的方向，但它也是食物链的实质和核心。要让学生改变已有的认识，明白科学家的认识过程和表达方式还真不容易，现在学生做到了，就说明我们的教学目的达到了。因此，教师要尽可能转变学生的认识，动口又动手，注重语言描述、表达的方式。

（三）归纳、整理——完善食物链认识

师：仔细观察这几条食物链，它们有什么共同特点吗？先仔细地看看，静静地思考，再小组内互相交流。

（小组讨论交流，教师巡视、倾听、指导，追问学生：为什么植物类处在食物链的开头？）

师：第三小组讨论得很好，小组的每位成员都能说出自己的发现并能认真倾听。哪组来说说你们发现的食物链的特点？

生1：我们发现食物链的开头都是植物，后面都是动物，因为弱肉强食，后面的动物越来越强大。

生2：我们也发现食物链的第一环节都是植物，第二环节是植食性的动物，后面的环节都是肉食性的动物。

师：你们考虑得真仔细，归纳得也很好！为什么植物类处在食物链的开头呢？

生：植物不需要再吃其他生物了，它们可以利用光合作用自己制造养料。

师：是的，大多数植物能自己生产养料，获得能量，我们叫它"生产者"，而后面的这些生物，需要植物或其他生物给它们传递能量，它们是能量的"消费者"。（师板书：生产者 消费者）

评析：引导学生观察分析食物链的特征，抓住"食物链开头是植物"这一关键点，这是食物链的共性。教师能使学生更清晰地认识到：生产者和消费者的区别是获得能量的方式不同。抓住了它们的这条主要区别，也就得出了"生产者""消费者"的概念。

师：稻田里的这些生物，哪些是生产者？哪些是消费者？

生：水稻和杂草是生产者，麻雀、蝗虫、猫头鹰、蛇、鹰、田鼠、青蛙是消费者。

师：食物链都是从生产者开始，终结于消费者的。食物链还有什么特点吗？

生：食物链表示的都是被吃的关系，它们之间依次进行着能量的传递。

师：是的，我们通过仔细观察，自己思考、分析，也像生物学家们一样发现了食物链的特点。谁能总结一下呢？

生：食物链从生产者开始，终结于消费者，按能量传递的顺序表示。

（师完善板书：能量的传递　生产者→消费者）

师：你总结得真有条理，老师很佩服你。

（四）观察、比较——拓展食物链的意义

师：这片稻田里到底有多少条食物链呢？我们来找一找，画一画。（出示课件）谁来说？

（学生说，教师画）

师：每一条食物链都要从植物开始依次用箭头连接，注意箭头的方向是食物流动的方向、能量传递的方向，为了记录数据，我们可以用画"正"字的方法。还有从水稻开始的食物链吗？重复的不要再画箭头了。

师：还有是吧，那么我们自己找一找，画一画，小组内比一比谁画得对，找得多。

（各自活动，小组交流）

（投影仪展示一两位同学的学习卡）

师：观察图，稻田里这么多条食物链，它们相互交叉就像一张——（大网），我们可以形象地称之为食物网。

师：你们在画食物网的过程中，又有什么发现吗？

生1：我发现水稻可以被多个动物吃，老鹰可以吃多个动物。

生2：我发现食物链中如果有一种生物灭绝了，其他生物也会灭绝。

生3：不一定，田鼠灭绝了，蛇还可以吃麻雀等，不一定会灭绝，只是数量会减少。

师：是的，自然界中的食物网，使大自然中的生物形成了相互依存、相互制约的关系，维系着物种间天然的数量平衡。这种平衡是长期自然形成的，如果人为地增加或减少其中一种生物，都会破坏这种平衡，造成生态失调。

评析：学生的认识是由浅入深的，从形象到抽象，从简单的三个动植物组成的食物链到更多的动植物组成的复杂的食物链，由多条食物链组成食物网。

（五）反思、练习——深化食物链的研究

师：这节课，大家对食物链有了一些了解，还有什么问题吗？

生1：食物链只存在于动植物之间吗？我想植物也需要能量的呀。

生2：还有微生物是不是也是食物链中的成员？

师：这两位同学的问题非常好，学科学就要有这种质疑、批判的意识。大自然里的食物链确实更加复杂了，我们来看段视频。

（播放视频）

师：大自然如此奇妙，自然界中的所有生物都无法避免成为食物链中的成员，生物之间通过食物关系来达到相互依存、相互制约的作用。关于人与食物链、食物网的关系，事实上还有很多可说的，今天我们所展示的只是其中很小的一个例子而已。作为万物之灵长的人类，我们应如何对待其他生物呢？这个问题留着我们课下继续思考。

【教学评析】

根据《义务教育科学课程标准》内容设计，《食物链》一课属于生命科学领域，指向的核心概念是"生命系统的构成层次"，认识到"生态系统由生物因素与非生物因素共同组成"。具体学习动植物之间吃与被吃的链状关系，认识到动植物与环境之间存在相互依存的关系，动物的生存依赖于植物，一些动物吃其他动物。有利于形成"结构与功能""系统与模型"等跨学科概念。

对于生物之间的食物关系，学生的前概念是喜欢用谁吃谁的方式来表示，或是出现食物链表达没有从生产者开始的现象。《人是如何学习的》一书提出："学科学意味着学生在学习过程中修正、拓展自己的观念，而不是记住事实性的信息和定义。"所以小学生学习科学不仅是对科学知识的储备和科学课中概念的理解，更是修正、拓展自己观念的过程。这也是一个内在的质疑与批判性学习的过程。从这一层面上理解，科学课的教学，就是改变学生的初始概念（前概念），帮助其建构科学概念的过程。

本节课，教师从稻田这个具体环境开始，让学生寻找稻田里生物之间的食物关系时，出现了多种记录方式，师生通过比较、分析、互相批判，找到最优的表达方式。特别是分析箭头指向，到底是按谁吃谁的箭头指向，还是按谁被谁吃的箭头指向呢？引导学生相互质疑，从食物的供给、能量的传递角度来思考生物之间的链条关系。课堂上，孩子们一直处在质疑、批判的状态中，修正初始想法，构建食物链的概念。

　　整节课，教师通过层层深入的教学活动，让孩子们不断修正初始概念，凸显了质疑批判的核心素养培养。教师引导学生经历了发现食物联系—建构食物链概念—归纳食物链特点—形成食物网认识—拓展食物链研究，这样一个完整的学习过程。通过师生点拨互动、生生修正互动，学生初步建立了食物链和食物网概念，批判性思维也得到了训练。

《剪子和刀具》教学案例

【教学目标】

（1）了解剪刀的特征、结构，知道剪刀和刀具的用途。

（2）经历使用剪刀完成制作纸质物品的过程，发现剪刀的使用方法，体验成功的喜悦。

（3）树立安全使用工具的意识，意识到改进工具的意义。

（4）渗透科学需要质疑与批判。

【教学准备】

画有不同形状的各种纸张、学生用剪刀、其他剪刀（理发剪刀、厨房用剪刀、枝剪、钢筋剪等）、一株待修剪的植物、一根钢丝、核桃、石头、木棍。

刀具（小刀实物、卷笔刀实物，菜刀等刀具课件）。

材料盒1个（放剪刀、标虚线纸）、材料袋1个（厚薄不同的画有不同图案的纸）、材料袋2个（装有核桃、石头）。

【教学过程与评价】

（一）挑战一：分开一张纸

（1）教师出示一张长方形复印纸，在纸的对角线上画一条虚线。

导入：同学们，大家桌上有一张这样的纸，在这张纸上画了一条虚线，这节课我们先来玩一个挑战游戏，你能不能沿着这条虚线把这张纸分开呢？（学生跃跃欲试）

（2）引导学生思考：你打算用什么方法分开这张纸？

学生提出可以用手直接撕开，或者用剪刀剪开。此时，老师不规定学生使用剪刀，鼓励学生动手实践，把纸沿虚线分开即可。（课前，在学生实验桌上准备了一个材料盒，里面放有剪刀。学生自主选择是否使用。）

（3）展示：谁来说一说，你是怎么分开的？

大部分学生选择了用剪刀剪开，只有个别同学采用直接用手撕开的方法。

教师提问：你为什么想到用剪刀剪开这张纸？

学生展示剪开的纸，说出用剪刀剪开的纸比较平整、整齐，用手直接撕开纸不整齐。

（4）小结：剪刀这种工具能够帮助我们把这张纸平整地分开。今天，我们就来学习关于剪刀这种工具的知识。

（5）认识剪刀的结构和使用方法。

出示课件，学生每人拿一把剪刀：认识刀口、刀尖、手柄几个部分。教师讲解使用剪子时手握手柄，用刀口或刀尖剪。

安全提示：使用剪刀时要注意安全，不要拿剪刀打闹，拿给别人时，要将手柄朝向对方，等等。

评析：沿一条线分开一张普通的复印纸，学生的方法一般有两种：一是直接撕开，二是使用剪刀剪开。因为桌上材料盒里放了剪刀，大部分学生会使用剪刀，并且，他们发现使用剪刀分开更方便、平整。这是本节课的第一个体验活动，每一个学生亲自动手，或体验到直接撕开一张纸的难度，或体验到使用剪刀带来的方便。虽然学生在幼儿园阶段就已经使用过课堂上的这种学生用剪刀，但教师还是有必要让学生认识剪刀这种常见工具的结构，教给学生安全使用剪刀的方法。在接下来的活动中，剪刀的结构与功能之间的关系将成为学生体验的焦点。因此，"沿虚线分开一张纸"这个活动既是导入，也是为第二个主体活动做铺垫。

（二）挑战二：用剪刀剪不同的纸

（1）教师激发学生继续挑战的兴趣，再给大家发几张纸，要大家先看一看、摸一摸这些纸张，观察它们有什么不一样。

学生观察和触摸到厚薄不同、图案形状（圆、方、三角、心形等）不同、软硬不同、颜色不同的纸。

（2）出示第二个挑战任务：这一次挑战是用剪刀把纸上的图案剪下来。

先想一想：这些纸不一样，用剪刀的哪个部分剪容易一点？学生自由地发表观点，对他人的观点提出不同的看法。学生想到用刀口或刀尖去剪，但不能确定具体怎么剪比较方便。

（3）学生活动。把纸上的图案剪下来，体验使用剪刀不同部位剪纸的方法。教师适当给予指导，关注学生的状态。剪薄纸上的图案的学生速度会快一点，教师视情况再提供给他们厚纸，让他们继续挑战，比较剪不同的纸的方法有什么不同。

活动结束后，把剪刀和废纸放在材料盒里，将剪好的图案摆在桌面上。

（4）分享：使用剪刀的方法。

师：老师在观察大家剪这些图案的时候发现，有的同学剪得又快又好，还很轻松，看来使用剪刀确实有好方法。说一说你的方法是怎样的。

学生交流发现：用剪刀的刀口后部剪硬纸片比较容易，刀口前部剪薄纸片比较容易，图案中有角的地方要用刀尖剪……

（5）拓展：在生活中，大家还见过哪些不同的剪刀呢？

展示图片和实物：厨房用剪刀、理发剪子、枝剪、钢筋剪等，现场演示枝剪和钢筋剪（学生和教师合作完成）。

（6）小结：像这些不同的剪刀，我们把它们称为工具。说一说使用这些工具的好处。

师：剪刀能够帮助人们做许多事情，很便利。

师：老师这里有一个苹果，怎样把皮削掉？

（水果刀等）教师出示一个刨皮刀。

师：这也是一种工具，除了剪刀，我们再来认识一些刀具。

出示图片和实物——小刀、卷笔刀，菜刀、水果刀等让学生认识，并说一说这些工具可以帮助我们做哪些事情。

评析： "挑战二"是本课的主体活动，学生在使用剪刀剪不同厚薄、不同图形纸张的过程中体验到使用剪刀的不同方法，如用刀口后部剪厚纸轻松，用刀尖剪薄纸方便等。对于这些方法，只有在学生亲自动手实践，在实践中比较，才可能获得真实的体验，从而有正确的发现，并获得实践经验。在这个过程中，学生也经历了观点的碰撞、实践的成败。例如，学生在认识了剪刀结构的基础上，想一想，说一说使用剪刀剪不同厚度纸张的方法时，对于使用剪刀哪个部位比较合适的观点是不一样的，彼此还不能说服。直到自己用剪刀去剪一剪，寻找和体验合适的使用剪刀的方法时，才真正体验到怎样使用剪刀这种工具比较好，认识到工具给我们带来的便利。教师在此基础上，让学生认识生活中更多不同的剪刀，观察不同剪刀的用途及效果。在使用枝剪和钢筋剪的时候，教师带着学生共同完成修剪树枝、剪断铁丝的活动，让学生获得直观的、真实的体验。在认识剪刀之后，拓展认识刀具，了解这些工具都会给人们的生活带来便利，是人们的好帮手。第二个活动是这节课的重点，学生在不确定、疑惑、争论中逐步认识了剪刀这种常见的工具，体验到剪刀的使用方法，体验到工具是一种物化的技术，了解剪刀等刀具的功能。

（三）拓展延伸

（1）挑战三：没有这种工具（核桃夹），怎样剥开核桃，吃到核桃肉？

出示核桃，提出若没有像核桃夹、锤子这类工具，可以怎样剥开核桃。联系到古代的人，他们会想什么办法？学生很快想到用石头敲击，教师提供石头、核桃，学生分组活动，剥开了核桃。

教师讲述：原始人没有刀具，被磨制成各种形状的石头就是人类早期的工具，人们用它们猎杀动物、劈开果实、树木等。后来，人们才逐渐发明了现代的刀具。

（2）课后延伸：这节课剪好的各种图形，可以拼成什么好看的物件？课后我们继续，下节课再来展示。

评析：用石头剥开核桃的挑战活动，既是一次体验活动，也是一次思维的碰撞活动，其意义既是解决生活中的一个实际问题，又是进行科技史的教育，使科学教育的意义不局限于现代工具的使用层面，还隐含着人类在工具、技术方面的发展史这条暗线。最后的拓展活动是鼓励学生将剪好的图案再进行拼贴、再创造，引发学生思维走出本课中对剪刀和刀具等工具的认识和使用的视角，实现学科教学的跨越，拓展到更自由、更广阔的空间。

【教学评析】

本课教学主要通过"分开一张纸""剪不同的纸"两个活动组织、引导学生体验剪刀的使用方法，在用的过程中了解剪刀的特征、结构，发现不同剪刀的不同使用方法，再认识其他刀具，意识到工具给人们带来的便利。在认识、体验过程中渗透科学学习所需要的质疑和批判精神。通过"剥开核桃"的拓展活动，模仿古人利用石头这种工具，渗透技术发展史，意识到改进工具的意义。

根据低年段学生认知心理特征和小学科学"做中学"的思想，儿童对于直观具象的实践活动参与度高，在活动中获得真实的感受和经验，这种感受和经验将成为他们以后学习的方法模式，我们称之为体验式教学策略，它是小学科学众多教学方法中的一种，也是"用以致学"思想的体现。

从活动层次角度划分，体验式教学策略在小学低年段科学课堂中表现为由浅入深的体验、由点到面的体验。随着体验活动的层次加深，学生不仅习得了探究科学的方法，也提升了科学思维的深度和广度，具备用科学方法解释现象、解决问题的科学素养。

《剪子和刀具》这一课重点在于学生在剪纸的实践过程中的体验，在体验中发现使用剪刀的方法。学生平时虽然也使用过剪刀，但他们很少会研究剪刀这种工具的结构与功能之间的关系。所以，他们一开始对剪刀的认识和使用是存在不同看法的，这种疑惑需要在体验中找到解答。本课活动从剪一张复印纸，到剪各种厚薄不同、形状不同的纸，由浅入深，学生在不断的体验中比较，认识到剪刀这种工具给人们生活带来的便利。本课由点到面，让学生在认识剪刀基础上认识更多的刀具，体验古人利用石锤、石刀、石斧等工具的活动，这样，其认识便从剪刀拓展到更多工具的层面。本课通过体验活动，初步渗透了"工具是物化的技术"这一主要概念。可以预见，学生走出课堂，遇到需要使用刀具的时候，他们会合理地考虑选择哪一种刀具、使用刀具的哪个部位操作，甚至发明创造出实用、巧用的刀具等，这便是通过本课学习获得的科学素养。

《浩瀚宇宙》教学案例

【教学目标】

（1）能用自己的语言描述银河系和宇宙的各种特征，能正确说出地球、太阳系、银河系和宇宙之间的关系。

（2）通过提出问题、查阅资料、推理总结、讨论交流来了解地球、太阳系、银河系和宇宙之间的关系。

（3）对宇宙的未知现象敢于联想、质疑，提出自己的见解和问题。

【教学过程】

（一）情境导入

视频播放：神秘的宇宙空间，有太阳系八大行星、银河系、各种天体、航天器及宇航员等从遥远的宇宙深处飘然而来。

师："浩瀚的宇宙，伟大而神秘，她创造了所有的奇迹，她赐予人类生存的空间，也在这个美丽的空间里，留下了无数的谜……"今天就让我们一起走进这神秘的宇宙世界。

（二）探究研讨

师：从刚才播放的宇宙视频中，大家对宇宙有了一些怎样的了解？

生1：地球是宇宙中很小很小的一部分，地球是太阳系中的一颗行星，太阳系有八大行星。

生2：太阳系是银河系的一部分，银河系外面还有河外星系，宇宙真是太大了。

师：那我们就由近到远，逐步来认识、了解目前我们人类所知道的宇宙吧。

学习任务一：认识太阳系和银河系

整理课前收集的资料，组内交流太阳系和银河系的特征、成员、形状、大小等。

学生分组活动，10分钟，再交流分享。

1. 太阳系

生1：地球只是太阳系中一颗普通的行星，太阳系的八大行星分别是：水星、金星、地球、火星、木星、土星、天王星、海王星。

生2：这些是人类目前所探测到的行星，也许太阳系还有其他的行星，只是我们没有发现。

生3：太阳系中还有卫星、流星、彗星等天体，它们都围绕太阳运行。太阳是太阳系的中心。

师：如果让我们继续乘坐宇宙飞船飞出太阳系，就会来到……

生：银河系。

师：是的，太阳系只是银河系的一部分，我们的地球也只是银河系普通的一员。下面谁来介绍一下银河系。

2. 银河系

生1：银河系是由千千万万颗星构成的庞大的恒星集团。

生2：银河系的侧面看上去像一只铁饼。

师：我们来看一下银河系的形状。（教师出示银河系不同形状的图片）

师：对于银河系就像一个巨大的旋转着的"大铁饼"，你是怎样理解的？

生1：像铁饼一样，圆圆的，像在旋转。

生2：也有点像织布的梭子。

生3：因为地球也只是银河系里极小的一个小点儿，我想这也只是我们人类的想象，真实的情况也许不是这样。

师：很欣赏你的质疑精神！银河系不管是像一个不断旋转的大铁饼，还是像一个织布的梭子，这都是科学家们在目前的科学技术水平下做出的模拟或猜想。也许只有我们有一天真正地走出银河系，才能一窥银河系的全貌。但有一点是可以肯定的，当我们站的位置不同、观察的角度不同时，看到的物体的形状可能是不一样的。所以，在我们一定要学会从不同的角度去观察、去认识事物。

师：继续来说一说你们对银河系的了解。

生3：在银河系里，恒星的总数在1000亿颗以上。还有各种类型的银河星云、星际气体和尘埃。

师：1000多亿颗，我们来想象一下1000亿到底是个什么样的概念。

现在全世界大约有70亿人口，如果把一颗恒星比作一个人的话，那么银河系恒星的数量将是全世界人口数量的15倍以上，这是一个多么庞大的数字啊。

师：可见银河系很大很大。

生4：我找了资料，资料上说银河系的直径约10万光年，中心厚度约2000光年。

师：光年是什么单位？

生：光年是天文学中使用的距离单位，1光年就是光1年所走的距离，我们算了一下，大约等于10万亿千米。

师：（出示图片）也就是说，光沿银河系直径要走10万年，光穿过银河系中心的厚度也要走2000年。如果我们从地球上以光速飞行的话，到银河系的中心还需要约2.8万年呢。多么遥远的距离啊！

师：看到这些，你感到银河系怎么样？

生：超级大。

师：现在让我们闭上眼睛想象一下银河系。（播放音频：在晴朗的夏夜，当我们仰望星空，你会看见一条淡淡的光带横贯苍穹，那就是银河。现在我们坐上光速飞船飞离地球，穿过太阳系，置身于茫茫宇宙中。我们从银河系的"上"方看下去，银河系就像一个不断旋转的大铁饼，我们又来到它的"侧"面，看过去它又像是一支织布的梭子。银河系是由1000多亿颗恒星、2000多亿颗行星组成的一个庞大的集团，这么庞大的集团只是宇宙中的沧海一粟！而我们所能观测到的所有的星系也只是宇宙中极小的一部分。）

3. 宇宙

师：银河系之庞大已经令我们震撼，但相对于宇宙来讲，这么庞大的银河系还只是宇宙中极普通的一个成员。那么，宇宙是什么？宇宙中除了银河系还有哪些成员呢？（板书：宇宙）

学习任务二：认识宇宙

阅读"科学在线"，思考：

（1）宇宙是什么。

（2）宇宙的组成。

（3）宇宙的大小。

学生阅读"科学在线"资料，小组再次进行讨论，整理有关宇宙的素材。时间约5分钟。

生1：我觉得宇宙是太阳系、银河系和河外星系里所有天体的总和，甚至可能比它还要大。

生2：从资料上介绍，宇宙是万物的总称，是时间和空间的统一，我想，宇宙是无限的。

生3：时间和空间的统一是什么意思？我不懂。

生4：我不同意第一位同学说的，太阳系、银河系和河外星系只是宇宙中的一部分，我同意第二位同学说的，宇宙是无限的。

师：也可以说是浩瀚的。（板书完善课题）

师：是啊，目前人类对宇宙的认识还很肤浅，我们来看一段视频，了解一下现在人类对宇宙的认识。（播放视频）

师：当然，目前，我们也可以肯定地球、太阳系、银河系和宇宙之间的关系，谁来说一说，或用图来表示。

生1：如果用图来表示，地球在最里面，然后依次是太阳系、银河系、河外星系、总星系，最外面的大圆就是宇宙。

学生上台完成板画。

（三）拓展延伸

（1）课件介绍我国著名宇航员、嫦娥工程、"天宫一号"发回的视频等，鼓励课下学生继续收集资料。

（2）观察银河系。

师：在晴朗的夜晚，可以由家长带领，到远离灯光的地方观察银河系，把自己观察的结果记录下来。

师：观察星空是一件很有趣的事情，但是天文学家已经发出了"星空在消失"的警告，你知道是怎么回事吗？

生：地球周围的空气受到污染，看不到星空了。

师：我们应该采取什么行动？

生：加强环境保护。

（3）关于宇宙你还能提出什么问题呢？

生1：宇宙是怎么起源的？

生2：宇宙中还有没有其他生命？

生3：宇宙是怎么诞生的？

生4：宇宙中的黑洞是怎么回事？

生5：宇宙将来会怎样？

师：看来同学们都对浩瀚的宇宙充满了好奇，希望大家课下继续查找资料，大胆想象，怀着质疑之心，让我们共同揭开宇宙神秘的面纱。

【教学评析】

学生对宇宙的好奇心与探索兴趣可以说是与生俱来的。同时，学生对宇宙还有一颗敬畏之心。本课通过两个学习任务，借助当前最新的宇宙探索的媒体素材，帮助学生进一步认识和了解太阳系、银河系，了解宇宙的浩瀚无垠，突出了学生学习的主体性，培养了学生收集、整理信息的能力。特别值得肯定的是，本课教学中教师重视引发学生的质疑、批判意识，使学生对人类当前对宇宙的探索有正确的认识，对当前科学技术的发展有合理的批判与怀疑。

比如，在认识太阳系时，两个学生的对话是这样的。

生1：地球只是太阳系中一颗普通的行星，太阳系的八大行星分别是水星、金星、地球、火星、木星、土星、天王星、海王星。

生2：这是人类目前所探测到的，也许太阳系中还有其他的行星，只是我们没有发现。

再如，在交流银河系的形状时，师生的对话是这样的。

师：对于银河系就像一个巨大的旋转着的"大铁饼"，你是怎样理解的？

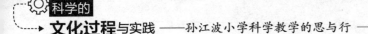

生1：像铁饼一样，圆圆的，像在旋转。

生2：也有点像织布的梭子。

生3：因为地球也只是银河系里极小的一个小点儿，我想这也只是我们人类的想象，真实的情况也许不是这样。

从学生的表达中，我们可以明显地感受到他们具有这种强烈的批判意识，这非常重要。作为教师，我们要鼓励学生不人云亦云，合理猜测，大胆想象，勇于质疑，这也是科学教育中一个重要的教学目标。

第五章

独创求新实践案例

《做尺子》教学案例

【教学目标】

（1）认识"拃"，利用教师提供的小方块、小木棍等材料，通过口述、图示等方式表达做尺子的设计与想法，能模仿或按图示方法制作出尺子。

（2）学会多方法设计、制作尺子，培养创新意识。

（3）能对自己和他人制作的尺子提出改进建议。

（4）体验、学习生活中的尺子的发明史，了解尺子带来的便利。

【教学准备】

小方块、小木棍、硬纸条（长短不一样若干）、木条、塑料条、记号笔等。

【教学过程与评析】

（一）情境需求

师：上课之前老师要请2名同学上台来，我们一起来比一比，看看他们谁更高？（教师邀请2名学生上台）

生：王小文高。

师：大家真棒！那他具体高多少？（学生思考）说一说你的想法，你想要怎样量？

生：用尺子量。

师：我们现在没有尺子，如果不能用尺子，你想怎样量？

生：用手量。

生：用书量。

生：用一根线量。

师：不错！你们想到了这么多好办法。请你上来给我们演示一下，你是怎样用手量的？（请学生上台演示用手测量的方法）

师：厉害！老师发现其他很多同学也想到了用手测量这个好办法。其实，很早以前，人们在没有发明尺子的时候就想到了用身体来做尺子，如手臂。其实还有一种"工具"，叫作"拃"，是人利用自己身体上的某一个部分来测量长度。就是这种用手测量的好方法。（PPT出示"拃"的图片）

生：zhǎ。

师："拃"这个动作是怎么做的，请最后那位男孩说说。

（学生比画动作）

师：伸开拇指和中指，来，跟老师一起来（教师示范比画动作）。

大拇指和中指这样张开，它们之间的距离就是一拃。

（二）设计活动一：用"拃"量课桌的长

师："拃"也是人利用身体部位来测量的动作。大家试一下，用我们自己的拃量一量你们课桌的长度，注意我们现在是两个人一个组，有两张课桌对不对？我们只量一张课桌的长度，用你的手量一量，看看课桌的长度有几拃？（教师巡视，指导，表扬）

师：你量的是多少拃？

生：4拃。

师：有跟他不一样的吗？你量的是？

生：3拃半。

师：3拃半就是3.5拃。

生：4拃多一点点。

师：4拃多一点点，还有不一样的吗？

生：5拃。（教师将学生测量的数据写在白板上）

师：请坐！我们发现同样的课桌，怎么大家量的拃数不一样呢？你来说说。

生：因为我们手的大小不一样，所以量的拃数也不一样。

师：同意她的说法吗？

生：同意。

师：还有补充吗？

师：你来。

生：我们是从不同的地方量的。

师：同不同意？

生：不同意。

师：你们是从哪个位置开始量过去的？

生：从课桌的同一边量过去的。

师：同意第一位同学的说法吗？

生：同意。

师：我们手掌的长短不一样，那怎么样才能让我们量课桌的拃数不会出现这种不一样的情况呢？

生：用同一个人的手掌来量。

师：为什么要用同一个人的手掌来量？

生：因为别人的手掌有可能比你长一点或者短一点。

师：只用一个人的手掌来量，就不会有的长有的短，是这个意思吧！这是他的办法，如果不用手掌呢？还有什么办法？

生：用脚量。（同学笑）

师：脚也行，那是用同一个人的脚还是用不同人的脚呀？

生：一个人的脚。

师：也行，请坐。你说说看。

生：用笔，可以把笔放上去量。

师：这里有一支笔，用这支笔去量也可以，但是能不能用不一样的笔来量？

生：不能。

师：你来说。

生：因为我们有的人的笔长，有的人的笔短。

师：也就是说我们不论是用拃，还是用笔，还是用脚量，都必须怎么样？

生：一样的长。

师：必须都用一样长度的物体来测量才不会出现刚才这种量出来的数值不一样情况，对不对？

生：对。

186

（三）设计活动二：用小方块、小木棍设计

师：孙老师这里有你们所说的一样长度的材料（教师拿出同样规格的小方块展示）。是不是一样的长度啊？

生：是。

师：可不可以量？

生：可以。

师：还有这个（出示同样长度的小木棍），这个是什么呀？

生：小木棍，也是一样的长度。

师：请大家分别用小方块测量课桌的长度。用小木棍测量什么呢？（白板显示）

生：测量身高。

师：知道怎么做吗？两个小伙伴一组，如果给你小木棍了，量一个人的身高就好了。如果给你小方块了……

生：量一张课桌的长度就好了。

师：看来大家都明白了。

（教师发材料。巡视，指导，观察，表扬。学生实验。时间约3分钟）

师：非常好，我看到刚才大家都在认真测量了。我想听一听大家在测量的时候有什么感受。

生：很难测量，因为一根小木棍太小了。

师：你们测量的是什么呀？

生：用小木棍测量身高。

师：你们组呢？

生：我们组是用这个小方块，也很难摆。

师：为什么难摆？

生：因为这个小方块积木比较小，摆不整齐。

师：感觉不方便、不好摆。请坐，你们呢？

生：我们是用小木棍来量身高，好麻烦，根本就量不准。

师：挺麻烦的，请坐，你们组呢？

生：我们是测量课桌长，用积木来摆的，我测量出来的数值是29。

师：测量出来了是吧，测量当中的感觉是很容易，还是不方便呢？

生：也还容易，这里有这么多个小方块，我们摆完了这么多，然后把方块从前面拿到后面来摆。

师：还挺会想办法的。你来说说你们组。

生：孙老师给的小方块太少了。

师：哈哈，请坐。你也说说看。

生：我们组是用小木棍测身高，感觉太累了。

师：看来呀，同学们直接用小方块或者小木棍去测量的时候，感到不太方便。有没有办法让我们方便一点呢？使我们测量时不会觉得太麻烦、太累。请大家想办法。

生：我们可以用小方块来量身高。

生：不行，那更不方便。

师：大家也不同意了，没事，请坐。再想一想有什么办法。

生：可以把几个组的小方块合起来量一张桌子。

生：可以用小木棍来测量桌子。

生：我们可以用长的物体来量身高，然后用短一点的物体来量桌子。

师：看来大家已经在想办法了。有个孩子想到了这个办法（出示图片，图片上有一根长长的硬纸条和数个小方块）他找了一根长一点的硬纸条（教师出示硬纸条）。看到这两种材料，你们有没有想到什么好办法？

生：把小方块粘在硬纸条上。

生：也可以把小方块画在硬纸条上。

师：怎么画呀？

生：（用手比画演示）一个一个地画出来。

师：我们把他画出来的这条线叫作刻度，画出刻度有什么好处啊？（出示图片）

生：这样就方便量。

师：真的好量一些吗？这个方法行不行啊？

生：行。

师：这样画完的话，这些小方块还要不要啊？

生：不要了。

生：一个方块就代表一个数字。

师：先从哪里开始呢？

生：0。

师：说得对极了，开始这个位置标0刻度，那么接下来怎么继续标下去呢？（边说边出示图片示意）

生：按1、2、3、4的顺序标下去就行了。

课件演示。

师：不用小方块，用长一点的小木棍，可不可以也这样画出刻度来呢？

生：可以。

生：用一根长一点的纸条，然后把小木棍横着放在纸条上，画出来就可以了。

师：想做出来吗？

生：想。

（四）模仿制作

师：接下来，孙老师给每个小组发工具，同学们按照刚刚大家讨论的方法做出来。如果不用硬纸条，用塑料条行不行？你们觉得呢？

生：可以。

师：需要什么材料，你们都可以自己选择。

（教师发材料。学生做实验，教师巡视，指导。时间约10分钟。）

师：老师已经选了一些制作好了的作品放上面了（将学生的作品贴在黑板上）。我太佩服大家了。我们现在来看这几个组的，它们就像什么呀？

生：尺子。

师：对呀，同学们，这就是我们平常用到的尺子。就像人类发明尺子的过程一样，我们用一节课的时间就发明、制作了一把尺子。大家真的好厉害！现在用我们自己做的尺子再来量一量课桌的长度。测量之前，我们想一想，用我们自己做的尺子测量会不会比用拃量好一些呢？

生：因为用拃测量时，每个人的手都不一样，如果用尺子量的话，尺子的长度是一样的。

师：有道理吧，你也想说说是吗？

生：用拃量手会很痛，用尺子量手就不会痛。

师：你看多好呀，你觉得呢？

生：用拃的话要这样子或者那样子很麻烦（边说边用拃比画），用尺子量的话就很方便了。（学生比画动作）

（五）评估改进

师：是的，用尺子量就很方便了，让我们来试一试。同学们把小组测量的数据记录在表格中，测量的时候要细心点哦。

（教师巡视，记录同学们量的数据，写在白板上。时间约3分钟。）

师：用我们的尺子来测量桌长，我们现在又有发现了，你看这一列数据，他们用的都是什么尺子量的？

生：用小方块尺子量的。

师：我们量的还是课桌长呀，为什么几个组的数据还是不一样？你觉得呢？

生：我觉得有些组不是从0刻度开始量，从没画刻度的那个地方就开始量了。

师：也就是测量的方法可能出了问题。你还觉得可能是什么原因？

生：可能是画刻度的时候没有画好，我们组的刻度就有的画得长，有的画得短。

师：也就是做的尺子也可能出了问题，不标准。

生：也可能有的小组是没有对齐的。

师：还有的是同学们在测量的时候没对齐，所以，数据不一样跟我们制作小尺子有关系，跟我们用小尺子测量的方式也有关系。

师：我们再看这两列数据，用小木棍尺子测量的数据和用小方块尺子测量的数据也不一样。那是什么原因呢？

生：因为小方块和小木棍是两种长度不一样的物体，做出来的尺子刻度也就不一样了。

师：大家发现，其实刚刚我们制作了几种尺子呢？

生：两种。

师：这两种尺子是不是一样的？

生：不是。

师：它们不一样，哪里不一样？

生：两种尺子虽然都是尺子，但是长度不一样。

师：你能具体说说吗？

生：小方块和小木棍。小木棍长一点。

师：小木棍比上面的小方块长一点，说得更准确了。

师：那到底我们怎么测量课桌的长度才是准确的呢？

生：要用同样的尺子测量。

师：看来咱们还要想想办法。我们要做一把全班都统一的尺子，怎么办？

生：每个人做尺子的材料一模一样。

生：做尺子的刻度长度要一样。

生：只用小方块做，或者只用小木棍做，这样做出来的就会是全班都统一的尺子。

师：你们真厉害。这节课我们学会了什么呀？

生：做尺子。

师：仅仅是做尺子吗？

生：测量东西。

生：还有就是测量桌子。

生：怎么测量才更方便。

生：怎么测量更快。

师：怎样测量才会更方便更快一点呢？接着说。

生：用尺子。

师：这节课我们学习了做尺子，下节课，我们就来做一个全班统一的尺子。

师：下课，同学们再见！

生：老师再见！

【教学评析】

二年级的学生对"做尺子"这一学习内容兴趣浓厚，参与度高，这一内容对学生来说也有一定的挑战性。他们在数学学习中已经认识了尺子，在日常生活中也已经接触过尺子了，但学生对尺子的由来并不知道。所以使学生产生对尺子的需求，帮助学生设计并动手制作一把尺子的活动难度适中，适合二年级的学生。

从教学过程可以看出，本课活动安排合理，遵循技术制作思路，符合教学需要，学生能较好地经历尺子的发明过程，初步学会尺子的设计、制作方法，有效完成本课学习内容，达成教学目标。在这一课的教学中，教师特别注重科学独创性的培育，通过提供材料，适当启发引导，鼓励学生敢想敢说，课堂上独创性的火花随处可见，比如在描述比高矮的方法时，教师说没有尺子怎么量，学生马上想到了用书、用线、用手等不同的方法；教师提供小方块和硬纸条给学生时，学生想到了许多种组合的方法；当教师问到没有硬纸条怎么办时，学生也创造性地提出了用软尺、塑料尺、木尺等不一样的尺子。对于班上的学生来说，这些想法都是他们对未知的发现，是属于他们独创求新的事物。

《轮轴》教学案例

【教学目标】

（1）认识轮轴是由两个大小不同的轮子固定在一起、可以转动的机械；认识轮轴在轮上用力能省力，在轴上用力会费力；认识轴不变，轮越大越省力。

（2）小组合作完成轮轴实验，并细心观察与记录；进行实验及数据的分析，达成研究共识。

（3）小组成员分工合作；认真细致地开展实验、实事求是地记录实验数据；乐于合作与分享，敢于创新。

（4）知道轮轴是生活中常见的简单机械，生活中很多的装置都运用了轮轴原理。

【教学过程与评析】

（一）初步感知轮轴

师：今天的科学课，老师为大家带来了这样的一个装置（出示定滑轮）。现在，在绳的一端挂2个钩码（演示），如果松手会怎样？

生：挂着的那个钩码会掉下来。

师：如果手不拉，你们有不让钩码掉下去的办法吗？

生：在手拉的那一端也挂上钩码。

师：挂几个钩码呢？

生：2个。

师：我来试试。（教师演示）

师：用两个钩码的力刚好拉起了两个钩码。现在，两边谁也拉不动谁，我们就说两边平衡了。

师：（出示轮轴）这个装置跟之前的装置比，有什么明显的不同？

生：这个装置多了一个小圆盘。

生：拨动大轮，小轮会跟着转动；拨动小轮，大轮也会跟着转动。

师：像这样由两个大小不同的轮子固定在一起，可以转动的机械，科学上叫轮轴。较大的是"轮"，较小的是"轴"。

师：现在我把轮上和轴上的绳子绕到边缘的凹槽里，一个按顺时针绕、一个按逆时针绕，然后，在轮上挂1个钩码（演示）。怎样把手解放出来？

生：在轴上也挂一个钩码。

师：（演示挂1个钩码）平衡了吗？想让它保持平衡怎么办？

生：往轴上继续挂钩码，一个一个地挂。

师：（演示）现在两边平衡了。轮上1个钩码的力能拉起轴上3个钩码，或者说，轴上有3个钩码的力，轮上只需要1个钩码的力去拉。

师：关于轮轴，你有什么问题或猜想吗？

生：利用轮轴能够改变力的大小。

生：轮轴能省力。在轴上挂重物，在轮上用力可以省力。

生：我猜测，轮越大越省力。

评析：教学直接从实验室结构非常简单的定滑轮装置和轮轴装置入手，学生通过比较初步认识轮轴的结构；两边挂钩码、达到"平衡"时，引发学生的认知冲突及对轮轴作用的思考，从而展开本课有针对性的研究。

（二）深入探究轮轴

师：有同学认为，轮轴能省力，轮越大越省力，真的吗？今天我给大家准备了三种大小不同的圆盘（出示课件），大圆盘、中圆盘、小圆盘，利用它们，你可以组成哪几种轮轴，哪个是轮、哪个是轴？

生：可以组成三种轮轴：大圆盘和中圆盘组成一种，大圆盘是轮、中圆盘是轴；大圆盘还可以和小圆盘组成一种，大圆盘是轮、小圆盘是轴；第三种是中圆盘和小圆盘组成，中圆盘是轮、小圆盘是轴。（教师用剪好的大小不同的圆卡纸在黑板上贴好）

师：为了更好地区分这三种轮轴，可以给它们分别编上号。仔细观察，1号轮轴和2号轮轴有什么相同之处？2号轮轴和3号轮轴呢？

生：1号和2号轮轴都是大圆盘做轮；2号和3号轮轴都是小圆盘做轴。

生：1号和2号轮轴，轮相同，轴不同。2号和3号轮轴，轴相同，轮不同。

师：下面，我们尝试着在每一种轮轴的轮和轴上挂钩码。轮轴平衡时，把轮上和轴上的钩码数量记录在这张记录表中。（出示课件）关于实验和记录有什么问题吗？

生：没问题。

师：温馨提示。（出示课件）

（1）轮上和轴上的绳子绕到边缘的凹槽里，一个按顺时针绕、一个按逆时针绕。

（2）实验完成后，派1名同学把你们组的数据填入黑板的大表格中；如果与其他组的数据相同，可以不重复写，在"相同数据统计"那里贴上标有你们组号的磁铁。

（分组实验并记录。）

评析：为学生提供有结构的材料，组装成三种不同的轮轴，设计新颖，能够培养学生的创新思维能力，也自然引出接下来的研究对象。让学生尝试着在每一种轮轴的轮和轴上挂钩码，并将轮轴平衡时轮和轴上的钩码数量记录下来。

师：实验完成的组，派1名同学把你们组的数据填入黑板的大表格中；如果是与其他组的数据相同，可以不重复写，在"相同数据统计"那里贴上标有你们组号的磁铁。实验完成的组，观察黑板上的数据或小组的数据，看是否支持你们之前提出的猜想？

（实验数据汇总。）

评析：全班实验数据汇总时，各组派1名同学把组内的研究数据填入大表格中，"相同数据统计"栏贴上标有组号的磁铁，既尊重各组数据，又便于整理分析，数据表的呈现方式是一种创新的教学思路。

师：观察实验数据，你们有什么发现？

生：每一个轮轴，轮上使的力总会比轴上使的力要小。

师：大家仔细看看，是不是都是这样的？

生：是的。

师：轮上使的力总会比轴上使的力要小。那我们把重物挂在轴上，我在轮上用力会怎样？

生：重物挂在轴上，在轮上用力会省力。

师：如果反过来，把重物挂在轮上，在轴上用力呢？

生：物挂在轮上，在轴上用力，会费力。

师：每组数据是不是都支持我们达成的共识？

生：是的。

师：还有没有其他发现？

生：1号轮轴数据中的1、3，还有2号轮轴数据中的2、5，只有一个组出现了这样的数据，而其每组数据都有很多组相同。所以我觉得1号轮轴中的数据1、3，还有2号轮轴数据中的2、5，可能出现了偏差。

师：大家认为呢？

生：嗯，应该是错了。

生：也可能是只有他们一个组发现了这组数据。

师：那这样，请发现这两组数据的同学带上你们的轮轴到讲台前再来演示一遍。

（学生上台演示，并纠错。）

评析：当全班数据中出现了异常数据时，对异常数据进行质疑并再次验证很有必要，课上采用学生现场演示、全班一起纠错来确保实验的严谨与科学，为接下来数据分析，培养学生的分析能力、综合能力、概括能力提供保障。

师：刚才我们修正了两组错误数据，那其他的这些数据还要不要检验？

生：不要检验了。其他的数据，都有很多组是相同的，各小组之间相互检验过了。

师：这些数据应该是没有问题了。我们再来观察，你还发现了什么呢？

生：1号轮轴和2号轮轴，轮相同。轴上都是挂6个钩码，但是2号轮轴更省力。

师：分析1号轮轴和2号轮轴，我们发现，轮相同，轴越小，轮上用力越省力。现在我们来看2号轮轴和3号轮轴，它们是什么相同？有什么发现？

生：2号轮轴和3号轮轴的轴相同，我发现轮越大，轮上用力越省力。

师：通过之前的实验和刚才的数据分析，谁来小结你发现了轮轴的哪些秘密？

生：轮相同，轴越小，轮上用力越省力；轴相同，轮越大，轮上用力越省力。

生：利用轮轴装置，在轮上用力比较省力，在轴上用力比较费力。

生：如果轮越大或轴小，越省力。如果轮和轴差不多大，是不怎么省力的。

师：大家都概括得很好，很厉害。

评析：从各组的数据填写到全班的数据汇总，通过对数据的整理、分析，引导学生在交流分享中自主发现、概括出轮轴的秘密，学生思维的流畅性、敏捷性和创新性在这里均可以得到彰显。

（三）拓展应用轮轴

师：刚才我们研究的是实验室的轮轴，我们生活中有轮轴装置吗？它的哪部分是轮，哪部分是轴？

生：水龙头。手抓的部分是轮，下面连着的杆子是轴。

生：扳手也有应用轮轴。手握的部分是轮，它要扳动的东西是轴。

生：螺丝刀的柄是轮，拧的螺丝钉是轴。

师：（课件出示缺了圆盘的水龙头）要让水龙头拧起来最轻松，大、中、小圆轮，用哪个轮？（课件出示图片）为什么？

生：用大圆轮最省力。因为轮越大越省力。

评析：引导学生将实验中用到的轮轴装置，以及发现的轮轴原理与生活中的物品相结合，用学到的科学知识来解释生活中的现象与问题。

师：（课件：竹蜻蜓、电风扇、小陀螺）它们三个是轮轴装置吗？哪是轮，哪是轴？

生：竹蜻蜓的杆子是轴，上面转动的叶面是轮。

师：玩竹蜻蜓时，我们是轴上用力。在轴上用力，这个竹蜻蜓作为一种轮轴装置，是省力的还是费力的？

生：竹蜻蜓是费力的。

师：关于电风扇、小陀螺，你们有什么想说的？

生：都是一样的，和竹蜻蜓一样都是费力的。

师：日常生活中还有很多装置都利用了轮轴原理，可能是在轮上用力，也可能在轴上用力，可能是省力，也可能是费力。到底情况怎样，我们还需要好好观察、好好分析。

评析：结合生活中的轮轴装置，学生会发现，省力轮轴和费力轮轴在生活中都有，但生活中省力轮轴比较多，费力轮轴比较少；通过课堂上的交流，进一步激发学生课后在生活中去寻找、观察、分析更多的轮轴装置，将课堂所学拓展应用于日常生活中。

【教学评析】

"轮轴"对学生来说是一个比较新鲜的概念，但在生活中的应用却相当广泛。本课教学，以结构简洁又有创新性的实验装置帮助学生认识轮轴；通过挂钩码对轮轴平衡的活动，展开具体、直观的数据收集与分析，让学生充分认识轮轴的省力与费力，发展学生的创新思维能力，完成本课的认知重点。最后结合身边的一些常用物品，使学生真切感受到轮轴在生活中的应用，进一步激发其去关注生活中更多蕴含着科学道理的事物和现象。在整个教学中，以下几点值得肯定。

（一）实验器材的优化——教学活动的基础

科学教学中，实验器材的重要性毋庸置疑。在轮轴教学中，这一点体现得更为明显。

1. 创新实验器材

大多轮轴教学中使用的是两个圆盘固定在一起的实验装置，加大了学生操作难度，也不便于学生清晰明了地区分轮与轴；本课教学，轮轴装置是三个可以自由组合的圆盘，学生任选两个圆盘组合成三种不同的轮轴，器材的优化便于学生在组合时进行分析，在实验中进行比较，为接下来教学的开展提供了较好的基础。

2. 确保器材数量

每组6名同学，若每组只有一套实验材料，势必有学生无事可做，得出实验数据所花的时间也会比较多。因此，本课教学为每组学生提供了两套实验器材，确保实验中人人深度参与，并在有限的课堂时间得出较为丰富的实验数据，为接下来的数据分析环节提供了充分的支持。

（二）教学流程的设计——教学活动的突破

对于轮轴这一教学内容，大多教学设计都是从学生对轮轴工具的使用与体验入手，再以实验操作验证体验时感受的正确性。而本次教学尝试从另一个角度切入主题，即以实验室的轮轴装置入手，将"轮上用力，省力；轴上用力，费力；轴相同，轮越大，轮上用力越省力；轮相同，轴越小，轮上用力越省力"等多个需探究的内容整合为一个大的实验环节，给予学生充分的时间与器材，让其得出诸多数据，再根据数据进行多次不同的分析，从而达成本课思维训练与科学认知的目标。

（三）创新思维的发展——教学活动的核心

学习，并不是简单的信息积累，它同时包含由于新旧经验的冲突而引发的观念转变和结构重组，其核心活动就是创新思维。在小学科学教育中，思维应该贯穿课堂的全过程，而交流和讨论是学生在观察和实验的基础上形成科学解释的主要过程。在本课中，学生创新思维的活动在交流和讨论中最为激烈，学生互不认同的观点，充分地说明学生的思维在运转、在碰撞。在本课教学中，学生在实验前、实验中、实验后，其思维交流与碰撞的机会均比较充分，从而达成了"在学习中发展思维、在思考中建构概念"的学习状态。

《简单电路》教学案例

【教学目标】

（1）知道一个基本电路的组成要素，能够画出电路图，根据电路图连接简单电路。

（2）能够解释简单电路构成闭合回路的原理。

（3）乐于与同学一起探讨有关电路的问题，敢于创新，设计出不一样的电路，感受成功的喜悦。

【教学准备】

（1）教师准备：灯带树（上面有一个一个亮起来的灯泡）、开关、小灯泡等。

（2）学生准备：电池和导线若干、小电珠、小喇叭、小电机等。

【教学过程与评价】

（一）情境导入

师：同学们，瞧，老师今天带来了一棵……

生：灯带树。

师：是的。每逢节日，公园里、街道边的树上都会装扮一些灯带，营造出热烈、隆重的节日氛围。五彩缤纷的灯带树给我们留下了美好的回忆。（教师出示自制的简易灯带树，上面有一个个能亮起来的灯泡。）

教师打开开关，灯带亮了。

师：你们对什么感兴趣呀？

生：我想知道灯带树上的小灯泡是怎么一个一个亮起来的。

师：今天，我们就来研究这个问题。

评析：借助学生感兴趣的灯带树创设情境，直接导入，引发学生提出问题，把课堂探究的主动权交给学生，学生的疑惑由学生探究解决，利于学生接受。

（二）探究实践

1. 观察灯泡

师：看！老师还给大家带来了什么？

生：小灯泡。

师：请你们仔细观察小灯泡，小组内先交流，你们发现了什么？

生：我们发现小灯泡里面有灯丝。

生：上面有个玻璃做的玻璃泡。

生：有两根竖着的线。（金属架）

生：中间有灯丝，它是灯泡的发亮部分。

师：灰色的小圆点叫连接点，一共有两个。

师：刚才我们观察的是小灯泡的外部结构，下面我们来观察它的内部结构。

师：老师把小灯泡外面一层金属壳剥开了，你们看看它的结构，又有什么新的发现？（每小组发一个剥开了的小灯泡。）

生：金属架跟两个连接点是连着的。

生：金属架接着两个连接点。

师：大家观察灯泡发现金属架支撑着灯丝，又与两个连接点都连通了。（出示灯泡结构图）

2. 观察电池

师：我们生活中还经常用到电池，我们来观察电池，谁能说说电池的外部构造？

生：电池有两极，正极和负极。

生：负极为锌皮的一端，正极是棒上有铜帽的一端。

生：电池上有两个符号，正极用"＋"符号表示，负极用"－"符号表示。

生：电池上有一个"1.5V"的标记，我知道是表示电压。

师：你的见识真广。

引导学生认识不同的电池。

师：你能说说你见过哪些电池吗？

生：圆柱形的5号电池。

生：遥控器里的圆柱形的7号电池。

生：手电筒里的1号电池。

生：手表里的圆形的电池。

生：……

3. 点亮小灯泡

师：大家观察了小灯泡、电池，如果想点亮小灯泡，还需要什么呀？

生：还需要导线。

师：老师在每个小组的桌上已经准备好了材料，你们先尝试一下，点亮你们组的小灯泡。

学生操作，教师巡回指导。

师：哪几组亮了？我们请点亮小灯泡的小组上来展示一下。

学生展示。

师：你们能把点亮小灯泡的连接方法在黑板上表示出来吗？

（学生画图。）

4. 点亮两个小灯泡

师：同学们很快就让一个小灯泡亮起来了，现在我们要让两个小灯泡同时亮起来，可以吗？

生：可以。

师：请同桌一起配合，用四根电线、两个电池、两个小灯泡、一个开关，把两个小灯泡一起点亮。你有几种方法？连接出一种，就请在记录纸上画出你们的连接方法。

（学生试接，教师巡回指导。）

学生汇报：当学生想出一种连接法时，教师指导学生在黑板上画出连接线路图。

学生填写实验记录（表5–1）。

表5-1　实验记录表

	我们小组的电路实物图
方式一	
方式二	

交流分享：

师：请上来分享你们组的连接方式。

生：指着黑板上画的电路连接图，我们组是将两个小灯泡连接在一起，然后连接电池和开关，两个小灯泡都亮了。但我们发现，两个灯泡不是一样亮的，有一个小灯泡的光暗一点。

生：我们组和他们组的连接方法不一样。两个小灯泡是分开连接的，并且两个灯泡也是一样亮的。

师：其他组还有不一样的连接方式吗？

展示了两个小组，发现连接方式与刚才两种基本一致。

师：刚才第一个小组介绍的这种连接方式叫作串联，第二个小组的连接方式叫作并联。

5. 认识闭合回路

师：（指着第一次让小灯泡亮了的连接图）小灯泡亮了，说明有电流过小灯泡了。那你猜测一下，电是怎样流过小灯泡的？

生：电可能从正极出来流到灯泡里，同时从负极流出，流到灯泡里。

生：电从电池的正极出来，流过小灯泡里的灯丝，小灯泡就亮了。

师：通常我们是这样认为的：电从电池的正极出发，从小灯泡的一个连接点进入，经过灯丝再从另一个连接点流出，流到电池的负极，形成了闭合的回路。这条路一通，小灯泡马上就亮了。

师：我们再看看，这条通路中，小灯泡的两个连接点和电池的正负极是怎样连接的？

生：小灯泡的一个连接点跟电池的正极相连。

生：还有一个连接点通过电线跟负极相连。

师：大家看出来了，小灯泡的两个连接点分别连到了电池的正极和负极上，小灯泡就亮了。

评析：学生通过有结构的材料，在合作中开展探究，动脑思考，动手操作，尝试使1个、2个小灯泡亮起来，充分发挥自主性和创造性，在经历科学探究的过程中，探索出点亮小灯泡的科学原理，养成良好的探究习惯。

（三）拓展应用

师：像小灯泡、小喇叭这些需要用电才能工作的物件叫做用电器，把小灯泡换成小电机，它能转动吗？

学生动手操作。分享连接方法。发现和让小灯泡亮起来的连接方法一样。

师：如果要使更多的灯泡亮起来，怎么办？

生：增加电池、灯泡及导线就可以了。

师：现在你知道灯带树上的小灯泡是如何亮起来的吗？

生：我想，就是将许多的小灯泡一个一个连接起来。

生：应该是将灯泡并联起来。

师：同学们课后可以试一试，将这棵灯带树再装扮一下。

评析：让学生意识到电的用途很多，认识还有其他一些用电器，打破学生的思维定式，激发学生的创新欲望，形成触类旁通的能力。

【教学评析】

根据《义务教育科学课程标准》内容标准设计，"简单电路"内容将在三、四年级阶段学习，教材安排一般会在四年级。本课设计具有综合性和创新性，将认识灯泡、电池与连接简单电路集中在一个大课时完成。本课教学活动有三个部分。首先，创设一个问题情境：灯带树上的灯泡是怎么一个一个亮起来的？其次，认识灯泡和电池，并使用电池、导线、灯泡连接"点亮一个小灯泡""点亮两个小灯泡"两种有梯度的简单电路，渗透由实物图向抽象的电路图过渡的思想，鼓励学生创新连接方法。学生在了解一些电的基本知识的基础上认识到：形成闭合回路，即电流的通路，灯泡才会发亮。电不仅可以让灯泡发亮，还可以做很多事情。最后，拓展活动，连接其他用电器，制作灯带树。在这个过程中，学生需具备一定的独创求新的意识与能力，方可完成学习任务。同时，在本课教学过程中，教师也能够因地制宜地取材，让每个学生在探究活动过程中的操作能力、思维能力得到有效培养。

本节课既是一节动手实践、亲身体验的科学课，让学生了解了有关电的知识，自己动手去做，亲身去感受，又是一节动脑思维课，让学生自己动脑去想，"电是什么？电器工作的原理是怎样的？多个小灯泡发亮是怎样连接的？有多少种不一样的连接方法？"学生既需要动手做，也需要动脑想，两者结合，边做边想，严谨、求实、创新的科学素养从中得到培养。

《纸飞机》教学案例

第1课　折纸飞机

【教学目标】

（1）学生利用教师提供的纸、设计图能够用口述、图示等方式表达自己的设计与想法，在实践中认识到用一张纸可以制作纸飞机，纸飞机可以飞行。

（2）学生在本节课中尝试看懂设计图纸，通过简单模仿，制作出一架纸飞机，使其飞起来，并简单描述纸飞机的飞行状态。

（3）学生懂得与他人合作，能对试飞过程中出现的问题进行解释，用事实描述，初步感受工程技术的基本流程，即需求、设计、制作、调试、评估和改进。

【教学准备】

学生用剪刀、裁纸刀、普通复印纸、彩色纸、记录笔等。

纸飞机设计图课件。

【教学过程】

（一）需求

（1）出示一张纸，提问：想让这张纸飞起来，你有哪些办法？

学生提出多种方法，其中有纸叠飞机的方法。

（2）提问：为什么想到用纸叠飞机？还有其他方法吗？

（3）提问：那么想让这张纸飞得远，用什么方法？

（二）设计与制作

出示纸飞机制作图纸（图5-1）。

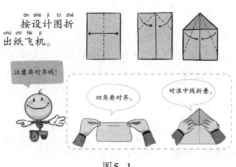

图5-1

谈话：先看一看图纸，学习纸飞机如何制作。

指导学生学着工程师们那样看图纸，说一说制作方法和过程。

谈话：下面我们把制作步骤分解来看，看一看我们能不能按照步骤完成制作。

提示：组长发材料，仔细按步骤完成制作。

提问：①我们手中的飞机是用什么制成的？②为什么现在的这张纸就叫纸飞机呢？

（三）评估与改进

（1）谈话：现在我们的纸飞机准备试飞了。

PPT出示场地示意图（见图5-2）。

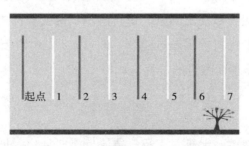

图5-2

讲解：从起点试飞，在飞机上记录飞行的距离，并注明自己的名字。

制定规则：讲解试飞的要求，组长发令。学生试飞测试，并将自己每次飞行的距离以数字的形式记录在飞机上。

提问：①大家认为自己的飞机飞得好吗？②我们的放飞方法正确吗？

（2）播放"微视频"，展示正确的放飞方法。

学生再次试飞。

提问：①观察自己的飞行数据，看一看有哪些变化。②你认为是什么原因造成每次飞行的数据不一样呢？

（3）学生三次试飞。

谈话：同学们的飞机飞行路线都不同。

（4）总结：今天我们知道了纸可以做成纸飞机，学习了制作和投掷的方法，下面的活动我们会继续改进纸飞机，使我们的飞机飞得更远。

第2课　改进纸飞机

【教学目标】

（1）根据改进建议，在实践中让学生了解到通过添加配重、修改机翼、改变纸飞机的材料等方法可以改变飞机的飞行状态，影响纸飞机的飞行效果。

（2）学生进一步在实践中明确评估需要标准的重要性，通过比较评估改变配重位置、机翼、材料的纸飞机的飞行效果。

（3）在实践中，学生多角度、多方式改进纸飞机的创新意识进一步强化。懂得与他人合作，能尝试提出问题并进行解释，对实验结果如实记录。学生尝试对自己和他人的纸飞机提出改进建议。通过实践，学生感受到科技的进步是一个不断根据人类需求而改进的过程。

【教学准备】

普通复印纸、薄纸、厚纸、牛皮纸等不同纸张，以及回形针、记录笔、剪刀等。

教学用课件：纸飞机的不同折法。

【教学过程】

改进纸飞机1（配重与机翼）

（一）改进需求

出示上节课制作的纸飞机，提问：我们的飞机飞行时有什么问题吗？什么样的飞行状态可以让飞机飞得更远？

提问：怎么能改进飞机重量不均匀的问题？

出示曲别针作为配重材料。

提问：怎样安装曲别针？安装在什么位置？

播放安装曲别针操作指导视频。

（二）设计解决方案

提问：为什么纸飞机飞行的时候会出现三种不同的情况呢？

我们的飞机飞行的轨迹是向下的，说明出现了什么问题？

如果飞行的轨迹是先向上再向下的，说明出现了什么问题？

你有什么办法能改进飞机重量不均匀的问题？

讨论：不同的飞行状态和曲别针的别放位置之间的关系。

（三）评估与改进

谈话：我们可以根据自己纸飞机的飞行情况改进我们的纸飞机并进行试飞。

把飞行结果记录在飞机和黑板上，黑板上的记录可以用来进行数据分析。

学生给纸飞机配重并进行测试。

学生将每次测试后的结果记录在黑板上。

（四）新的需求以及再改进

提问：飞机飞行方向和什么有关系？

比较两架机翼不同的纸飞机。（一架机翼对称，一架机翼一大一小不对称。）

（1）观察比较外形。

（2）观察比较飞行效果。

提问：如果我们想让纸飞机飞的轨迹直一些，我们可以怎样改进？

（1）老师可以展示几种不同的改进方式让学生去尝试。

（2）学生尝试改进后再次试飞。

小结：这节课我们知道了可以通过增加配重和修改机翼的方法让我们的纸飞机飞得更好，但是这需要我们多次实验才能做到。下面的活动我们会继续改进纸飞机，使我们的纸飞机飞得更远。

改进纸飞机2（材料）

（一）改进需求

（1）导入：要想成为一位一流的工程师，光改进纸飞机的结构还是不够的，爱迪生经尝试过1000多种不同的材料才发明了电灯，那么我们只用一种纸来做飞机你觉得够用吗？你想怎样做？

生1：不够。

生2：换点不同的纸。

（2）提问：你们和我想到一起了，我也用三种不同的纸做了纸飞机，你们看看它们有什么不同？

生1：我觉得中间的飞机用的纸比较薄。因为我看着它感觉是透明的。

生2：我觉得上、下两个纸飞机用的纸比较厚，风吹不起来，飞得比较低。

（二）制作与调试

1. 比较材料的区别

（1）给学生分发三种不同的纸。

提问：你可以用什么方法感受这些纸有什么区别？

生1：用手触摸。

生2：用眼睛看。

生3：听不同纸发出的声音。

（2）活动：学生感受三种纸的区别。

提问：这三种纸有什么区别？

生1：绿色的纸最厚。

生2：半透明的纸最薄。

生3：复印纸不薄也不厚。

生4：三种纸发出的声音也不同。

2. 用不同的纸制作纸飞机

（1）提问：工程师们和你们一样，也会探索不同材料的区别，那么你们认为他们在区分完材料后会做什么？

生：做纸飞机实验。

（2）提问：那么你觉得哪种材料更适合折纸飞机？

生1：我认为薄的纸更适合。因为风能把它吹起来。

生2：最好不用绿色纸做纸飞机。因为它太硬不好折。

生3：因为复印纸不薄不厚所以适合折纸飞机。

（3）活动：用三种不同的纸制作纸飞机。

提问：怎么评价我们折的纸飞机呢？

生：纸飞机飞得又稳又远，这种纸就适合折纸飞机。

提问：你们认可她的评价标准吗？

生：认可。

师：那么我们就以又稳又远为评价标准。

学生活动：制作纸飞机。

提问：你们在折纸飞机的过程中有没有发现什么问题？

生1：绿色的纸折不齐。

生2：我刚才觉得白色纸折的飞机会飞得远，但是我现在觉得绿色纸折的飞机飞得远。因为我刚才试了一下，它飞得挺远的。

生3：我觉得半透明的纸好折。

谈话：我们一会儿试飞后要给飞得最远的飞机用磁扣在黑板上做个标记。

（三）测试与评估

1. 纸飞机的飞行测试

教师和学生约定实验纪律。带领学生开展试飞活动。试飞完的学生在黑板上进行记录。

2. 飞行效果评估

提问：在你扔出飞机的时候，三种飞机在你手里的感觉一样吗？有什么区别？

生1：复印纸摸着有点厚。半透明纸摸着比较薄。

生2：绿色纸比较硬，复印纸感觉一般，半透明纸很软。

生3：绿色纸折的飞机飞得近，白色纸折的飞机飞得远。

提问：从我们目前得出的结果来讲，如果我们要大量制作纸飞机，你觉得我们应该用哪种材料更好？

生：复印纸飞得最远。

谈话：在飞得最远的飞机里面，复印纸做得最多。

（四）拓展：技术发展史

1. 飞机的发展史

（1）教师介绍飞机的发展史。（图5-3、图5-4）

图5-3 图5-4

（2）头脑风暴问题。

在飞机的发展过程中，你想让飞机有哪方面的改进？指导学生进行讨论，提出需求。

生1：飞机得自己能飞。

生2：能多装人。

生3：飞机要有顶。

生4：飞机要更大。

（3）小结：我们的工程师在制造飞机的时候不断地改进飞机的材料和设计。

2. 总结

我们一起经历了三节课的研究，从投掷纸飞机开始，我们学会了如何正确地把纸飞机扔出去，我们改进了纸飞机的结构，还改变了材料，从不同的方面对纸飞机进行了改进。你们就像工程师一样进行了研究。将来我们还会一起继续展开新的研究。

【教学评析】

本案例为"技术与工程"领域的一个单元，教学对象为一年级下半年的学生，旨在引导学生利用提供教师的材料和工具，通过口述、图示等方式表达自己设计、制作纸飞机的想法和做法，并能够制作出纸飞机，还能够与他人合作、反思，调试、改进纸飞机，体会到科技的进步是一个不断根据人类需求而改进和创新的过程。"需求—设计—制作—评估"是"技术"制作的基本逻辑关系。学生的模仿设计和制作的技能培养是单元基本目标之一。

本案例通过三节课完整地呈现了整个单元的教学过程。在达成基本的单元目标的基础上，案例中值得关注的是教学中教师和学生的独创求新方面的一些体现。例如，在第1课时中，学生学习了纸飞机的基本折法之后，他们发现同样的纸张、同样的折法制作出来的纸飞机，飞行的状态（主要是远近）并不一样，由此引发对投掷方法、结构、材料等进行改进的思考。第2、第3课时主要是针对结构和材料改进进行的设计。这也是"技术"制作过程中的调试、改进、评估过程。

有学生提出，改进时要综合考虑结构、材料、投掷方法等因素，并提出这样考虑的理由。这些学生的求新意识已经非常强烈，也正是科学教学中要努力培养并积极呵护的。

《遗传与变异》教学案例

【教学目标】

（1）初步认识人的遗传现象和变异现象。

（2）能够对自己和爸爸妈妈的相貌特征进行细致的观察、比较、分析，从中归纳出什么是遗传和变异现象。

（3）感受生命的神奇，体验探究生命奥秘的乐趣，并愿意进一步开展研究。

【教学准备】

记录单、镜子、学生自己和父母的照片、课件、投影仪。

【教学过程】

师：今天老师请来了三位美丽的科学老师，请看大屏幕。第一位是美丽有气质的何老师，第二位是美丽知性的程老师，第三位是美丽可爱的杨老师。这儿还有他们孩子的照片，大家想不想看？

生：想。

师：他们是可爱的溪溪、阳阳，还有梦梦。问题来了：谁是谁的孩子呢？小组内讨论一分钟。待会儿期待你们的回答。

师：大家都讨论好了。哪个组来分享一下你们讨论的结果？我们请这位同学来分享。

生：我觉得第一个溪溪是杨老师的孩子。

师：你从哪个部位看出来的？

生：因为西西的脸比较瘦。

师：是从脸型看出来的。另外两个小朋友分别是谁的孩子呢？

生：我认为阳阳是何老师的孩子。

师：那你又是从哪里看出来的？

生：我觉得他们的脸都比较圆。

师：哦，也是从脸型，第三个梦梦呢？是从哪里看出来的？

生：我并不是从脸型看出来的。我觉得她有一种特殊的气质。

师：还有不同的意见吗？这位同学。

生：我认为第一个溪溪是程老师的孩子。

师：你从哪里看出？

生：他的下巴很尖，并且他的牙齿和程老师很像。洋洋是杨老师的孩子。

师：是从哪里看出来的呢？

生：我感觉他的嘴巴跟杨老师一样，他那个嘴角是在同条一直线上的。

师：你观察得真仔细。

生：然后梦梦是何老师的孩子，梦梦的脸型跟何老师很像。

师：还有不同的意见吗？

生：我需要补充下。

师：非常棒，你说。

生：我觉得溪溪是程老师的孩子，还有一个条件，就是眼睛，溪溪的眼睛和程老师很像。

师：现在我们来一起揭晓一下正确答案是怎么样的。溪溪是程老师的孩子。阳阳是杨老师的孩子。梦梦是何老师的孩子。同学们，你们猜对了几个？请用手势告诉我。

孩子们，你们作为爸爸妈妈的孩子，你觉得你们都像谁呢？

我们今天一起来研究一下"我像谁"——《遗传与变异》。

同学们刚了解了这么多相貌特征，已经非常棒了。老师想让大家变得更厉害，刘老师补充了几个相貌特征。请看大屏幕：发际线、眼皮、耳垂、酒窝还有下颌沟。现在请同学们拿出你的观察记录单，阅读一分钟，阅读完毕后，有不明白的地方可以提出来。现在开始阅读。

大家都已经阅读完了。我请这个同学来说，你有什么问题？

生：下颌沟是哪里？

师：哦，下颌沟是哪里？什么是下颌沟，有和无对不对？哪个同学能帮他解答一下？

生：我觉得下颌沟应该是这个地方下到这里。（学生指了指下巴）

师：那你能帮他解答一下什么是有下颌沟吗？

生：就是有双下巴。

师：双下巴是真的吗？你来说。

生：我觉得下颌沟应该就是下巴这里竖着的一条线。

师：是吗？我们一起来看看对不对呢？

第一张图是有下颌沟，第二张图是没有下颌沟，请同学们认真观察一下，他们之间有什么不一样？

生：我发现有下颌沟就是下巴中间有点凹进去，而没有下颌沟的，中间就是平的。

师：非常好，说得非常准确，明白了吗，孩子们？

生：明白了。

师：还有哪个特征不明白的？

生：我不懂发际，V字形。

师：哪个同学能帮他解答下？

生：就是头顶这里有些人是V字形的，而有的人这里是平的。

师：大家给她点赞，给她点掌声。大家来看看她说的是不是对的。大家来看第一张照片。这是什么发际呢？

生：这是V发际。

师：对了。第二张毋庸置疑就是平发际，还有不明白的吗？

生：我不明白这个耳垂是哪里？

师：这个小朋友帮忙解答一下。

生：我认为耳垂是耳朵的这里。（手指自己耳朵下方）

师：我请你来画一下，大家看不见你说的部分。你来圈一下。你能判断一下哪个是有耳垂，哪个没有耳垂吗？

生：这个是有耳垂，这个是没有耳垂。

师：大家赞同他的意见吗？

生：赞同。

师：那你区分的标准是什么？

生：有耳垂这里是像圆球一样的，没有耳垂则不是。

师：刘老师换一种表达形式好不好？这个点，耳朵与脸连接的这一点，当这一点比耳朵外轮廓最低点高，我们称为有耳垂。如果低就是没有耳垂，明白了吗？还有吗？

生：我不明白酒窝在哪里。

师：酒窝在哪里？好，哪个同学帮他解答一下？

生：我觉得酒窝是笑起来的时候这里有块肌肉往里凹陷。（指脸颊）

师：是不是呢？大家一起看一下，一起来说吧。第一张是？

生：有酒窝。

师：第二张是？

生：没有酒窝。

师：还有不明白的吗？

生：我不知道眼皮在哪个位置。

师：你来告诉他。

生：就是在这个位置，上眼的位置。

师：大家一起来看。第一个是？

生：单眼皮，第二个是双眼皮。

师：现在观察这幅图。

生：内双。

师：它属于双眼皮还是单眼皮呢？

生：双眼皮。

师：现在老师来考考大家，我们请个同学来当小模特。哪个同学来说说她这五项相貌特征？

生：我觉得她是内双。

师：对的，还有呢？

生：我觉得她的发际线是V发际。

师：非常好。还有没有？

生：我觉得她笑起来没有酒窝。

师：是的。

生：她没有下颌沟。（其他学生共同说：有。有一点点。）

师：是的，有一点点下颌沟。

生：我觉得她没有耳垂。

师：是的。我们认识了这么多的相貌特征，同学们，你们有什么办法来观察自己和爸爸妈妈的相貌特征呢？

生：观察自己可以照镜子，观察爸爸妈妈我们可以观察他们的照片。

师：那老师还有一点温馨提示，同学们在观察的时候，可以从上到下，有顺序地进行观察。

师：一会儿拿到这个表格，你可以从你感兴趣的特征或黑板上板书的其他相貌特征进行观察，观察记录完毕后，可以请同桌帮自己检查下，看看自己是否观察的正确。同学们可以把镜子、观察记录表和照片材料拿出来，观察时间为8分钟，现在就可以开始观察了。

师：时间到了，在分享之前，老师希望同学们可以这样表述：我是一个有V发际、双眼皮、无耳垂、无酒窝、无下颌沟等相貌特征的人。明白吗？爸爸是一个有什么样相貌特征的人，妈妈是一个有什么样相貌特征的人。

哪个组愿意上来分享？请这个同学来，请带上你的照片和观察记录表。

生：我是一个有平发际、内双、有耳垂、有酒窝、无下颌沟等相貌特征的人，我爸爸是一个有平发际、单眼皮、无耳垂、无酒窝、有下颌沟等相貌特征的人，我妈妈是一个有V发际、双眼皮、有耳垂、无酒窝、无下颌沟相貌特征的人，我的发现是：我有的相貌特征是和爸爸妈妈都相似的，也有的相貌特征自己有，而爸爸妈妈没有。

师：哪个特征你有，爸爸妈妈没有呢？

生：我有酒窝，爸爸妈妈都没有。

师：你的发现真的很丰富，给她点赞。还有哪个同学愿意来分享下？请这个小男生上来。

生：我自己的发际是V形的，有双眼皮、无耳垂、无酒窝、无下颌沟，我爸爸是V发际、有双眼皮、没有耳垂、无酒窝、没有下颌沟，我妈妈是平发际，有双眼皮，没有耳垂，无酒窝，无下颌沟。

师：你没有写"发现"哦，你从这些相貌特征中，发现你跟爸爸妈妈有什么相似之处？能看出哪些特征？

其他学生：发型，眼皮，耳垂，酒窝，下颌沟，基本都相似。

师：还有没有愿意来分享的？

生：我自己是一个有是V发际、有双眼皮、无耳垂、无酒窝、无下颌沟等相貌特征的人，我爸爸是一个平发际、有双眼皮、无耳垂、无酒窝、无下颌沟的人，我妈妈是一个V发际、有双眼皮、没有耳垂、无酒窝、无下颌沟的人。

师：从照片上面看不出你妈妈是V发际呀，是在家里观察的吗？

生：我妈妈就在现场。（妈妈站起来与同学示意。）

师：你的发现是什么？

生：我的发现是，我和爸爸妈妈有的特征一样，而有的特征是遗传我爸爸的。

师：很好，谢谢你的发现。

师：现在小组内再讨论，找一找，你们的共同发现是什么？

哪个小组来分享你们共同的发现？

生：我发现有下颌沟、酒窝的概率非常小。

生：我们发现双眼皮特别多，单眼皮很少。

生：我发现双眼皮特别多，有耳垂特别少，就他一个（指同学），他一个人不但有下颌沟，还有耳垂和酒窝。

生：我们组的发现是有的特征被遗传下来了，有的没有被遗传。

师：也就是说我们有和爸爸妈妈相似的特征，还有呢？

生：也有完全不一样的特征。

师：其他组赞同她的观点吗？

生：赞同。

师：在刚才的活动中，大家发现自己与爸爸或妈妈有相似的特征，又有不同的特征。其他孩子和他们父母相比，相貌又是怎样的呢？我们一起来看几组图片。这是田亮父女，你能观察到他们有哪些特征相似，哪些特征不同？

生：他们俩相似的是他们的下巴都很尖。

生：女儿有酒窝，爸爸没有酒窝。

生：他们的鼻子非常相似。

生：都有卧蚕。

生：都是双眼皮。

师：有不同的吗？

生：发际线不同。

师：小沈阳父女，他俩又有哪些特征相似，哪些特征不同？

生：眼睛和眉毛相似。

生：嘴巴相似。

生：都没有耳垂。

师：大家仔细观察，爸爸有没有耳垂？

生：没有。

师：女儿呢？

生：女儿是有耳垂的。

师：自己与爸爸或妈妈有某些特征很相似，我们称这种现象为遗传。自己与爸爸或妈妈又有很多的特征不同，这种现象就是变异。

师：（出示双胞胎照片）他们长得几乎一模一样，请问这是为什么呢？

生：他们是双胞胎。

师：你们能区分他们吗？他们有什么不一样？

生：嘴巴不一样，一个厚一个薄。

生：弟弟的脸宽点，哥哥的脸长一点。

生：我发现哥哥的头发厚一点，弟弟的头发薄一点。

生：弟弟的鼻子，看不到鼻孔，哥哥的鼻子看得到鼻孔。

师：通过上面的观察，我们发现兄弟姐妹之间也有不同，那兄弟姐妹之间的不同我们称为什么呢？

生：兄弟姐妹之间的不同叫作变异。

师：哪个同学来总结一下变异包括什么？

生：变异包括自己和父母之间的不同，也包括兄弟姐妹之间的不同。

师：我们回到上课时"猜老师的孩子"，你能用刚刚学的遗传和变异的知识来解释你为什么猜对或为什么猜错吗？

生：我猜对了第二个小朋友和程老师，我看到他们都是双眼皮。

师：哦，你认为溪溪是遗传了妈妈的双眼皮。

生：我猜对了第一个梦梦是何老师的孩子，因为他们都有眼袋。

师：哦，这是遗传的，那猜错的呢？

生：第二个猜错了，原因是溪溪的眼睛其实不太像程老师。

师：你认为不太像的称为什么呢？

生：变异。

师：与妈妈不同的我们称变异，但今天只有妈妈的照片，也许是孩子的特征遗传的爸爸。

师：老师带来一个任务，请仔细聆听这个警察叔叔在说什么。

师：哪个同学能帮警察叔叔来拼凑一下。

师：还有不相同的意见吗？你们都赞同她的意见吗？

师：好的，谢谢这位同学。今天我们初步了解了遗传与变异，课后同学们可以再深入研究，相信大家会有更多的收获！下课。

【教学评析】

在《义务教育科学课程标准》中，"遗传与变异"的学习内容是这样表述的，生物体的遗传信息逐代传递，可以发生改变，即后代与亲代形态特征有相似，但也有一些细微的不同。本课设计的创新之处在于将"人"的遗传与变异现象纳入其中，原因很简单，人是学生最熟悉的对象之一。学生既是课堂上的主体，也是本课的研究对象，是有着独特个性、鲜活生命力的个体。这是生命化的教学，是关注学生生命成长的过程。本课设计的创新点由此展开。

教学中，教师不是把这五个相貌特征教授给学生，而是让学生从自己的基础出发，让他们先了解五个相貌特征，再观察自己和自己的爸爸妈妈的相似和不同之处，接着观察明星父女的相似和不同之处，最后观察双胞胎的相似和不同之处。每个活动层层递进，从而让学生自己得出：我们与父母之间的相似是遗传，不同则是变异，兄弟姐妹之间的不同也是变异。孩子们的求异思维得到了有效培养。

《太阳系的八大行星》教学案例

【教学目标】

（1）知道太阳系八大行星，了解行星的基本情况。

（2）通过建立模型了解八大行星的排列顺序，以及与太阳的距离远近，形成正确的空间概念。

（3）体会探究太阳系的乐趣，形成乐于与人合作的意识，并学会用辩证、发展、创新的眼光看待事物，培养质疑精神。

【教学重难点】

通过建立模型了解八大行星的排列顺序，以及与太阳的距离远近，形成正确的空间概念。

【教学准备】

有关八大行星的图像资料或课件、卷筒纸、水彩笔、尺子、磁贴等。

【教学过程与评析】

（一）观察质疑

1. 认识太阳

（出示太阳图片）

师：同学们，认识它吗？

生：太阳。

师：能谈谈你对太阳的了解吗？

学生根据实际说对太阳的了解。

（太阳是一个炽热的气体星球，内部的温度高达1500万摄氏度，表面温度约6000摄氏度。像太阳这样能自己发光发热的天体称为恒星。）

2. 认识行星

（出示太阳系八大行星图片）

师：再看这幅图，图片呈现的是什么？

学生观察图片回答：行星。

师：为什么把它们称为行星？它们有什么共同特点？

生：它们是能在自己固定的轨道上，环绕着恒星运行的星球。

生1：它们是圆球状的。

生2：我觉得它们自身不能发光，是反射太阳光。

师：了解得真不少，将大家描述的概括起来——行星就是自身不发光，环绕太阳运行的星球。

认识冥王星降级为矮行星，大阳系由原来的有九大行星变成现在的有八大行星。

师：刚才听到有同学提到冥王星，是呀，原来还有冥王星也位列行星之列，为什么现在不称它为行星了呢？

学生将自己收集的冥王星降级为"矮行星"的资料与大家分享。

生：根据"保守新行星定义"，行星必须具有以下特点：一是必须是围绕太阳运转的天体；二是质量足够大，能依靠自身使天体呈圆球状；三是其轨道附近应该没有其他物体。冥王星与最后一个条件不符，冥王星的轨道是和海王星有所交集的，所以被降级为矮行星。

师：今天，我们就一起走近太阳系的八大行星！

板书课题：太阳系——八大行星

评析：以图片呈现太阳和八大行星，直奔主题，了解学生已有认知水平，让学生明晰恒星和行星的特点，并认识到冥王星降级为矮行星的事实，了解原因，激发学生强烈的探究兴趣。

（二）探究实践

1. 认识八大行星

（1）看来大家对八大行星或多或少已有所了解，你们认识这些行星吗？能按照它们距离太阳由近到远的顺序叫出它们的名字吗？

学生依次说出八大行星的名称：水星、金星、地球、火星、木星、土星、天王星、海王星。

（2）师：哇，脱口而出、如数家珍！老师也忍不住要将它们请出来与大家见面了。

出示八大行星的排列顺序图，上面标有各行星的名称。

全班学生齐声说出八大行星的名称。

教师相机板书八大行星的名称。

2. 了解八大行星到太阳的实际距离

（1）师：八大行星与太阳的实际距离怎样？孩子们，你们想了解吗？

（出示八大行星到太阳之间的实际距离表，表5-2）

表5-2　八大行星与太阳之间实际距离表

行星	与太阳之间距离（千米）
水星	58000000
金星	108000000
地球	150000000
火星	228000000
木星	778000000
土星	1427000000
天王星	2870000000
海王星	4497000000

师：我看到了同学们眼中的惊讶，还有的人情不自禁地发出惊叹："好大的数字啊！"是啊，就拿我们的家园——地球来说，它到太阳的实际距离有1.5亿千米，这么大的数字，真是不好比较啊。怎么办呢？

生：用光年。

生：用天文单位，按比例缩小。

（2）了解天文单位（A.U.）的含义。

师：真聪明，和科学家想到一块儿去了！天文学家有办法，他们将地球到太阳的实际距离1.5亿千米作为一个天文单位，用英文缩写A.U.表示，那么地球到太阳实际距离就是多少A.U.?

生：1A.U.。

（出示利用天文单位表示的距离表，表5-3）

表5-3 八大行星与太阳之间距离表（天文单位）

行星	距离（A.U.）
水星	0.39
金星	0.72
地球	1.00
火星	1.52
木星	5.21
土星	9.28
天王星	19.28
海王星	30.13

师：很好，金星到太阳的实际距离呢？海王星呢？

生：金星到太阳的实际距离为0.72A.U.，海王星为30.13A.U.。

3. 讨论建立模型的方法

（1）师：怎样形象地描绘出八大行星到太阳之间的距离远近呢？我们可以制作一个简单的模型进行形象描绘。建立模型是指制作某种东西来表示一个物体或事件。

师：想一想，我们能够利用卷筒纸、尺子、水彩笔等材料，以及各大行星到太阳的距离表格来建立简单模型吗？小组内商量一下，设计出你们组认为可行的实验方案，等会儿我们进行汇报。

（2）小组讨论实验方法，教师深入各小组认真听取各小组的方法，及时点拨、完善。

师：大家刚才讨论得非常热烈，现在我们来进行汇报交流，谈一谈你们组的实验方法，其他组认真倾听，听一听你们组有哪些地方是与他们不一样的，再进行补充、完善或质疑。

（3）小组汇报、交流实验方案。

第1小组：我们组打算用1厘米表示一个天文单位，那么水星到太阳的距离就是0.39厘米，地球到太阳的距离就用1厘米表示，依次计算出它们到太阳的距离并用尺子量出，画好各自的距离。

教师谈到了建立模型时如何确定距离，对大家一定有启发。

第2小组：我们有补充，还要画出各行星的简单形状，依据科学书上的行星颜色把它们的颜色基本表示出来，基本画出它们的特征，地球是蓝色的，我们用蓝色球体表示，土星有个光环，像个帽子一样。

师：非常细致，考虑得很周到！

第3小组：我们想先在纸的边缘画太阳，然后从太阳边沿的一个点出发画到水星的边沿，而不是从太阳的中心点画到水星的中心点，其他行星的距离也是这么确定。

师：能说说为什么这样确定吗？

第3小组：这样更严谨些。有个统一的标准，建立模型的时候，就不会有的组画的行星距离长些，有的组画的距离短些。

师：同学们，让我们为第3小组严谨的科学态度喝彩。

第4小组：我们组认为采用3厘米作为一个天文单位更好些，因为如果用1厘米作为一个天文单位，距离太阳较近的水星、金星、地球、火星分别是0.39厘米、0.72厘米、1厘米、1.52厘米，就紧紧挨在一起了，太挤了，看不清楚。如果用3厘米，相对会清晰明了，一目了然，所以我们建议用3厘米为一个天文单位。

师：谢谢你们将自己组好的经验、方法与大家分享，并非常清晰地阐述了理由，老师特别欣赏你们！

第5小组：老师，我们也欣赏第4小组这样乐于与大家共享好方法的精神，不过我们组打算用2厘米作为一个天文单位，认为这样做也比较合适。因此我们提议各个小组不一定都要统一，觉得用几厘米表示合适就用几厘米，只要海王星到太阳的距离不要超出纸的范围就可以了。

师：大家赞同这个小组的意见吗？

生：赞同。

4. 建立模型

（1）师：同学们，经过大家的汇报交流，我们的方案不断趋于完善，思维也不断严谨了，你们比老师考虑得还要周全！那么老师就请各小组选择认为合适的长度表示1A.U.，测量并标出每颗行星的位置，画出简单的行星形状。开始行动吧！

（2）分组实验，建立模型，描绘八大行星到太阳的距离图，教师及时点拨、指导。

（3）各小组上台展示本组所描绘的距离图，用磁贴依次贴在黑板上，并在旁边标明小组名称。

评析：建立模型是指制作某种东西来表示一个物体或事件，通过建立简单模型，能形象地体现行星与太阳距离的远近，形成科学认知，建立空间概念，培养空间想象力。通过建立模型，小组内讨论，组间补充、质疑，全班交流，在思维碰撞中合作将建模方法完善，从而自主掌握方法，体现学生的主体地位，也体现教师对方法的指导。

（三）发现规律

1. 观察模型，描述行星的分布

师：孩子们，这都是我们合作的成果、智慧的结晶，为我们的成果来点掌声吧！

师：仔细观察我们建立的模型，你们能描述行星是如何分布的吗？

生：我发现离太阳较近的水星、金星、地球、火星之间的距离都非常近，很拥挤，就像冰糖葫芦串似的，而木星、土星、天王星、海王星之间的距离就相对较远了，而且是越来越远。

生1：距离太阳较近的水星、金星、地球、火星的体积都较小，木星、土星、天王星、海王星的体积就大一些，特别是木星，是八大行星中最大的。

生2：我认为相邻的行星之间的距离有的宽、有的窄，离太阳越远的相邻行星间的距离越宽，这或许与太阳对它们的引力有关。

师：能够对观察的现象进行大胆的猜测，这是科学探究很重要的一步。

生：我以前看过宇宙探索方面的书籍，知道距离太阳越近的行星运转得越快，距离太阳越远的行星运转得越慢，这与太阳对它们的引力有关，但是它们又不会被吸引到太阳面前来，产生相撞的情况，那是因为它们有离心力，所以各自在固定轨道上运转。

师：你的知识真丰富！可见课本外的世界更精彩，我们的学习不能仅仅局限于课内，而应放眼于课外，希望大家多与好书交朋友！

师：将教材上的这张图和我们建立的模型比较，有没有不一样的地方？

生：教材上的图片显示各行星之间的距离都是差不多的，而我们建立的模型距离有远有近。

师：这是怎么回事？

生：我想应该是书本上的纸张页面太小了，如果像我们组这样描绘的话，就需要90多厘米长的纸张，不好排版，所以就缩小了，主要让我们清晰地看到八大行星排列的顺序，而我们建立的简单模型就比较准确地表示出了各行星到太阳的距离远近。

师：你们认为呢？

生：老师，我也是这么想的，不过我更喜欢我们自己建立的模型。

师：原来是各有侧重。自己的智慧果实当然令人喜欢了！

2. 进一步探究

师：我们的模型是把所有的行星排列在一条线上。实际上是这样的吗？

生：不是，实际上它们很难同时排列在一条线上，据说如果它们同时在一条直线上时，可能会出现巨大灾难或世界末日。

师：哦，是吗？那你认为这样的说法有科学依据吗？

生：在穿越剧中就有这样的情节，我们是肯定不会相信的，这是没有科学依据的。

师：是啊，你说得对，甚至有的人别有用心，在网络上散布这样的信息，弄得人心惶惶，有的人还真盲目地相信了，我们既要学科学，又要用科学，向身边的人宣传科学，用科学来辟谣！

（很多孩子若有所思，连连点头。）

师：那八大行星是怎么排列的呢？

生：它们应该是在自己的轨道上有规律地运转，由于它们运动的速度不同，有的快、有的慢，就会分布在不同的位置上，不会在一条线上。

师：让我们来看看究竟是怎样的。（出示行星在各自轨道上运行的图片）

师：如何改变你们的模型使之更符合实际呢？课后好好想一想，制订一个方案尝试做一做吧。

评析：通过对各小组建立的模型与教材上的图进行比较、分析，发现异同，学生学会多角度看问题，并根据实际来判断行星是否排列在一条线上，认识到学习科学要活学活用，学科学、用科学，破除迷信，宣传真理，从而于无形中完成情感态度价值观的渗透。

（四）总结拓展

师：回顾我们学习的内容，大家有什么收获吗？

生1：我了解了太阳是恒星，恒星就是能自己发光发热的星球。

生2：我知道怎样建立简单模型来表示八大行星到太阳的距离，以后遇到类似的问题，我就会用建立模型的方法去解决。

生3：行星的特点我明白了。我们的家园——地球就是行星。月球是地球的卫星。行星和卫星都不能自己发光，而是反射了太阳的光芒。

生4：我以前只知道冥王星被剔除了九大行星的行列，一直不太了解是什么原因，现在明白了主要原因，爸爸妈妈也不清楚，我可以告诉他们答案了。

生5：看来，科学上的一些事情也不总是正确的，科学有时候也可能出错，就像亚里士多德认为"两个物体从同一高度落下，重的比轻的先着地"，伽利略提出了质疑，并反复实验发现了两者是同时着地，揭示了自由落体规律。真的，科学不是没有一点变化的，是在发展的！

师：科学是不断发展的，前人的总结、经验并不总是正确的！说得多好，多有哲理！能和你握个手吗？你真具有科学家的潜质！

师：是啊，人类的认识是不断进步的，科学是不断向前发展的，也是充满了曲折艰难的，总是在不断修正、不断趋于正确的历程中。现在我们公认的八大行星也是我们人类目前能观测到的，那么有没有第九大行星、第十大行星呢？未知、不确定，等待着你、我、他一起去探究！

下节课我们继续开展太阳系之旅，交流八大行星及其他天体的信息。期待大家的精彩表现！

评析：通过建立模型，学生掌握了方法，通过再次观察模型，梳理、回顾本节课所学知识，正因为教师在开展合作、对话、探究、交流的和谐课堂氛围中，充分尊重了学生，从学生立场出发，使他们感觉是轻松的、安全的，因此有了独特的见解，有了不一样的收获，有了一种质疑的精神、发展的眼光，这正是我们科学学习非常需要的一种品质。

【教学评析】

太阳系中的天体是学生平时难以直接观察到的，教材提供了一定量的阅读资料，通过指导学生阅读、想象、讨论等一系列活动，帮助学生认识太阳系的基本情况。本节课教学具有创新性，通过建立模型帮助学生了解八大行星的排列顺序，以及与太阳的距离远近，形成正确的空间概念，认识科学的进步和人类智慧的潜力，激起学生的求知欲，同时培养、训练学生通过阅读资料获取信息的能力、建立模型的能力和空间想象力。

学生在本课的学习中，能够主动参与资料的收集，交流对太阳系中行星的认识，能通过资料了解八大行星的排列顺序，利用材料建立模型，了解它们与太阳的距离远近，形成正确的空间概念。教学中凸显了以下特点：

（1）"用教材教"而不是"教教材"。在本课教学中，开始确定的教学目标是知道太阳系的组成及行星的排列顺序，了解金星的基本情况，并能从资料中获取太阳系的有关知识。考虑到孩子们虽然知道行星的排列顺序，但是对于行星离太阳距离的远近不是很了解，空间想象力不强，通过建立模型的方法有利于学生构建空间概念，培养学生的空间想象力。因此，教师在教材的基础上增加了这一教学内容，让学生充分地动手动脑，利用资料，数据图表等建立模型，将多学科知识有机融合，促进了学生思维的提升。这是本课较大的创新点。

（2）以学生为主体，从学生立场出发。在课堂上学生自主探究、合作学习，教师是学生学习的组织者、引领者、亲密伙伴。从材料的选择，实验方案的设计，简单模型的建立、展示，规律的发现等，都由学生在小组合作的过程中共同完成，将学习主动权最大限度地还给学生，使他们在活动中不断体验与发现。

（3）在教学中时时处处注重科学与人文文化的渗透，让科学课堂洋溢着人文气息，充满了思辨的理性美，尊重学生的独特见解，赞赏他们质疑的精神，使他们学会用发展的眼光，多角度地辩证地看待科学、看待周围的事物。如此，学生的科学学习、终身学习乃至一生发展都将受益无穷。

《风的形成》教学案例

【教学目标】

（1）能从"这是什么""为什么会这样"等角度对自然界中的风提出问题，并能选择适合自己探究的问题；能对提出的有关风的问题进行比较和评价，应用已有的知识和经验对风的成因做出多种假设性解释，提出探究活动的大致思路，并能用简单的器材做简单的风成因模拟实验。

（2）知道空气的流动是风形成的原因。

（3）对自然现象保持好奇心和探究热情，追求思维方面的创新，愿意合作交流，认识到科学是不断发展的。

【教学重难点】

引导学生自己设计风的成因模拟实验，探究自然界中风的成因。

【教学准备】

（1）课前收集有关风的图片及文字资料，并进行整理和分类。

（2）课前观察身边哪里有风，什么地方可以产生风。

（3）模拟实验材料：可乐瓶、蜡烛、火柴（或打火机）、香、小盘等。

【教学过程】

（一）情境导入

谜语：同学们，你们喜欢猜谜语吗？老师给大家出一个，你们猜猜看："云儿见它让路，小树见它招手，禾苗见它弯腰，花儿见它点头"。是什么？（风）

师：风是一种常见的自然现象，同学们都非常熟悉。生活中哪里有风？小组先讨论一下。

学生谈论、交流。

生：下雨前刮风、跑步时感觉有风、电风扇打开时有风……

（师：同学们知道得真不少。）

引出科学问题：原来，风无处不在，风与我们的生活密切相关。（出示课件）彩旗飘扬，帆船疾驶，林涛怒吼，波浪汹涌——这些都是风的作用，它高兴时，悠闲漫步，轻摇柳枝；它发怒时，狂奔乱舞，拔树倒屋。那么，你知道自然界的风是怎样形成的吗？

今天，我们就一起来研究这个问题：风的形成。（出示课题）

（二）探究实践

1. 学生制造风，并研究风形成的原因

师：我们教室里有风吗？现在，请同学们试试，你能不能制造风？

学生自己活动。（放手让学生自己做）

学生制造风：用嘴吹、用书扇、开窗等。

继续引导：老师这里也有一些材料，你能利用它们制造出风吗？谁来试试？

学生利用教师提供的材料制造风材料有：扇子、气球、风车。

深入引导：在生活中还有哪些风是借助器械来制造的？

学生交流自己所观察到的现象。（风扇、吹风机、飞机螺旋桨、空调等）

师：这些风都是人为制造的，我们称为人造风。

启发探究：想一想，人造风有哪些相同的特点？

（示范：吹）吹的是什么？空气。空气有什么变化吗？

师：空气的变化，我们用肉眼是看不到的。但你可以用手去感觉。嘴巴周围的空气是怎么变化的？空气跑到别处去了，嘴巴周围就成真空了，没有空气了吗？对，周围的空气又跑过来了。

学生猜测感受：人造风的特点。

交流发现，形成共识：人造风是因为空气从一个地方运动到另一个地方，周围的空气过来补充形成的。也就是，空气的流动形成了风。

2. 猜测假想自然界中的风是怎样形成的

问题探究：人造风是风的一种，是我们人为地让空气流动形成的，像刚才我用扇子来扇风：不扇时，扇子周围的空气不流动，我感觉不到风；扇扇子时，扇子周围的空气流动到我的脸颊和身上，我便感觉到了风。那自然界中的风是怎样形成的呢？是不是天上有一个孙悟空也拿着一把大扇子在那儿使劲地扇啊？（学生笑，不是。）

那自然界的风到底是怎样形成的？根据上节课我们学习的热空气的知识，大胆地猜一猜。小组同学先讨论一下，把你认为最主要的条件写在记录本上。

小组讨论：风是怎样形成的。（小组同学各抒己见）

学生交流：同学们大胆交流自己的猜想，并说出作出这种猜想的理由。

确定研究主题：同学们大胆地提出了几种猜想，哪一种猜想最有可能呢？

（生交流：肯定有空气流动才能形成风；热空气比冷空气轻，往上升，形成了风；热空气上升时，冷空气就过来了，于是就形成了风；冷空气比热空气重，把热空气挤得往上升了，形成了风……）

3. 设计实验，验证自己的猜想

师：如何通过实验来验证你的猜想是否正确？

设计实验：认识老师给你们带的材料吗？（认识蜡烛、香……）打火机是用来干什么的？点燃什么？这个小盘呢？老师告诉你们，香用完后要放到这小盘子里面熄灭。

小组讨论，设计实验方案。

学生交流自己的设计思路及实验方案。

（学生交流时，教师视情况实物示范）

教师提醒学生注意实验操作的安全性：我们在实验中要注意什么呢？

（1）蜡烛和香不要烧到瓶子。

（2）熄灭香时，要将燃着的一头按在小盘子上弄断，而不能吹。

注意实验操作的有效性：同学们按照自己的想法进行实验，实验时注意观察发生的现象，注意同学间的团结合作。最后认真填写好实验记录。

小组开始探究实验、科学观察、做好记录。（时间约15分钟）

汇报交流。

（1）香靠近小孔时，你看到了什么现象？（烟向瓶子里冒）这说明有没有风？（有）风朝什么方向流动？（朝瓶子里）你是怎么知道的？（烟向瓶子里冒）烟为什么向瓶子里冒？

（2）分析：点燃蜡烛后，瓶内的温度有什么变化？（瓶内温度升高）根据热空气的原理，温度一高，空气就会变（轻），会上升。瓶外温度低，空气重。当瓶内热空气上升之后，瓶外冷空气便过来补充。再加热，再上升，瓶内空气热空气跑到瓶外后变冷，下降，再进入瓶内，循环起来，便形成了（风）。

另一种分析：点燃蜡烛后，瓶内温度一升高，空气就会变（轻），瓶外温度低，空气重。瓶外重的冷空气便进入瓶内把热空气挤得上升了，进来的冷空气又被加热，外面的冷空气继续进来补充，再加热，空气再上升，再补充，循环起来，便形成了（风）。

（3）在什么条件下可以形成风？（温度不同）对，正是有了温差，才会有热空气上升，冷空气过来补充的现象，才会形成风。

演示：老师这儿还有一个仪器，也能模拟自然界中风的形成的。（教师演示）把蜡烛点燃，你发现了什么？（螺旋开始转动），这说明了什么？（有风）那这风是如何形成的呢？

学生解释：老师把香点燃，放在下面的入口处，发现了烟往里冒。这是因为上面空气遇热变轻，上升，外面温度低，空气重，过来补充，使空气流动起来，形成了风。

师：既然是模拟自然界中风的形成，想一想，能够发出热量的蜡烛，代表什么？（太阳）香冒出的烟呢？（空气）自然界中，被太阳照射到的地方温度高，没被照射到的地方温度低。温度高，热空气上升，温度低的冷空气过来补充，空气不停地流动，风便形成了。

课件：（风的形成与气温有关，热地方的空气轻，压力小，冷的地方空气重，压力大，当两地冷热温度不同时，空气压力大小也就不同，压力大的地方的空气会向压力小的地方流动，从而形成了风。）

（三）拓展延伸

风是生活中常见的自然现象，它与我们的生活密切相关，大家来说一说，风对我们的生活都有什么影响？（引导学生从有利、有害两个方面进行交流）

师生交流风对人类生活的利弊，提高学生对人与自然关系的理解。

关于风的话题还有许多。比如，白天风从海上吹向陆地，夜晚风从陆地吹向海洋。我们把它叫作"海陆风"。这到底是怎样形成的呢？同学们课后可以查一查资料，下节课我们再一起学习。

实验记录表如下：

表5-4　实验记录

实验名称	风的形成
实验猜想	可能与（　　　　　　　）有关。 可能与（　　　　　　　）有关。 可能与（　　　　　　　）有关。
实验材料	
实验现象	香靠近小孔时，你看到了什么现象？ 这说明有没有风？思考：风是怎么来的？（提示：点燃蜡烛后，瓶内的温度有什么变化？瓶内外的温度有什么不同？）
实验结论	实验说明，在什么条件下可以形成风？

【教学评析】

《风的形成》是小学科学教学中的经典内容，也是有一定教学难度的内容，它属于"物质科学"领域中"空气的流动是风形成的原因"的学习内容。本教学案例来自网络资源，整理时有适当的修改，且本书作者再次进行了教学实践。

本案例从教学过程来看，与常态的科学实验课没有大的差别，基本按照"情境导入—探究实践—拓展延伸"的过程进行。执教老师的独创求新之处在于"探究实践"的部分。一方面教师鼓励学生多角度大胆猜想自然界中风形成的原因，从中归纳出与空气流动有关的假设，针对这一假设，利用教师提供的材料设计实验方案；另一方面对现象的解释不局限于一种可能性，即学生固有的认识是"热空气比冷空气轻，会上升"，而引导学生从另一个角度思考，"为什么热空气会上升？"是因为"冷空气重，会下降，从而占据了热空气的位置，将热空气挤上去"，其实这才是常说的"热空气上升"的根本原因。在教学设计中，教师有意识地从这个角度引导学生思考，注重的是学生思维的"求新"，这也正是科学教学的重要目标之一。学生正是有了思维方式的创新，才能够更广泛地认识并解释自然界中空气流动形成风的原因。

第六章

科学人文实践案例

《谁选择了它们》教学案例

【教学目标】

（1）同一种生物生活在不同的地方，身体的形态结构也会有所不同。环境发生变化，生物的形态结构也会发生变化以适应环境。了解自然选择和人工选择改变着生物，造就了生物的多样性。

（2）利用资料研究问题，寻求有关问题的合理解释。

（3）意识到环境与生物的密切关系，增强环境保护的意识。

（4）渗透科学与人文精神，意识到科学是一种文化。

【教学重难点】

教学重点：

（1）知道同一种生物生活在不同的地方，身体的形态结构也会有所不同。

（2）知道环境发生变化，生物的形态结构也会发生变化。

教学难点：

了解"物竞天择，适者生存"，自然选择和人工选择改变着生物，造就了生物的多样性。

【教学准备】

课件、"谁选择了青蛙"实验材料（背景布、不同颜色的短线代替虫子、不同颜色的青蛙模型）。

2个大小不同的球形烧瓶、1个与大烧瓶体积相近的长颈玻璃瓶、3个温度计、温水。

【教学过程】

（一）谈话导入

引入：同学们喜欢看有关科学方面的电视栏目吧？你们看过的有哪些？今天这节课咱们也来制作一期节目，节目的名字就叫"探索发现"。

（二）情境探究

节目之一：从恐龙灭绝说起

各位嘉宾、各位观众，大家好！今天的《探索发现》栏目又和大家见面了。首先我们聊一个大家很感兴趣的话题：关于恐龙灭绝的说法。恐龙灭绝的时间大约在6500万年前，我想大家平时通过书籍、电视或网络已经有一些了解，请说说看，关于恐龙的灭绝你知道有什么样的说法。归结起来，是什么原因导致恐龙灭绝的？

生：小行星撞击地球、火山大爆发、瘟疫……（归结到环境的变化导致恐龙的灭绝）

师：了解了恐龙灭绝的众多说法，下面进入我们今天节目的主题："谁选择了它们"。（板书）看着这个题目，我想请某位嘉宾说一说题目中间的"它们"是指谁，（生物）"谁"又是指什么。在你的想法里，环境包括哪些因素？（自然环境、人为环境）

节目之二：是谁选择了青蛙

（1）游戏：给两只不同颜色的青蛙选择生活环境。

师：下面，我们来做一个小小的测试，（出示两只颜色不同的青蛙）老师带来了两只青蛙，它们有什么不同？这里有一些自然界的环境图片。请两个嘉宾上来挑一挑，这两只青蛙分别生活在哪一种环境之中，并说一说你为什么这样选择。

（两名学生上台选择并说明选择的理由，提出青蛙体表颜色对青蛙的保护作用）

（2）分析、讨论资料。（青蛙的去和留）

师：（出示青蛙变化图）生物学家发现，在绿地里青蛙的颜色主要是绿色的，如果经过一定的时间，当绿地逐步变成沙漠，青蛙的颜色也慢慢地变成与沙漠颜色接近的黄色。为什么会出现这种现象？

（学生讨论、汇报，达到效果：环境的变化使得适应环境的青蛙生存下来了，它身体的颜色也与它生活的环境相同，和周围环境颜色相差很大的青蛙慢慢被淘汰了。看样子是谁选择了青蛙？）

首次引出："物竞天择，适者生存。"

师：其实生物学家对这种现象做了很多研究，并提出了一些很有价值的生物发展变化的规律。（出示"物竞天择，适者生存"）这句话很好地说明了自然界中生物发展变化的规律。我们一起来读一读。你们是怎么理解这八个字的？（学生从字面了解意思）

节目之三：是谁选择了北极熊

（1）比较北极熊、棕熊、黑熊的特征。

师：接下来，我们来看一组照片。（出示北极熊、棕熊、黑熊的图片）认识吗？它们生活在什么地方？请大家仔细地看一看，虽然它们都是熊，但是它们有很多不同之处。我们一起来找一找北极熊和棕熊、黑熊有哪些重要的区别。

（2）交流发现：北极熊毛色雪白，身体肥大，眼、鼻、耳、尾等裸露在外的器官很小，四肢短小，熊掌肥大，更有力。

（3）讨论：为什么会出现这么多的不同？

师：虽然它们都是熊，特别是棕熊和北极熊都是同一个祖先，但为什么北极熊会有这样的一些特征呢？

学生发表自己的看法。

实验演示：北极熊生活在寒冷的北极，它们圆而大的体形真的有利于保温吗？用实验验证我们的想法。

（4）再次引出："物竞天择，适者生存。"

师：在自然界中像熊这样，同一种生物生活的环境却不相同的事例你还知道哪些？（北极狐、红狐、灰狐，北极狼，北极兔等）是谁选择了这些生物呢？还是这句话——物竞天择，适者生存。现在，我们再来看这条规律，你有什么新的理解吗？（学生从更多事例中谈一谈对这句话的感受）

节目之四：选择改变生物

（1）介绍人类对生物的改变。

师：我们刚才说得更多的是自然环境对生物的选择。其实，我们人类的选择也改变着很多生物。比如，家猪就是人类从野猪驯养而来的。你们还知道

哪些生物也是由于人类的选择而改变的？（学生阅读资料，分享介绍野猪、家猪，稗子、水稻，鲫鱼、金鱼，西瓜，等等）

（2）引申：人类的发展也受着环境的选择而改变。

师：为什么人类要对自然界的那些生物进行有选择的改变？（为了人类自己的生存）对那些生物来说，人类也是它们生存环境的一部分，选择、改变着这些生物。其实，人类自身的发展历程也同样受到环境的选择而改变着、进化着。（展示人类发展图片）

（3）第三次提升："物竞天择，适者生存。"

师：我们再一次地品味这句话，你是不是又有了更新的感受？"物竞天择，适者生存"不仅是自然界中生物发展的自然法则，对人类的发展变化同样也是如此。我们人类同样要遵守这一公平的自然法则。

结束语：自由发言，请嘉宾们自由地谈一谈，通过今天的节目，你还想说点什么？

师：我们知道，生物和环境的关系是非常密切的，环境决定着生物的生存、发展和未来！"物竞天择，适者生存"是我国学者严复先生在译著《天演论》中提出的，来自他翻译的英国生物学家赫胥黎《进化论与伦理学》一书，更早应追溯到达尔文的《物种起源》。它很好地解说了生物、人类、社会和环境变化的规律。我想参与今天节目的嘉宾们一定会有很多的收获。希望在以后科学探索的路程中，我们可以更多地交流。好了，今天节目到此结束，谢谢大家！

【教学评析】

《谁选择了它们》是教科版六年级上学期《生物的多样性》单元教学内容，教材的设计目的是使学生了解同一种生物生活在不同的地方，身体的形态结构也会有所不同，环境发生变化，生物的形态结构也会发生变化，了解环境的选择（自然选择和人工选择）改变着生物，造就了生物的多样性，从而意识到环境与生物的密切关系，理解"物竞天择，适者生存"的自然规则，增强环境保护的意识。

在本课的教学设计中，教师紧扣"物竞天择，适者生存"这句话，它本出自严复的译著《天演论》，来自赫胥黎的《进化论与伦理学》一书，以"物竞天择，适者生存"的进化论观点唤起国人救亡图存、自保自强的意识。它是社会演进的规则，也是生物界演进的规则，且具有一定的文化深度。因此，老师将教学的重点定位在让学生逐层理解"物竞天择，适者生存"的意义和内涵，从而在科学教学中渗透文化教育，传承文化思想，让学生在进行科学探究的过程中感受到文化的博大和魅力。为了激发学生的探究兴趣和参与热情，教师别出心裁，将本课教学形式设计为一个电视栏目——《探索发现》。

目前，我们的科学课程，在重视科学教学的同时更需要文化的传承和提升。在本课教学中，教师紧紧地扣住"物竞天择，适者生存"这句话，分三个层次向学生展现，学生经历了一个由浅到深、由偏到全的思维的递进、拓展和创造过程。一节课下来，师生均沉浸在一种走进科学但又超越科学的意境中，那便是文化。

《多样的天气》教学案例

【教学目标】

（1）知道阴、晴、雨、雪、风、雾等天气现象、主要特征和相应的天气符号。

（2）初次经历较长时间的，有目的、有计划的观察，并记录天气现象的过程。知道天气的多样性、可变性。

（3）培养坚持性，渗透人文性，激发学生对于天气的兴趣。

【教学过程与评析】

（一）情境导入

（1）谈话导入："小朋友们，前段时间，咱们本地天气真好，咱们学校召开了运动会，进行了研学活动，（PPT出示校园活动图片）这是什么天气？"（是的，晴天）

"晴天有什么特点呢？谁能说说？"

（2）画晴天：让我们画一张晴天的简笔画吧。（直接用水彩笔画简笔画，时间3分钟）

（3）展示多张孩子们的图画，找出共同点，小结晴天的主要特征是：能看到明亮的太阳。

评析：导入环节用孩子们经历的学校活动场景的晴天的照片代替教材中的上海东方明珠塔的晴天图片，贴近生活，更能唤起孩子们的认知和兴趣。刚进入一年级，孩子们说、写的能力还比较弱，这时候让孩子们画天气，孩子们就会把头脑中对天气的认知从表现出来。从大家的晴天图画中找到共同点——都画了太阳，从而明白什么是晴天的主要特征，同时渗透了"抓住主要，忽视次要"的思维方法。

（二）认识天气现象和天气符号

1.认识更多的天气现象

"除了晴天，你还见过或知道什么天气呢？"

"让我们来回顾一下我们见过的天气吧。"（PPT播放小动画：依次出示晴、阴、雨、雪、风、雾等不同天气的动态图。）

评析：调动孩子们的生活经验，让其回顾见过或在电视、广播中听到过的天气现象。预设有孩子可能会说到春天、夏天等，老师可讲授春、夏、秋、冬是一年的四个季节，而天气是指一个地方短时间的大气现象。再通过一些天气现象的动态图，用情境化场景让孩子们感受天气的多样性。

2.用比较的方法描述晴天和阴天的主要特征

"每种天气都有其各自的特征，我们来观察描述一下不同天气的主要特征吧。我们来看一看阴天有什么特征吧。"（PPT出示阴天和晴天的图片）

"和晴天进行比较，阴天的主要特征是？"（晴天的主要特征：太阳没有被云遮住。阴天的主要特征：太阳被云遮住了。）

评析：教师先引导孩子用比较的方法观察和描述阴天的主要特征，符合一年级孩子的年龄和思维特点。预设学生说阴天的主要特征是没有太阳，教师可引导："是真的没有太阳吗？""不是，是我们看不到太阳，因为天空中的云很多，太阳被云遮住了。"学生从而发现晴天是天空中无云或云很少，太阳没有被云遮住。

3.用符号表示晴天和阴天

"气象学家想到一种办法来表示天气，他们根据天气的关键特征，用简洁的图形符号来表示天气。你猜猜，他们会用什么图形表示晴天呢？"（太阳）

"那又会用什么图形符号表示阴天呢？"（请上来画）

出示教材中晴天和阴天的天气符号，与之对照。

4.描述雨、雪、风、雾等不同天气

"刚才我们用比较的方法了解了晴天和阴天的主要特征，（出示雨、雪、风、雾等天气图片），这几种天气现象各自有什么主要特征呢？也让我们观察比较一下。"

（同桌讨论：讨论习惯培养→全班汇报：找关键特征汇报）

5.用符号表示雨、雪、风、雾等不同天气

"你能用简洁的符号来表示这些天气吗？请你选择一种天气现象来设计天气符号吧。"（各自设计→展示、交流）

评析：从引导孩子们了解晴天、阴天的主要特征和符号开始，再让孩子们讨论描述其他天气现象的主要特征，并尝试设计简洁的天气符号。这样的教学设计由易到难，由扶到放，让孩子了解了符号的简洁性、形象性。预设孩子们设计雨的天气符号会有不同，从而也可引出小雨、中雨、大雨的符号区别。对天气符号的设计是一种文化艺术。

（课间休息：天气歌曲串烧）

6.认识天气符号

"气象学家也给这几种天气现象设计了天气符号，你们能找到这些符号对应的天气现象吗？"（出示PPT：连一连，并借助图片重点理解风和雾的符号。）

7.游戏巩固天气符号

（听口令找卡片→看符号认天气→小助理找符号板书）

8.师生小结

"我们认识了一些天气现象，还了解了它们的天气符号。天气符号能简略形象地表示天气，生活中如天气记录、天气预报等，就用天气符号来表示天气现象。"

评析：一年级孩子特别喜欢玩小游戏。同桌之间的互动游戏，能培养学生的合作意识，使学生对天气符号有了更深的印象。

（三）观察记录一周的天气现象

（1）过渡："气象学家不只设计了天气符号来表示天气现象，他们还会坚持长期地观察和记录。我们虽然还是一年级的小朋友，也能向气象学家学习，就先让我们来观察记录一周的天气现象吧。"

（2）PPT出示个人记录单，教师讲解如何记录。

（3）出示班级天气日历，教师介绍如何记录。

评析：教师让学生学习了天气现象和天气符号，旨在为学生有计划地自主观察并记录天气做好铺垫，让学生在长期观察中感受天气是多样的，是变化的。教师介绍了两种记录方式，一种是个人记录，观察并记录一周中每一天的天气现象。这里用到的是学生科学活动手册中的记录表，勾选记录表，学生可以看出一周出现了几种天气现象，每种天气现象出现了几次。第二种是班级记录，全班这么多孩子，教师不能保证每个学生都进行了个人记录，而班级记录表就能让每个学生关注到天气的变化，一张大的班级记录表贴在教室里，每天派一个学生用天气符号记录（当然教师要去督促，每天中午可以去教室看看或指导学生进行记录）。这样的班级记录，能保护和发展一年级学生继续关注天气的好奇心和兴趣。

（四）总结，完善课题

（1）说一说今天这节课你的收获，对于天气你还想知道什么。

（2）这么多种天气现象，我们用一个词来概括吧。（补充板书课题）

（3）科普绘本阅读推荐（《变幻的天气》《会魔法的天气》），继续了解天气知识。

评析：一年级学生对天气有着浓厚兴趣，绘本又是低年段学生喜欢阅读的书籍，推荐两本有关天气的科普绘本，能保护学生的好奇心和求知欲，培养学生的阅读兴趣。

【教学评析】

本课教学主要通过"认识天气现象和天气符号"的活动组织、引导学生用自己喜欢的方式描述不同的天气现象，引领学生在比较的基础上抓住不同天气现象的主要特征，学习用简略而形象的图形——天气符号描述、记录天气现象，渗透"抓住主要因素，忽略次要因素"的思想方法，让学生初步经历由直观到抽象的思维过程。本课内隐着一条人文科学的线索，教师引导学生说天气、画天气、演天气、观天气，建立起人与自然的和谐关系，引发学生对天气现象更多的关注，为今后相关的科学学习奠定人文基础。教师在组织教学时也把握住了科学与文化的关系，学生在一种愉悦、轻松、有创意的文化氛围中学习科学。

1. 情境化教学

儿童对天气现象充满好奇，每天都有意无意地观察、了解着天气。晴天是孩子们最喜欢的天气，学校也会在晴天组织一些户外活动。让孩子们用以自己学校为背景的晴天照片替换教材中以上海东方明珠塔为背景的晴天图片，贴近生活，更能唤起孩子们的认知和兴趣。对于阴、雨、雪、风、雾等天气，教师在课堂中通过动态的图或小视频呈现，再现情境，唤起孩子们的认知记忆。在认识天气符号的环节，教师不是直接给出符号让孩子们认识，而是让孩子们进入设计图形符号的情境活动来体验符号的作用。情境本身也是一种广义的文化。

2. 多样化活动

观察和描述是低年段学生首先学习的科学技能，科学的起始课就是"让我们从观察开始"。"描述"就是将"观察"到的展现出来，《多样的天气》一课，教师引导语言描述、图画描述、文字描述、符号描述、歌舞动作描述等，用多样化的活动来组织课堂教学，让学习充满了乐趣。除课堂活动丰富外，课后活动也可以是丰富的，教师提供了两种记录方式：一种是个人记录，另一种是班级记录。班级记录形式，能激发一年级学生继续关注天气的好奇心和兴趣。课堂最后，老师还推荐了科普绘本，科普阅读也是很好的活动形式之一。

3. 多元化互动

教学是师生之间、学生之间交往互动与共同发展的过程。执教老师语言亲切、表情丰富，用微笑、用手势、用问题、用板书、用歌舞等方式进行教学，师生之间的平等互动让课堂充满和谐的幸福感。低年段学生的课堂活动多采用同桌两人的互助方式，如两人讨论。教师提出讨论的要求，同桌训练讨论技能，培养学生积极讨论问题的良好习惯；两人的"听口令，找卡片"游戏，让同桌互相检验巩固天气符号；还有同桌两人上台来完成小挑战等。这种同桌互动组织教学能让学生参与学习的面更广，慢慢培养学生的合作意识。

《指南针》教学案例

【教学目标】

（1）认识指南针是利用磁铁能指南北的性质制成的指示方向的仪器。

（2）能在观察、模仿的基础上制作指南针，能掌握指南针确定方向的方法；会用指南针确定方向。

（3）从指南针的发展演化中体验科技发展与社会生活的联系，感受古代中国文明对世界做出的巨大贡献。

【教学过程与评析】

（一）导入新课

（课件展示教材驱动页图）

师：哪位同学能把这幅图的意思讲给大家听？

生：有几个孩子在野外玩，用指南针辨别方向。

师：再请一位同学说得具体一些。

生：4个小朋友在野外迷了路，其中有个小朋友拿出指南针辨别方向，另一个小朋友好奇地提出问题：为什么指南针能指示我们方向呢？

师：看来图中这个小朋友遇事爱动脑筋。这节课我们就研究这个问题，还要学习制作指南针。（板书课题：指南针）

（二）实验观察

（课前教师已经为每个小组准备了水槽，水槽上放有一块泡沫塑料板，板上放着大小不同的条形磁铁，只有一个小组的板上放的是铁条。）

师：请各组组长往水槽内加水，大家观察有什么现象发生。（学生动手

操作）

师：现在同学们一起来汇报交流一下，刚才你们看到了什么现象？

生：倒入两杯水时，泡沫塑料板就浮起来了，并且开始转动，后来就慢慢地停下来。

师：你注意到磁铁指向哪个方向了吗？（学生用手指南方）

师：其他组也是这样吗？

（大多数小组说是，只有一个小组同学举手，组长站起来说他们小组的实验现象跟大家的不一样，这个小组同学很疑惑，为什么他们会与众不同呢？）

师：请把你们小组用的磁铁拿出来给同学们看一看。

生：好像不是磁铁。

（教师拿出一根磁铁换回铁条，并说明那根的确不是磁铁。）

评析：这一设计的目的，是引起矛盾冲突，让学生意识到只有磁铁才具有指示南北方向的性质，一般的铁条则不行。

师：现在我们每个小组用的都是磁铁了，每个小组请一个同学把泡沫塑料转动一下，待它静止后，观察磁铁的方向。注意：泡沫塑料板不能碰到水槽边沿。

（学生再次动手操作、汇报。）

生：还是指向那个方向。

师：请各组组长站起来，举起左手，让手指的方向与磁铁S极指的方向一致。

（各组组长指的都是南方。）

师：这一现象说明什么？

生：磁铁能指示方向。

（教师板书：磁铁能指示方向）

生：磁铁能指示南北方向。

（教师在刚才板书的基础上加上"南北"二字。）

师：是不是南北方向呢，只要用指南针测一下就知道了。

生：是南北方向。

师：同学们看老师这里，磁铁就这么摆在桌上能指南北方向吗？

生：不行。

生：它不能转动。

师：怎样才能让它转动呢？

（学生一时无语。）

师：放在水槽里的泡沫塑料板上与放在桌子上有什么不同？

生：水能让板浮起来。

生：水有浮力。

师：是不是可以说，磁铁浮起来能自由转动，比没水时要灵活？

生：是。

生：磁铁只有能转动才能指示南北方向。

师：这位同学讲得很好，磁铁放在桌子上是不能指示方向的，只有在可以灵活转动的条件下才行。

（板书：灵活转动）

评析：教师设计这一实验，目的有三个：其一，引导学生探究磁铁具有指示南北方向的性质；其二，利用水浮法做实验，可以挖掘"灵活转动"这一条件；其三，做指南针，水浮法是一种最简单的方法。

师：通过刚才这一实验，同学们还有什么想法？

生：磁铁和指南针是一样的。

生：磁铁和指南针指的方向一样。

师：我们把磁铁做成针形，并且让它灵活转动，是不是就做成了指南针呢？

（三）动手制作

师：要制作指南针，首先要解决两个问题，一是要做一根针形磁铁，二是要让磁铁能灵活转动。

师：下面请同学们翻开课本，读一读制作指南针部分，了解制作指南针的方法。

（逐渐有学生举手。）

生：可以上磁。

生：可以用缝衣针做磁针。

生：要给针上磁。

师：请同学们看老师操作。用针在磁铁的一端沿着一个方向磨大约20次就行，千万不能来回磨。

师：教材中的支架很难做，同学们等会儿动手，还有其他一些简单方法，同学们看一看。（课件展示：水浮法、悬挂法、支架法……）

师：同学们可以选择自己喜欢的样式来制作，两个同学一组，最少要做成功一个简易指南针，也就是你做的指南针要能指示南北方向。

（学生动手操作，教室里顿时气氛热烈。）

评析： 我们现在的科学课能真正让学生动手操作的还是较少，因此一上实验课、动手操作课，学生就异常兴奋。给磁针上磁看似非常简单，但教师如果不示范，学生还是会出问题。因此，该交代清楚的地方教师还是要讲，要演示。学生动手操作，总是希望能制作成功。这节课许多教师上过多遍，有些课因为支架难做，不灵活，学生当堂没能做成指南针，下课时学生情绪非常沮丧。因此本课设计介绍几种方法，要求学生至少做成功一种。

师：现在大家安静下来。哪位同学上台来，把你做的指南针展示给大家？

（学生接二连三展示自己亲手制作的指南针，大都是用水浮法制作的，也就是在一个一次性杯里放上一小块泡沫塑料板，把磁针摆在板上，也有个别组做了悬挂式的，同学们沉浸在成功的喜悦中。）

师：这个同学做的非常有创意，用矿泉水瓶盖浮在杯里，把针放在瓶盖上。

（四）拓展延伸

师：通过以上实验动手操作，哪位同学能回答驱动页图中小朋友的问题？

（学生还是很难回答。）

师：我们一起来看课本第60页"拓展知识"部分。（学生阅读）

师：现在明白指南针为什么能指示南北方向了吧。

师：指南针是我国古代四大发明之一，当时主要用于在海上辨别方向。因为有了指南针，郑和才能七下西洋，也因为指南针传到西方，哥伦布才能发现新大陆。（课件展示万安古罗盘）罗盘是在指南针基础上发展而来的传统实用民俗工艺品，我就在万安小学当老师，万安的古罗盘曾于1915年在巴拿马万国博览会上获金奖。万安罗盘是目前全国唯一以传统技艺手工制作的罗盘，现在万安罗盘还作为旅游纪念品远销海内外。

评析： 在这里，非常自然地进行科学文化史的教育，也渗透了爱家乡爱祖国的教育，这种教育起到了润物细无声的效果。

（五）感想体会

师：同学们想一想，这节课你们学到了什么？有何体会和感想？

生：我知道了指南针能指示南北方向。

生：我学会了制作指南针。

生：我学会了三种制作指南针的方法。

师：有何感想？

生：懂了原理，指南针就能做出来。

生：今天制作的指南针有的好做，有的不好做。

生：做指南针要不停地修改。

师：不管制作什么东西都要经过多次修改才能越做越好。

（教师拿出两个用鸡毛做的指南针）

师：这是我们学校的同学制作的指南针，只要放在水面上，它就能指示方向，它们是利用鸡毛的浮力和插在鸡毛管上的磁针来指示方向的。在进行小制作、小创造时，选择恰当的材料，制订好方案是非常重要的。

师：今天有的同学觉得用纸做支架的指南针难做，现在老师来教大家。

（拿出一张大纸边演示边讲解）

师：会了吗？

生：会了。

师：请大家课后再去制作，做成功的同学，或者制作出了更好、更巧妙的指南针的同学别忘了告诉老师，好吗？

生：好。

师：谢谢同学们，我们一起上了一节快乐的科学课。

【教学评析】

本节课是黄山市科学课教师研修班上的一节观摩课，是借外县一所学校班级上的课，许老师曾反复多次试教，在大家的指导下，不断改进教学设计。

《指南针》一课在国内多个版本的科学教材中均有设计，是一个经典的教学内容。本课教师有两个方面特别值得肯定：一是制作指南针的关键指导到位。制作指南针关键点是在让磁铁能灵活转动，教师在"灵活"二字上下足了功夫。所谓"一英寸宽，一英尺深"，教师在灵活转动上的挖掘是有一定的深度的。解决了这个问题，才能让学生明白，磁铁要能指示方向必须是在灵活转动的前提下，要做成功指南针，必须让上了磁的针能够很灵活地转动。二是突出了科学史的教育意义，将科学与文化很好地融合。中国发明和使用指南针的历史是最早的也是最长的，教师有意识地进行科学文化史的介绍，并结合当地（万安）的古罗盘曾于1915年在巴拿马万国博览会上获金奖进行文化渗透，巧妙地帮助学生树立科学文化的自信，非常可取。

《能量的转换》教学案例

【教学目标】

（1）认识一种表现形式的能量可以转换为另一种表现形式的能量，不同形式的能量可以相互转化。能制作一个简单的能量转换玩具。

（2）通过实验活动和制作玩具活动，培养学生实验、制作、观察、分析、归纳的能力。

（3）通过各种讨论、交流活动，培养学生的分析与交流表达能力。

（4）体会到能量转换和我们生活之间的紧密关系，人类在设计能量转换机器时要考虑人文的因素，培养学生的人文精神。

【教学重难点】

教学重点：知道一种形式的能量可以转换成另一种形式的能量。

教学难点：理解各种形式能量之间是如何转换的。

【教学准备】

装有凉水的烧杯、温度计、铁架台、石棉网、打火机、细铁丝、花生。

【教学过程】

（一）情境导入

师：我们先来做个简单的搓手运动，感受一下手心有什么感觉。

学生活动，分享。

提问：为什么手心会发热？是什么让手心发热呢？

归纳：搓手时的动能转换成了热能。

师：看来不同的能量之间是可以转换的。（板书课题：能量的转换）

（二）实践探究

1. 观察能量转换

（1）提供材料，学生设计能量转换观察实验。

材料：花生、打火机、细铁丝、温度计

设计实验方案并分享：燃烧花生

（2）实验：观察能量如何转换。

猜测：燃烧这一粒小小的花生会发生什么现象呢？

实验观察：在这一过程中，你发现了什么能量？（光能和热能）能量是如何转换的？

（花生的化学能→热能、光能）

说一说你通过什么发现的光能，又通过什么发现热能存在？

手靠近它能感受到它发热。那么，我们如何通过实验来证明花生发热？
（温度计）

（3）小结：一种形式的能量可以转换成另一种形式的能量，这就是能量的重要特征。

2. 分析能量的转换过程

大屏幕出示图片，要求学生先思考，组内讨论，再分享。

（1）太阳光使西红柿生长。光能→化学能

（2）人吃果实，蹬小车运转。化学能→机械能

（3）小车运转带动发电机工作。机械能→电能

（4）电水壶把水烧开。电能→热能

（5）水壶鸣笛，发出声音。热能→声能

3. 讨论与思考

阅读能量转换的资料。

（1）萤火虫资料。能量转化效率达97%，远远大于人类的能量转化效率。

（2）课件出示地热发电站资料。大自然的热能转换为人类所需要的电能。

（3）广东深圳大亚湾核电站资料。核能（化学能）转换为电能。

（4）视频：原子弹爆炸过程中的能量转换。

出示第二次世界大战美国向日本广岛、长崎投放原子弹所造成伤害的资料。

讨论：看了这些资料，你有什么感受？

能量的转换形式多种多样。

能量转化效率不一样。

有的能量转换会给人类带来灾难。

核能在给人类带来了便利的同时，也带来了许多难题需要我们去解决，如利用核能时会产生大量的温室气体排放，核废料的处理，核泄漏处理，等等。

（三）拓展延伸

1. 制作能量转换玩具：风车和飞旋的扣子

（1）任选一种玩具制作。

（2）交流讨论：说说其中的能量发生了怎样的转换？

2. 制作食谱

查阅食物热量对照资料，为自己或家人设计一周能量食谱。

【教学评析】

《能量的转换》是建立在学生对能量及能量形式有了初步的了解的基础上，进一步探究各种形式的能量之间是如何转换的，从而使学生建立"自然界有多种表现形式的能量转换"这一主要概念。而其终极指向的大概念则是"宇宙中能量守恒"。

本课在突出科学人文方面进行了有意识的设计，对能量转换的认识与探究不止于知识获得的层面。学生能从生活实例中说出能量转换，从实验中分析能量转换，从资料中研究能量转换，这些，只是知识层面的认识。以能量转换为载体，以生为主，以生为本，分析研究核技术对人类的利与弊，引发孩子们对战争的认识，培养学生热爱和平的思想，这便是人文。也是这节课的精华所在。教师在教学中注意引导孩子，让他们从多方面去考虑问题，辩证地看待问题，拓宽他们思维的深度，增强他们的人文情怀，这也是科学教育的目的。

《探索月球的秘密》教学案例

【教学目标】

（1）知道月球表面有环形山、岩石，有比较低洼的平原叫月海，等等。知道随着科技的发展，人类揭示的月球秘密会越来越多。

（2）能通过科学阅读，收集相关探月信息，处理信息，获得关于月球表面概况的知识。

（3）对探索月球的秘密有兴趣，愿意讨论分享。由衷赞叹人类探索月球的成果，具有民族自豪感和使命感。

【教学准备】

收集人类探索月球秘密的相关资料。

【教学过程】

（一）情境导入

师：在我国古代，有一个美丽的神话传说——嫦娥奔月，谁来讲一讲这个故事？

师：四百年前，伽利略用他自制的天文望远镜观察月球，他又有什么发现呢？（课件呈现"指南车"信息。）

1609年，伽利略用他自制的天文望远镜观察月球，这是人类首次用望远镜观察天体。他发现月球表面上有些看起来比较暗的地方很像地球上的海，于是便将其称为"月海"；同时，把那些四周边缘高耸突出的圆状物命名为"环形山"。

师：大家用裸眼和望远镜对比观察月球，有什么体会？（望远镜可以扩展人的视野，科技发明能够促进科学发现。）

学生观看月球表面的图片，联系自己观察月相的经历及课外知识，结合指南车的提示，针对"月海"一词，做出解释。

师：从伽利略的猜想到实际认知月海，人类其实经历了漫长的时期。要科学地认识世界，从来都不是一帆风顺的。

师：这节课我们一起来了解人类探索月球的秘密。

（二）探究研讨

1.阅读资料："阿波罗"登月记

（1）确定阅读目标。与宇航员一道神游月球，了解关于月球表面的基本概况，意识到科学技术对认识自然的巨大推动作用。

（2）设计问题清单，辅助阅读。例如：

① 宇航员是在月球的白天登上月球的，图片中月球表面是明亮的，但太空却是漆黑的，这说明在月球看天空是怎样的？

② 为什么在月球看天空与在地球看天空不一样？

③ 宇航员能在月球表面留下特别清晰的足印，说明月球表面表层的土壤是怎样的？

④ 关于环形山的形成，有哪些假说？

⑤ 除了"阿波罗11号"，人类已有的登月还有哪几次？

（3）阅读指导：在阅读或呈现资料的时候，除了文字，还要认真地读图，不仅仅是阅读，更要思考，从图片中获取有用的信息。

（4）收集补充相关的阅读材料，学生也可阅读课前准备的材料。

① 月球表面的概况。

在地球上看月球，月球表面有阴暗的区域和明亮的区域，亮区是高地，暗区是平原或盆地等低陷地带，分别被称为月陆和月海。早期的天文学家在观察月球时，以为发暗的地区都有海水覆盖，因此把它们称为"海"。这说明月球不是一个良好的反光体，它的平均反照率只有9%，其余91%的光均被月球吸收。月海的反照率更低，约为7%。月面高地和环形山的反照率为17%，因此山地看上去比月海明亮。

月面上的月陆一般比月海水准面高2~3千米，在月球正面，月陆的面积大致与月海相等，但在月球背面，月陆的面积要比月海大得多。我们从同位素测定知道月陆比月海古老得多，是月球上最古老的地形特征。

星罗棋布的环形山，是一种环形隆起的低洼地形，也叫撞击坑（撞击坑这个名字是伽利略起的），撞击坑是月球表面的显著特征，几乎布满了整个月球表面，月球上直径大于1000米的撞击坑有33000多个，占月球表面积的7%～10%。最大的撞击坑是南极附近的贝利环形山，直径295千米，比海南岛还大一点；最深的是牛顿撞击坑，深达8788米；小的环形山甚至可能是一个几十厘米的坑洞。撞击坑的形成现在主要有两种说法："撞击说"与"火山说"。"撞击说"：月球因被其他小行星撞击而有现今人类所看到的撞击坑。"火山说"：月球上本有许多火山，撞击坑是最后火山爆发而形成的火山喷发口。除众多撞击坑外，月球也有一些与地球上相似的山脉。

②阿波罗计划。

阿波罗计划，又称阿波罗工程，是美国从1961年到1972年组织实施的一系列载人登月飞行任务。目的是实现载人登月飞行和人对月球的实地考察，为载人行星飞行和探测进行技术准备，它是世界航天史上具有划时代意义的一项成就。阿波罗计划始于1961年5月，至1972年12月第6次登月成功结束，历时约11年，耗资255亿美元。

阿波罗计划中包括11次载人任务，从"阿波罗7号"一直到"阿波罗17号"，全部从佛罗里达州的肯尼迪航天中心发射。从"阿波罗4号"到"阿波罗6号"都是无人测试飞行，准确地说，没有"阿波罗2号"和"阿波罗3号"。

"阿波罗1号"：1967年1月27日，"阿波罗1号"进行发射模拟演习，大概是一个电火花点燃了阿波罗飞船座舱的纯氧，大火吞没了"阿波罗1号"飞船，3名宇航员丧生。

"阿波罗7号"：经过几次不载人的地球轨道飞行之后，1968年10月11日，"阿波罗7号"终于进行了第一次载人飞行，3名宇航员绕地球飞行163圈。"阿波罗7号"的任务是测试指令舱上的对接系统。

"阿波罗8号"：迈出载人月球探测第一步的是"阿波罗8号"，"阿波罗8号"团队1968年12月21日搭乘"土星5号"火箭升空，它从绕地球轨道进入绕月球轨道。1968年12月21日，"阿波罗8号"宇宙飞船的成员从地球飞到月球后又安全地回到了地球。本次任务是测试阿波罗指挥舱系统在地球和月球轨道之间的太空及绕月轨道上的性能，包括通信、跟踪和生命保障各个方面，评估宇航员在开展绕月轨道任务期间的表现。

"阿波罗9号"："阿波罗9号"是第一艘搭载登月舱的飞船，它在绕地球轨道上进行了长时间飞行，并对登月舱进行进一步检验。本次任务是测试人类在太空环境中的反应和失重状态。

"阿波罗10号"："阿波罗10号"飞绕月球轨道，并使登月舱下降到离月球表面15公里以内，以检验其性能。

"阿波罗11号"：1969年7月16日，由"土星5号"火箭运载"阿波罗11号"飞船升空，第三级火箭熄火时将飞船送至环绕地球运行的低高度停泊轨道。第三级火箭第二次点火加速，将飞船送入地—月过渡轨道。飞船与第三级火箭分离，飞船沿过渡轨道飞行2.5天后开始接近月球，由服务舱的主发动机减速，使飞船进入环月轨道。

宇航员尼尔·阿姆斯特朗和巴兹·奥尔德林进入登月舱，驾驶登月舱与母船分离，下降至月球表面实现软着陆。另一名宇航员仍留在指挥舱内，继续沿环月轨道飞行。登月宇航员在月球表面展开太阳电池阵，安设月震仪和激光反射器，采集月球岩石和土壤样品22千克，然后驾驶登月舱的上升级返回环月轨道，与母船会合对接，随即抛弃登月舱，启动服务舱主发动机使飞船加速，进入月—地过渡轨道。在接近地球时飞船进入再入走廊，抛掉服务舱，使指挥舱的圆拱形底朝前，在强大的气动力作用下减速。进入低空时指挥舱弹出3个降落伞，进一步降低下降速度。"阿波罗11号"飞船指挥舱于7月24日在太平洋夏威夷西南海面降落。

"阿波罗"12～17号：1969年11月至1972年12月，美国相继发射了"阿波罗"12、13、14、15、16、17号飞船，其中除"阿波罗13号"因服务舱液氧箱爆炸中止登月任务（三名宇航员驾驶飞船安全返回地面）外，共有12名宇航员登月成功。

2. 研讨交流

师：相信同学们通过阅读资料，已经获得了许多人类登月的信息，下面，我们举行一个"答记者问"的交流会吧。

方式：抽签确定某个小组集体做新闻发言人，召开记者会并答记者问，其他小组向他们提出问题，新闻发言人即时解答。

师：各小组提出的问题不局限于上面的问题清单，可以自由发挥。

（二）拓展延伸

1. 了解我国的探月工程——"嫦娥工程"三部曲

（1）"嫦娥工程"分哪几阶段？目标是什么？

（2）补充"嫦娥工程"阅读资料。

月球具有可供人类开发和利用的各种独特资源，月球上特有的矿产和能源，是对地球资源的重要补充和储备，将对人类社会的可持续发展产生深远影响。2004年，中国正式开展月球探测工程，并命名为"嫦娥工程"。嫦娥工程分为"无人月球探测""载人登月""建立月球基地"三个阶段。截至2019年，我国已成功发射了"嫦娥一号"至"嫦娥四号"，实现了嫦娥工程第一阶段"无人月球探测"三大目标"绕、落、回"的前面两个目标"绕"和"落"。2020年11月24日，"嫦娥五号"发射成功。12月17日凌晨，"嫦娥五号"返回器携带月球样品，实现了我国首次月面采样与封装、月面起飞、月球轨道交会对接、携带样品再入返回等多项重大突破，其成功实施标志着我国探月工程"绕、落、回"三步走规划如期完成。

"嫦娥一号"："嫦娥一号"是我国首颗绕月人造卫星，由中国空间技术研究院承担研制。总重量为2350千克左右，尺寸为2000毫米×1720毫米×2200毫米，帆板展开长度18米，预设寿命为1年。该卫星的主要探测目标是：获取月球表面的三维立体影像；分析月球表面有用元素的含量和物质类型的分布特点；探测月壤厚度和地球至月球的空间环境。2007年10月24日18时05分（UTC+8时）左右，"嫦娥一号"卫星在西昌卫星发射中心升空。2009年3月1日完成使命，撞向月球预定地点。

"嫦娥二号"："嫦娥二号"卫星是中国第二颗探月卫星、第二颗人造太阳系小行星，也是中国探月工程二期的技术先导星，由中国空间技术研究院研制，是中国第一颗探月卫星"嫦娥一号"卫星的备份星，沿用"东方红三号"卫星平台，造价约6亿人民币。2010年10月1日18时59分57秒，"嫦娥二号"卫星在西昌卫星发射中心由"长征三号"丙运载火箭成功发射升空，顺利进入地月转移轨道。"嫦娥二号"完成了一系列工程与科学目标，获得了分辨率优于10米的月球表面三维影像、月球物质成分分布图等资料。2011年4月1日，"嫦娥二号"拓展试验展开，完成进入日地拉格朗日L2点环绕轨道进行深空探测等试验。此后，"嫦娥二号"飞越小行星4179（图塔蒂斯）成功进行再拓展试验，"嫦娥二号"工程随之收官。"嫦娥二号"已经成为太阳系的小行星，围绕太阳做椭圆轨道运行。

"嫦娥三号"："嫦娥三号"探测器是我国嫦娥工程二期中的一个探测器，是中国第一个月球软着陆的无人登月探测器。"嫦娥三号"探测器由月球软着陆探测器（简称着陆器）和月面巡视探测器（简称巡视器，又称玉兔号月球车）组成。"嫦娥三号"探测器于2013年12月2日在中国西昌卫星发射中心由"长征三号"乙运载火箭送入太空，当月14日成功软着陆于月球雨海西北部，15日完成着陆器巡视器分离，并陆续开展了观天、看地、测月的科学探测和其他预定任务，取得一定成果。自2013年12月14日月面软着陆以来，"嫦娥三号"月球探测器创造了全世界在月工作最长纪录。2016年8月4日，"玉兔号"月球车正式退役。

"嫦娥四号"："嫦娥四号"探测器简称"四号星"，是"嫦娥三号"的备份星。它由着陆器与巡视器组成，巡视器名为"玉兔二号"。作为世界首个在月球背面软着陆巡视探测的航天器，其主要任务是着陆月球表面，继续更深层次、更加全面地科学探测月球地质、资源等方面的信息，完善月球的档案资料。2018年5月21日，"嫦娥四号"中继星"鹊桥号"成功发射，为"嫦娥四号"的着陆器和月球车提供地月中继通信支持；同年12月8日，"嫦娥四号"探测器在西昌卫星发射中心由"长征三号"乙运载火箭成功发射。2019年1月3日，"嫦娥四号"成功着陆在月球背面南极艾特肯盆地冯·卡门撞击坑的预选着陆区，月球车"玉兔二号"到达月面开始巡视探测；同年1月11日，"嫦娥四号"着陆器与"玉兔二号"巡视器完成两器互拍，达到工程既定目标，标志着"嫦娥四号"任务圆满完成。2019年9月25日，中国科研人员利用"嫦娥四号"数据精确定位了"嫦娥四号"（CE4）的着陆位置，并再现了"嫦娥四号"的落月过程。2019年12月4日，"嫦娥四号"着陆器完成月夜设置，进入休眠状态。2020年1月18日22时，"嫦娥四号"着陆器受光照成功自主唤醒，进入第十四月昼。

"嫦娥五号"："嫦娥五号"月球探测器简称"嫦娥五号"，是负责嫦娥三期工程"采样返回"任务的中国首颗地月采样往返探测器。也是"绕、落、回"中的第三步。"嫦娥五号"由轨道器、返回器、着陆器、上升器等多个部分组成，由于体积庞大，故使用中国新一代的重型运载火箭——"长征五号"

发射。其中着陆器将进行月面软着陆，并自动进行月面采样、样品封装等操作，将样品由着陆器的上升段携带升空进入月球轨道，与环月轨道上的轨道器对接，将样品转移到返回器部，最后轨道器携带返回器点火机动，从环月轨道直接返回地球，返回器在再入大气层前分离，最后降落在中国北方的内蒙古草原上。2020年11月24日，"嫦娥五号"发射成功。12月17日凌晨，"嫦娥五号"返回器携带月球样品返回。"嫦娥五号"的任务是"探月工程"的第六次任务，也是中国航天迄今为极为复杂、难度极大的任务之一。其有着非常重要的意义——实现中国开展航天活动以来的四个"首次"：首次在月球表面自动采样；首次从月面起飞；首次在38万公里外的月球轨道上进行无人交会对接；首次带着月壤以接近第二宇宙速度的速度返回地球。

（3）从我国探月工程中你有哪些收获？

2. 小结

人类从在地球上观察月球，到登上月球，到建立月球基地，无不说明科技的进步，从肉眼观察，到用望远镜观察，到载人宇宙飞船，再到月球车等，科技的进步使人类的视野更加开阔。

3. 课后设计实验

探究环形山是如何形成的。

【教学评析】

探索月球的秘密的好奇心是人类共有的，古代中国有"嫦娥奔月"的神话传说，近代，中国有2004年开启的月球探测工程"嫦娥工程"，实现了无人飞船绕月、月球车登月探索、"嫦娥五号"携带月球样品返回等；国外有科学家发明一系列的探究工具，如望远镜、载人宇宙飞船等，到"阿波罗"登月工程，实现了人类由地球观察到直接登月的探索进程。

本课教学中，教师以人类"探索月球秘密"的科技史为线索，以探索工具为载体，引领学生经历收集资料、阅读交流等活动，描述月球表面的概况，了解人类对月球探索的经历，更加全面地认识月球，体会到科技的发展能够更好地帮助人类探索宇宙，以及科学家在探索宇宙的过程中显露出的坚持不懈的求索精神和奉献精神。科技发展是科学的进步，求索与奉献精神则是人文的彰显，两者水乳交融。

《种植凤仙花》教学案例

【教学目标】

（1）掌握简单的播种技能；设计实验，观察种子的萌发过程；根据研究植物生长变化的需要，确定观察、记录的内容和方法。

（2）树立用事实阐述观点的意识，培养问题意识和合作精神。

（3）在种植过程中感受生命的珍贵和奇妙，培养珍爱生命的情感，渗透人文精神。

【教学重难点】

教学重点：播种的方法。

教学难点：长时间坚持管理、观察和记录凤仙花的生长变化情况。

【教学准备】

（教师准备）小铲、花盆、泥土、凤仙花种子（每9粒包一包，共包9包；每3粒包一包，共包48包）、透明塑料杯、吸水纸等。

【教学过程】

（一）复习导入

师：上节课我们学习了《植物新生命的开始》，说一说，你们学会了什么？

生：我知道熟悉的绿色开花植物几乎都是从种子开始它们新的生命。

生：我们还知道不同植物的种子，它们的形状、大小、颜色等各不相同。

师：出示一粒凤仙花种子和一盆凤仙花。这样一盆高大的凤仙花就是由这么一粒小小的种子长成的，这多么奇妙！

师：这节课我们一起来学习种植凤仙花。

（板书课题：种植凤仙花）

师：你认为它是一朝一夕就能长成这样吗？

生：它需要一段时间。

（出示一个星期前教师和学生一起种植好凤仙花种子的花盆。）

师：上周，老师和同学们一起种下了凤仙花，算来已经有五六天了，大家认为种子在土壤中长成什么样了？它会有变化吗？

（二）合理猜想

（1）指导学生画一画自己的猜想：很多同学都有自己的想法了，那么你认为种子在土壤中发生了什么变化？请你把它画在或写在你的记录单上。

（2）汇报交流：谁愿意向大家展示你们的想法？请说清你们是怎样想的，还要说清你为什么这样想。（注意表扬猜想有根据）

（3）汇总意见，板书：

$$
\text{猜想　先长茎}\begin{cases} \text{种子大小} \\ \text{先长根} \\ \text{先长叶} \\ \text{根、叶一起长} \end{cases}
$$

（4）师小结：大家说出了自己的猜想，并且能够讲出猜想的理由，这就是科学的猜想。

（5）看一看：土壤中的种子到底有什么变化了呢？

教师带领学生扒开土壤看一看。

学生描述土壤中种子的状态，如膨胀变大了，种皮裂开了。

师追问：为什么会这样？（吸收了土壤中的水分）

师：土壤中的种子以后还会发生什么变化？

生：会长根、茎、叶。（结合板书描述）

师：种子的生长是不是一次就能观察完？（不能）

板书：种子的生长需要一定的时间，是一个变化的过程。

（三）设计实验

（1）导入：既然种子的生长是一个变化的过程，那我们怎样做才能看到这个变化过程呢？

（2）学生小组讨论设计实验方法。

（3）汇报。

汇报要求：①说清楚准备怎样做才能看到种子的变化过程。②其他同学注意倾听，思考：你们觉得他们的方法好吗？有什么要补充的吗？如果觉得他们的方法好，要向他们学习。

学生汇报，引导学生进行讨论。

预设：①每天挖出来看一看。引导学生讨论明确：这样做会破坏种子，影响种子的正常生长，我们应该学会尊重生命。适时介绍法布尔研究土蜂时对小动物的尊重与爱护。②发明透明土壤。鼓励学生求异思维。介绍相关资料，如水培就相当于使用透明土壤。③借助透明花盆（杯子）来观察。引导学生完善，介绍用透明塑料杯和餐巾纸种种子的方法。④多种一些种子，每天挖出来一个，最后摆在一起就能看到种子的生长过程了。鼓励学生的创意，让学生尝试完成。

介绍本节课可以采用的实验方法。

实验材料：清水，吸水性、透气性好的软纸，种子两颗，一些土壤，透明杯子一只。

① 取一只透明杯子放在桌子上，先在杯子底部垫一小块纸，把折叠好的软纸垫在里面，轻轻卷成一个卷，放入杯子里，把纸卷做成空心的，纸高出杯壁。

② 一只手扶纸卷，轻轻地把土壤倒入纸卷内，按一按，注意土壤和杯口持平就可以，小心别撒在桌子上。

③ 把种子贴在外壁靠杯沿的位置，倒过来让学生看到。（现在我们就可以很清晰地随时看到种子的生长过程了）

④ 最后轻轻倒上清水，让土壤和纸都浸湿，不能把种子泡在水中。

学生复述方法，补充完善。

（4）分组领取材料，用杯子种种子，每组2人到前面挑选材料。要求：动作轻，注意不洒水、不撒土，保持桌面整洁，比一比哪组种得又快又好。

（四）观察记录

（1）讨论：如何观察记录种子的生长发育过程。

① 导入：看得见的种子种好了，我们就可以经常对它进行观察，你们准备对种子观察多久？（2周左右或以上）。什么时候观察？（为保证观察科学尽可能每天同一时间进行，如早上、中午）

② 我们观察什么？（根据学生回答，完善板书）

板书：先长什么

　　　根　长度　方向

　　　茎　颜色　高度　粗细

　　　叶　数量　形状　大小　……

③ 讨论怎么记录。

师：大家打算用什么方法记录？（画图，拍照，图文结合）

师：把画的图或者照片配上文字介绍，写清楚观察记录的日期，就是一篇很好的种子生长观察日记了。

（2）讨论：如何观察记录凤仙花的生长发育过程。

① 如果花盆里的凤仙花哪一天破土而出了，我们还该做什么？（坚持观察记录）这是我们种植凤仙花的一大重要任务。一定要及时记录出土后苗的生长发育过程。

② 观察方法：对于出土后的小苗，我们重点观察它的什么？（茎、叶的生长情况）

（3）指导：具体怎样观察更科学，老师给每个同学准备了一份温馨提示，请大家下课后认真阅读。

师：观察植物的生长需要比较长的一段时间，相信大家一定能够坚持。

介绍法布尔观察一种昆虫，一看就坚持了好几年。鼓励学生：谁坚持到最后谁就是最后的胜利者！

（4）展示科学观察日记范例，指导观察日记的写法。

① 图文结合日记法和文字日记法。

② 出示2~3篇日记，学生仔细阅读，并思考：你觉得这两篇文字日记哪一篇更像科学观察日记，为什么？（观察全面、具体、有数据……）

师鼓励：可用手机对观察到的现象及时拍照或摄像；只要我们坚持观察记

录,最后我们就能整理出一个凤仙花生长发育过程的数据统计表。

（五）拓展延伸

（1）作业：坚持观察记录种子的生长过程,坚持观察记录凤仙花的生长过程。

（2）阅读资料：如何观察测量根和茎叶的长度？怎样测量、比较才科学？

（3）温馨提示。

对于杯中种子的观察,从种皮伸出的根（或茎的）部位开始测量。对于钻出泥土的小苗,开始变化明显时要及时记录,但是以后的日子不要求每天都必须记,而是在有明显变化后再记录就可以了。比如,什么时候出土,出土时什么样子,它的茎粗细、颜色,又长高了多少,它的叶子颜色、形状、数量有什么变化,以及自己的新发现……选择自己喜欢的方式进行记录。测量凤仙花花盆里长出的茎叶高度时要把尺子插进泥土,让根部泥土和0刻度对齐再测量。在观察过程中,要注意爱护植物。

此外,我们在种植观察的过程中如果有什么问题,请及时记录下来与同学和教师进行探讨。

【教学评析】

本课是《植物的生长变化》单元中的一课,要求学生亲自种植凤仙花,（凤仙花的生长周期是4个月的时间）,并且让学生在种植的过程中通过观察、记录了解绿色开花植物的生长,一般要经历种子发芽—幼苗生长—枝叶生长—开花结果这四个阶段。

在种植过程中,每个阶段都要求学生通过观察、测量、记录和比较来描述植物的变化,并用统计图表、列表、画图等适宜的方法处理相关的信息。这是一个长期观察的过程,需要科学教师一直带领和指导学生参与。

本节课完成的是播种和后续观察、记录的指导,教师充分尊重学生的主体地位,引导学生设计实验,讨论观察和记录方法,鼓励和提示学生坚持播种后的科学活动。在对植物的种植、观察、记录等活动中,教师不仅仅是在方法层面有指导,更是在生命教育方面和科学精神方面给予引导,如讲述法布尔观察研究土蜂等昆虫的故事、观察日记的指导等,这些所影射出来的便是科学与文化的有机融合。

《考察家乡的自然水域》教学案例

【教学目标】

（1）知道水污染主要是人类的活动引起的，水污染严重影响人们的生产、生活。

（2）学习考察自然水域的方法，调查家乡水环境污染和治理情况，对家乡自然水域的治理提出建议。

（3）在活动过程中体验学习探究的乐趣，增强保护家乡水环境的责任感，认识到科学的发展对自然界、社会和人类有利有弊。

【教学准备】

放大镜或显微镜、记录本、试管、玻璃瓶、标签。

【教学过程】

（一）铺垫设疑

1. 多媒体播放水污染相关视频

相关内容略。

2. 课前考察反馈

同学们，我们刚才观看了水是怎样被污染的，我们家乡的水被污染了吗？上星期我们已经对家乡的自然水域进行了考察，让同学们带回了水样，通过这几天的观察你有什么发现？（各抒己见）

3. 引导揭题

曾经的家乡是山清水秀的，现在到底怎么样了？今天我们一起去了解家乡

的自然水域情况。（板题）

4.制订计划

（1）说一说：家乡自然水域里的水有没有受到污染？是什么原因造成了污染。

（2）议一议：考察前我们应准备些什么？考察时要注意什么？

（3）做一做：小组讨论制订考察计划。（表6-1）

表6-1　考察计划表

我的考察计划	
目的	考察自然水域中水的质量状况
地点	
注意事项 （一定要注意安全！）	1. 2. 3. 4.

（二）探究发现

（1）考察时先看水域周围是什么样的环境，有没有废水排放；再看看水的颜色怎样，水里有没有动植物，水面有没有污染物，最后取一瓶水样，带回学校进行检验观察。

（2）对实地考察带回来的水样进行观察。

我们上星期已经对家乡的自然水域进行了考察，并带回了水样，请同学们认真观察，小组交流观察的情况。

初观察：

① 观察方法：看（显微镜、放大镜）；闻（气味）；测量（水温测量、pH测量）

② 颜色：直接观察法，用眼睛分辨水体颜色。

③ 水温测量：对水温进行测量。

④ 气味：取100ml水样置于250ml的锥形瓶中，依靠自己的嗅觉，分别在常温和煮沸稍冷后闻其气味，用适当的词语来描述其特点。

⑤ 透明度：透明度指水样的清澈程度。可采取现场观测的方法。将物体慢

慢沉到水中，以能否在水中看到物体为标准来判定该水域的透明度。

⑥ 酸碱度：可用pH试纸测量水体的酸碱度。

再观察：

① 把水样静置一段时间后，看有没有杂质沉淀下来。杂质是什么？

② 用显微镜检验水中有没有肉眼看不见的微小生物。

（三）归纳建构

（1）填写"我的考察报告"。（表6-2）

表6-2　我的考察报告

水域名称		地点	
水域周围的环境			
有没有污水排到水里			
水中生活着什么生物			
水面上漂浮着什么杂物			
水质情况	颜色		
	气味		
	是否浑浊		
	水中杂物		
其他			

（2）与自然水和生活污水比较，判断家乡的自然水域是否已被污染。如果已被污染，分析原因；如果未污染，讨论为什么。

（3）归纳小结。（根据学生的汇报得出具体的治理建议及措施）

（四）实践应用

（1）了解国家对水域保护的时事、政策和法规等。如习近平总书记所说的"绿水青山就是金山银山"。

（2）对家乡自然水域的治理提出我们的建议。

（3）通过认识和考察学习，我的收获（体会）是：_____。

（五）拓展延伸

针对家乡的水质情况，了解近几年家乡水域情况是否在改善，有针对性地提出建议，倡导家乡的人民热爱家乡，保护好家乡的自然水域。

【教学评析】

在关注了日常生活用水、污水和污水处理这些问题之后，让学生具体考察家乡的自然水域环境，对学生来说很有现实意义。在此之前，学生已经学习了观察水的方法，学习了过滤、沉淀，已经有了足够的研究水的技能。自然水域可以是河流、池塘或湖泊等。当前，我国许多地区的城市、农村水保护现状令人担忧，以环境污染为代价促使经济发展的情况极为普遍，而最常见的破坏环境的行为就是水污染。一些地方河流、池塘是黑臭的，甚至一些著名的湖泊也出现了严重的水污染。自然水域的水体变黑、变臭主要是人类污染造成的恶果，罪魁祸首是污水排放、垃圾倾倒、城建填河等。大量污水排放和垃圾倾倒使得水体中污染物（特别是有机污染物）浓度急剧升高。污染物在生物及化学分解过程中会大量消耗水中的溶解氧，使得整个水体处于严重的厌氧发酵状态。水体中有大量吸附了黑色金属硫化物的悬浮颗粒就会变黑；厌氧发酵产生的硫化氢、硫醇、氨和胺等带异味的物质从水体中逸出就会产生臭味。有些污染严重的水体会冒气泡，这是另一类发酵产物——沼气，沼气携带底泥上泛，使水体更加污秽不堪。另外，城市建设的填河也会使河流的自我净化能力越来越弱。

还有一部分自然水域由于未遭到人类破坏或采取了有效的保护措施，水体比较洁净，这可以作为正面的典型。学生经历了调查家乡环境（水）污染的活动，学习了一些考察自然环境的方法，了解家乡环境存在的问题，以及给人们生产生活带来的影响，形成自觉的环保行为和意识。

学生在考察水域的过程中，看到水域被污染的种种迹象，感慨万分。他们在经历了考察体验的同时，也看到社会上的一些现象，更想到了污染源中也有许多与当前的科技发展密切相关。在"我的建议"中，有同学这样写道，要加大宣传治污力度，还我们一个清洁的环境，还我们一个健康的空间，为我们的未来着想；要在河边竖牌提醒人们不要往河里倾倒垃圾、排放污水；环保部门要加大处罚力度，对任意排放污水和废气的企业要严肃查处，该罚款的罚款，该整顿的整顿。要防止居民倾倒垃圾和生活污水，阻止各养殖大户所养殖的动物的排泄物排放到河里，禁止工厂往河道排放污水、废气。科技发展要与环境保护并道齐行，不能背道而驰。要注意疏通河道，保证河道畅通，等等。在孩子们的心中，科学固然能够让社会快速发展，让人类享受到更高品质的生活，但也会给环境、给社会和人类带来不利的影响，作为科学的发现者和利用者，人类需要具备关爱大自然、关爱世界的人文精神。

参考文献

［1］萨米尔·奥卡沙.科学哲学［M］.韩广忠，译.江苏：译林出版社，2013.

［2］乔治·萨顿.科学史和新人文主义［M］.陈恒六，译.北京：华夏出版社，
   1989.

［3］蔡其勇.小学科学课程的科学哲学研究［M］.北京：教育科学出版社，
   2011.

［4］洪晓楠.哲学的文化转向［M］.北京：人民出版社，2009.

［5］史蒂芬·科尔.科学的制造：在自然界与社会之间［M］.林建城，王毅，
   译.上海：上海人民出版社，2001.

［6］洪晓楠，等.第二种科学哲学［M］.北京：人民出版社，2009.

［7］洪晓楠.科学文化哲学的前沿探索［M］.北京：人民出版社，2008.

［8］孟建伟.从科学哲学走向科学文化哲学［J］.自然辩证法研究，2003（6）：24.

［9］李醒民.论科学文化及其特性［J］.科学文化评论，2007（4）：72-87.

［10］韦钰.科学教育不是简单传授知识［J］.科学新闻，2006（14）：2.

　　本书从构思到定稿，历时五年，从观点萌发，到思想落地，更是贯穿我整个教育生涯。其中不断有思虑、纠结、推翻、重建，如此反复，终得悟道。感谢一直以来对我特别关心、支持，给予我指导的恩师们，他们有全国著名科学特级教师章鼎儿老师，湖南省教育科学研究院小学科学三届教研员周振铎、曾放、张敏老师，株洲市教育科学研究院丁文平、袁辉老师，荷塘区教育局教研室蔡建平老师，等等。是他们让我知晓教育要沉心静气，要学思不断，要敢于创新。感谢和我同行的科学教育的伙伴们，他们给予我不断践行的动力，帮助我反复地验证和反思，让我的教学思想能够落地，文化能够生根。

　　在撰写过程中，除了整理本人历年来的教学案例，也得到了我主持的株洲市小学科学名师工作室核心成员的大力支持，他们为本书提供了一些教学案例。其中欧阳海晏执教《昆虫》《溶解》《轮轴》，卢淼鸿执教《风光无限的地貌》《太阳系的八大行星》，何利执教《食物链》《多样的天气》，尹冰执教《浮与沉》，李静执教《光与影》，程帅淳子执教《我们的衣服材料》，刘婷婷执教《遗传与变异》，他们的无私奉献让我备感亲切和温馨。此外，许小允执教了《指南针》，杨京、刘涛、刘阳设计了《纸飞机》。张敏、袁辉、蔡建平、洪献珍、潘雪芬为书中部分课例进行了评析，另有部分案例借鉴了网络及其他书刊资源，在此一并表示感谢。

　　社会不断发展，科技高速进步，科学的文化过程更具价值，科学素养的提升成为我国综合国力提升的一大内核，小学科学教师毫无疑问要承担起这一责任。我们一起努力！

2021年8月10日